Rudi Zimmerman

Das System Mensch

Konstruktion und Kybernetik des neuen ganzen Menschen

Verlag Philosophie des dritten Jahrtausends

Wir können nur eine Welt *begreifen*, die wir selber *gemacht* haben.

Friedrich Nietzsche
Der Wille zur Macht, Vers 495, letzter Satz, insel taschenbuch 1445, 1992

Rudi Zimmerman: Das System Mensch. Konstruktion und Kybernetik des neuen ganzen Menschen.

Herstellung: Books on Demand GmbH, Norderstedt

ISBN 3-00-012784-4

Vorwort

Zimmerman ist aktiver Konstruktivist. So bezeichnet er sich, weil er die Welt umstrukturiert. Seit der Veröffentlichung seiner "Philosophie lebender Systeme" im Jahr 2000 verwendet er den Begriff "System Mensch". In seinem letzten Buch "Die Datentransformation" (2001) hat Zimmerman den Menschen zunächst als eine sich selbst kopierenden Diskette definiert, sozusagen als Sklaven der Gene. Im Mittelpunkt stehen die Daten, denen er den "Willen" (Schopenhauer) zum Überleben und zur Ausbreitung zuordnet. Die Sonderstellung des Menschen besteht darin, genetisch gespeicherte Daten in geistige Daten zu übersetzen und dauerhaft hirnextern zu speichern. Der Mensch ist für die Daten Mittel zum Zweck.

Auf Anraten der Verlages hat er sich nunmehr aus einer anderen Perspektive, aus der Innensicht, mit dem System Mensch befasst. Im Ergebnis scheint das System Mensch nun zum "Übermenschen" (Nietzsche) mutiert zu sein. Zimmerman verändert das herkömmliche Selbstverständnis des Begriffs "Mensch". Er erschafft das System Mensch und konstruiert damit ein neues "Ich" (Fichte) und "Nicht-Ich".

Eine Neudefinition des Menschen und der Welt – wie Zimmerman sie wagt - ist überfällig. Das reale Leben des Menschen hat sich stark gewandelt, das Selbstbild des Menschen scheint hingegen seit Urzeiten konstant. Die Veränderungen unseres Seins haben in der Philosophie lebender Systeme ihren bewussten Niederschlag gefunden.

Das Layout des Buches entspricht leider nicht den Vorstellungen des Verlages, weil er nicht bereit ist, die finanziellen Forderungen des Herstellers zur Umsetzung seiner Ideen zu erfüllen. Der Verlag möchte die trickreiche Methode des Herstellers zur Erhöhung seiner Einnahmen nicht in extenso unterstützen.

Gabbert, Berlin 2004

Was ist neu an der Philosophie lebender Systeme?

Die Philosophie benutzt bisher das Denken als Mittel der Erkenntnis. Damit steht sie auf einem Pudding. Die Philosophie lebender Systeme hingegen benutzt die vergleichende Beobachtung als Erkenntnismittel und tut es damit der Wissenschaft gleich. Die Betonung liegt auf "vergleichend". Wahrnehmung und Beobachtung sind subjektiv. Zwei Dinge und zwei Bewegungen, die eine gleiche Wahrnehmung hervorrufen, sollten jedoch auch unabhängig vom Beobachter gleich sein. Das ist die Grundannahme der Philosophie lebender Systeme.

Das erste Verhaltensziel lebender Systeme ist das Überleben. Das nenne ich Selbsterhaltung. Dies gilt für lebende Systeme der Systemhöhe Individuum nur relativ kurzfristig. Für lebende Systeme höherer Ordnung, zum Beispiel das System Staat, gilt dies bereits relativ langfristig.

Das zweite Ziel ist Vergrößerung und Vermehrung. Das nenne ich Selbstentfaltung. Das Primat hat das Überleben. Ist dieses bedroht, besteht die Selbstentfaltung in Anpassung. Ist es nicht bedroht, wird Selbstentfaltung zur Genussoptimierung. Das ist beim System Mensch der Fall.

Der Mensch verwendet zur Erreichung seiner Ziele nun nicht nur körperinterne, sondern zusätzlich körperexterne Effektoren, die ich zum System Mensch hinzurechne. Körperexterne Effektoren sind nicht nur Maschinen, sondern auch andere Menschen. Das Geld als Bestandteil des Systems Mensch spielt eine besondere Rolle bei der Steuerung dieser körperexternen Effektoren.

Rudi Zimmerman

Inhaltsübersicht

Kapitel 2
Die Begrenzung

2.1. Standortbestimmung

Über den Anfang lässt sich nichts wissen. Wie ist der Raum, wie ist die Zeit entstanden? Oder sind sie geschaffen worden? Wie sind Materie und Bewegung entstanden oder geschaffen worden? Ist die Welt eine Schöpfung Gottes oder eine Konstruktion des Menschen? Ist sie durch Schöpfung entstanden oder durch einen Urknall? Ich kenne dazu nur Spekulationen, Metaphern. Durch Bewegung, Zeit, ist etwas sichtbar geworden, was bereits vor seiner Sichtbarwerdung vorhanden war. Es ist nichts neu entstanden, sondern es ist lediglich etwas sichtbar geworden. Und: durch die Sinnesorgane lebender Systeme wird das sichtbar gewordene nun auch gesehen. Das Auge nimmt das Licht und damit die das Licht reflektierende Materie wahr, der Verstand nimmt die sichtbar gewordenen Regeln und Gesetze wahr. Ich beschäftige mich nicht mit der Frage des Anfangs, sondern beginne irgendwo in der Mitte, mit Kapitel zwei, mit den Bewegungen und ihren Regeln. Ich beginne mit dem Funktionieren des Systems Mensch.

Ich weiß, dass mein Leben irgendwann begann, vor mir gab es schon Leben. Das Leben meiner Eltern begann vor meinem Leben. Und auch das Leben anderer Individuen gab es schon vor meinem Leben. Meine Eltern sind inzwischen verstorben. Auch andere Lebewesen sind verstorben. Also werde auch ich sterben.

Mein Leben findet in einem kleinen Ausschnitt der Zeit statt. Den Zeitausschnitt, den ich bisher gelebt habe, kenne ich persönlich. Ich habe gesehen und erlebt, was sich in dieser Zeit auf der Erde zugetragen hat. Und ich habe gehört und gelesen und durch andere rezeptive Tätigkeiten erfahren, was vorher war. Ich habe auch

Theorien über den Anfang vernommen. Aber ich weiß vom Anfang nichts.

Ich habe auch Theorien über das Ende des Weltalls vernommen. Die interessieren mich ebenfalls nicht, da ich weiß, dass ich dieses Ende nicht erleben werde. Ich werde nur mein Ende erleben.

Das, was ich beobachten kann, findet in einem klitzekleinen Zeitintervall statt.

Aber selbst in diesem klitzekleinen Zeitintervall findet Veränderung statt, Bewegung.

Ich kann also die Frage stellen, ob ich die Bewegungen, die in diesem Zeitintervall stattfinden, beschreiben kann und ich kann versuchen, Regeln für diese Bewegungen zu finden.

Das gehört jedoch nach meiner Auffassung in Kapitel zwei. Zum Kapitel eins kann ich nichts beitragen. Alles, was irgendwo zwischen einem Anfang und einem Ende liegt, gehört meines Erachtens in Kapitel zwei.

Um **lebende Systeme** zu beobachten und zu beschreiben, schneide ich sie gedanklich nicht nur aus ihrem Zeitzusammenhang heraus, sondern ich denke sie mir auch aus ihrem körperlichen Zusammenhang heraus. Die Welt ist ein System, das ich nicht überblicken kann. Das System Erde ist nur ein klitzekleiner Ausschnitt aus der Welt. Ich überblicke mich, das, was ich zu mir zähle, und weiß sehr viel über meine Zellen, über die Zellstrukturen, über Moleküle, Atome usw. usw.. Es gibt jedoch immer ein noch Kleineres. Es gibt auch "über" mir einen Kosmos. Ich bin irgendwo in der Mitte zwischen dem ganz Großen und dem ganz Kleinen. Deshalb ziehe ich auch hier gedanklich eine Grenze nach oben und unten.

Ich beschäftige mich speziell mit mir als Beispiel für ein lebendes System, dessen Größenordnung ich als Individuum bezeichne, und nenne es das System Mensch. Aber ich lebe direkt erfahrbar in einer Gesellschaft, in einer Gemeinschaft von lebenden Systemen der Ordnungshöhe Individuum. Diese ist organisiert in verschiedene **lebende Systeme höherer Ordnung**, in Organisationen, Vereinen, Parteien, Glaubensgemeinschaften, Völkern und Staaten, um nur einige zu nennen. Mit diesen allen kann ich mich aus Zeitgründen nicht beschäftigen, so dass ich mich beschränke.

Ich beschränke mich auf das System Mensch und das System Staat.

Das System Staat besteht aus einer Menge von Systemen Mensch. Nebenbei bemerkt lebte es auch schon vor mir und wird auch nach mir weiterleben. Es ist größer als ich und langlebiger. Aber auch seine Größe ist begrenzt. Das System Mensch und das System Staat sind lebende Systeme, deren räumliche und zeitliche Größe ich überschauen kann, aber auch diese Größe stellt nur einen Ausschnitt dar irgendwo zwischen dem Kleinen und dem Großen, Was darüber und darunter ist, lasse ich weg. Das rechne ich zu Kapitel eins und beginne deshalb mit dem Kapitel zwei.

Ich beschränke mich also. Nicht etwa, weil ich ein Meister bin. Auf keinem Gebiet habe ich es zu Meisterschaft gebracht. Ich bin sogar ein Versager, wenn man die Erfolgsmaßstäbe der Gesellschaft anlegt, in der ich lebe. Vielleicht kann ich auch deshalb das Kapitel eins nicht schreiben. Das glaube ich aber nicht. Ich glaube, dass das Kapitel eins aus grundsätzlichen Gründen nicht schreibbar ist. Jeder Leser ist ein lebendes System. Jeder Leser ist ein **System Mensch**, wie ich sage.

Also:
Jeder Leser lebt das zweite Kapitel. Sein Leben ist ein Kapitel 2.

Oder einfacher:

Seine Existenz ist ein Kapitel 2.
Leben ist ja nur eine Sonderform der Existenz.
Auch jeder Nichtleser dieses Buches lebt das Kapitel 2, selbst jedes nicht-lesefähige lebende System tut dies, ja selbst jedes nicht-lebende System tut es. Die Welt besteht aus Systemen. Zuerst existierten wohl die nicht-lebenden Systeme.

In diesem Buch steht das System Mensch und seine neue Größe im Vordergrund.

"Wir können nur eine Welt *begreifen*, die wir selber *gemacht* haben." (Nietzsche[1]) "Ich muss so tun, als ob ein solches Einzelwesen ... von der übrigen Welt getrennt wäre, so dass es den Dingen außerhalb seiner erdachten Grenzen selbständig gegenübersteht. ...Aber vergessen Sie nicht, dass dieser erste Fehler, ...Individuen ...aus dem All herauszuschneiden, allem menschlichen Denken anhaftet, ..." (Groddeck).[2]

Wie aus diesen Zitaten eines Philosophen und eines Psychoanalytikers aus verschiedenen Zeiten hervorgeht, ist die Grundidee des Konstruktivismus und der Systemtheorie nichts Neues. Bedauerlicherweise hat jedoch niemand den naheliegenden Schluss gezogen, die bisherige Schnittgrenze zwischen dem Menschen und der Welt dorthin zu schmeißen, wo sie inzwischen hingehört, nämlich in den Mülleimer der Denkgeschichte. Erst die Philosophie lebender Systeme passt nun das Bild des Menschen den modernen Gegebenheiten an. Das Sein des Menschen hat sich seit der sogenannten "Steinzeit" verändert. Dennoch hat der Mensch weiterhin die Vorstellung, er sei ein nackter Affe. Dieses Selbstbild ist erneuerungsbedürftig. Der ehemalige Affe hat nicht nur seine Körperbehaarung reduziert, sondern seine Muskeln um köperexterne Maschinen erweitert, die ihn schneller als jedes Tier machen und ihn in die Lage versetzen, jeden Winkel des Systems Erde persönlich in Augenschein zu nehmen. Und nicht nur das.

---

[1] Friedrich Nietzsche, Der Wille zur Macht, Vers 495, letzter Satz, insel taschenbuch 1445, 1992

[2] Georg Groddeck: Das Buch vom Es. Psychoanalytische Briefe an eine Freundin. Internationaler psychoanalytischer Verlag. Leipzig. Wien. Zürich. 1923, S.253 und S.254

2.2. Nichtlebende Systeme und Nichtwelt

Da möchte ich doch noch etwas über nichtlebende Systeme sagen: auch jedes **nichtlebende System** existiert und bewegt sich.

Diese Bewegung ändert sich jedoch nicht, wenn nicht eine andere Kraft auf es einwirkt. Sie ist passiv. Sie ist gleichförmig. Das sagen die Physiker, die sich mit solchen Systemen beschäftigen. Also Bewegung ist nicht den lebenden Systemen vorbehalten. Auch der Stoffwechsel nicht. Das System Atom tauscht auch seine Elektronen aus.

Vielleicht hat der Anfang der Welt und auch das Ende der Welt etwas mit Bewegung zu tun. Da bewegt sich vielleicht nichts mehr. Es ist auch nichts da, was sich bewegen könnte und es ist auch keine Zeit da, in der sich Irgendetwas bewegen könnte.

Dies ist keine Aussage über den Beginn der Bewegung, den Beginn der Welt. Es ist lediglich eine Aussage über einen Zustand, in dem es keine Welt gibt. Meist wird ja gedacht, dass sich der Zustand der Nicht-Welt irgendwann in den Zustand der Weltexistenz verändert hat. Als Schöpfungsakt oder als Urknall – oder Entwicklung?

Die Vorstellung, dass es einen Übergang von Nicht-Welt in Welt gab, irgendwann in der Vergangenheit, ist weit verbreitet. Ich denke, dass diese Vorstellung falsch ist. Sie ist jedenfalls unbeweisbar.

Vielleicht projiziert das System Mensch diese Vorstellung, die es über sich hat, dass es selbst irgendwann in näherer Vergangenheit geboren wurde, auf die Welt. Nur mit dem Unterschied, dass diese Geburt der Welt viel länger her ist. Jedenfalls meint die Psychoanalyse, dass der Mensch projizieren kann. Vielleicht projiziert er auch seine Vorstellung von seiner Geburt auf die Welt und meint deshalb, dass auch die Welt mal geboren wurde.

Wie schon gesagt, mache ich selbst über den Anfang der Welt und über ihr Ende keine Aussage. Ich erlaube mir nur den Hinweis, dass aus meiner Sicht der Zustand der Nicht-Welt nicht ein Zustand war, der vor dem Beginn der Welt lag, sondern dass es sich in

meinem Denken um zwei Zustände handelt, die gleichzeitig existieren, oder existieren können. Also um Parallelzustände. Den Zustand der Nicht-Welt kann ich zwar abstrakt denken, aber ich kann nicht denken, wie der Zustand der Weltexistenz aus diesem hervorgegangen sein soll. Ich kann diese beiden Zustände nur als Alternativzustände denken, die parallel nebeneinander bestehen.
Beziehungsweise:
Den Zustand des Lebens oder den Zustand der Weltexistenz kann ich nicht nur denken, sondern auch praktisch erfahren, erleben und greifen. Der Zustand der Nichtexistenz der Welt ist lediglich eine Idee.

2.3. Die Voraussetzungen lebender Systeme

Ich beschäftige mich nicht mit der Entstehung lebender Systeme. Erstens kann ich darüber nichts sagen, zweitens ist darüber schon genug gesagt worden.

Was am Anfang gewesen sein soll, steht bereits in der Bibel, als Offenbarung. So nehme ich das auch und frage: was ist uns da eigentlich offenbart worden? Meines Erachtens sind uns hier zwei wesentliche Voraussetzungen für das Funktionieren lebender Systeme offenbart worden, nämlich die Bedeutung der Sonnenenergie für die Energiegewinnung lebender Systeme auf der Erde und die Bedeutung der Begrenzung lebender Systeme. Diese beiden Komponenten als Voraussetzung für ein lebendes System finden sich später im Symbol des Grals wieder. Der Gral als solcher ist der Behälter, die offene Grenze des lebenden Systems, die Zellwand. Sein Inhalt ist das Licht, die Verwandlung des Lichts in Energie zur Aufrechterhaltung des Stoffwechsels, des Lebens. Der Gral beschreibt die erste Zelle, die Urzelle des Lebens. Die pflanzliche Zelle, die die Fähigkeit besitzt, mit Hilfe des Chlorophylls Zucker (und Sauerstoff als Abfallprodukt) herzustellen. Das Chlorophyll ist das Sinnesorgan der Pflanzen, erkennt Licht und benutzt es. Bereits in der Genesis der Bibel sind diese beiden Voraussetzungen für lebende Systeme, die offene Grenze und das Licht, das wesentliche Thema.

Hier die Interpretation der beiden entscheidenden Punkte der Genesis[3] aus der Sicht der Philosophie lebender Systeme:

1,3: Gott sprach: Es werde Licht. Und es wurde Licht.

Die Bedeutung des Lichts für lebende Systeme ist die erste Offenbarung. Heute wissen wir: Licht sind elektromagnetische Wellen. Die gab es aber schon nach der Schöpfung von Himmel und Erde. Licht gibt es ja nur durch die Verarbeitung elektromagnetischer Wellen. Die zur Reproduktion fähigen Daten zerfallen sofort wieder. So ist Leben nur ein Momentsphänomen. Damit es bleiben kann, muss Chlorophyll her. Nämlich eine Umwandlung von Photonen in speicherfähige Energie. Dies ist die Voraussetzung für dauerhafteres Leben, für den Erhalt der genetisch gespeicherten Daten. Es ist das Chlorophyll, das Blattgrün, das die Bibel mit ihrer Metapher "Licht" meint. Das Leben ist im Meer entstanden, im Wasser. Es benötigte jedoch Energie, einen ständigen Energienachschub. Dieser kommt aus dem Licht. Das Chlorophyll versetzte die ersten lebenden System in die Lage, die Sonnenenergie in Zucker umzuwandeln, in einen Energiespeicher, den Energielieferanten für alle lebenden Systeme. Erst diese Energiespeicherung sichert das Leben. Es ist der Beginn des Stoffwechsels. Eine Kohlenstoffverbindung wird aus Luft entnommen und mittels Chlorophyll und Wasser in Kohlenstoff-Wasserstoffverbindungen (Zucker) umgewandelt. Dabei bleibt als Abfall der Sauerstoff übrig. Diese Nutzung des Lichts ist gemeint, diese Energiespeicherung ist gemeint, wenn in der Bibel von "Licht" gesprochen wird.

1,4: Gott sah, dass das Licht gut war. Gott schied das Licht von der Finsternis,

Das Licht ist zunächst nicht die Helligkeit, die wir mit den Augen wahrnehmen. Das Licht ist als erstes das Leben, das stoffwechselhabende Leben, das vom Nicht-Leben getrennt ist. Das Licht ist die durch Chlorophyll ermöglichte Verwandlung der Sonnenenergie in den Energiespeicher der lebenden Systeme. Das ist "gut".

---

[3] Die Bibel. Einheitsübersetzung (1980). Herder. Freiburg. Basel. Wien. ISBN 3-451-18988 7

1,5. und Gott nannte das Licht Tag und die Finsternis nannte er Nacht. Es wurde Abend und es wurde Morgen: **erster Tag**.

Wie wir heute wissen, ist Licht in unserem Sinn ein subjektives Phänomen. Objektiv existieren elektromagnetische Wellen, die wir durch unser "Auge"[4] innerhalb eines bestimmten Wellenlängenbereichs als Licht wahrnehmen. Licht entsteht also tatsächlich nicht durch die Sonne, sondern durch unser "Auge". Die Bibel beschreibt in der Genesis mit der Entstehung des Lichts nicht nur die Entstehung des ersten primitiven Organs, das Licht irgendwie wahrnehmen kann, nämlich mit der Bildung des Chlorophylls, sondern auch die "gute" Konstruktion der Realität mit Hilfe unseres Hirns.

Die Offenbarung kam zu einem Zeitpunkt, zu dem die Menschheit nichts von Chemie, von Biochemie, von Zellen und vom Zellaufbau wusste. Und sie wusste noch nichts über die Funktionsweise unseres Hirns. Wie sollte da die Offenbarung in Worte gefasst werden? Der erste Tag der Genesis beschreibt also die Entstehung der Photosynthese, der Energiegewinnung lebender Systeme, sie beschreibt biochemische Vorgänge mit den Worten der Makrowelt. Und sie beschreibt die Konstruktion unserer Umwelt durch unser Zentralnervensystem.

Das Licht nennt Gott Tag, die Finsternis nennt er Nacht. Inzwischen wissen wir, dass das Licht eine Konstruktion des Menschen ist. Der Mensch konstruiert allerdings nicht nur die Realität, wie uns der Konstruktivismus lehrt, sondern er konstruiert auch das Jenseits, die Welt, die hinter dem Sichtbaren liegt, das "Ding an sich" (Kant). Auch Gott ist also eine Konstruktion des Menschen, so dass man sagen kann: nicht Gott hat die Welt und den Menschen erschaffen, sondern Gott und die Welt sind Schöpfungen der Menschen. Gott ist eine Schöpfung des Menschen.

---

[4] Auge als Metapher für die Verarbeitung der elektromagnetischen Wellen durch unser Hirn.

Ich spreche in meiner Philosophie oft vom "System Erde". Die Genesis scheint mir nicht ein Versuch zu sein, die Entstehung der Welt zu beschreiben, sondern der Versuch, das System Erde zu beschreiben, die Voraussetzungen für lebende Systeme auf ihm zu definieren. Die Erde wie sie ist, ist isoliert so nicht existenzfähig. Zum System Erde gehört unbedingt die Sonne. Weniger wichtig ist der Mond. Die anderen Planeten des Sonnensystems sind belanglos. Das System Erde mit seinen Lebensformen, die sich ständig wandeln, ist abhängig von der Sonne, der Sonnenenergie, von der Bewegung der Erde, der Erddrehung mit dem dadurch bedingten Wechsel von Tag und Nacht, der Schräglagerung der Erdachse und der Umkreisung der Sonne mit den dadurch bedingten Jahreszeiten, und auch vom Einfluss des Mondes. Diese Bedingungen für die Entstehung und die Entwicklung lebender Systeme ist das Thema der Genesis, das Thema des ersten "Schöpfungs"tages. Diese Umweltbedingungen schaffen nämlich die äußeren Formen des Lebens und bilden den Rahmen für die Vielfalt und die Veränderungen der Lebensformen – und nicht Gott. Ich spreche bewusst vom "System Erde", wenn ich das umrissene System von Erde und Sonne meine, in dessen Mittelpunkt natürlich die lebenden Systeme auf der Erde stehen. Die Philosophie lebender Systeme macht also die Kopernikanische Wende wieder rückgängig. Zwar dreht sich die Erde um die Sonne, so dass die Sonne physikalisch als Mittelpunkt dieses Systems gesehen werden kann. Das ist jedoch nebensächlich. Das Zentrum der Aufmerksamkeit des "System Erde" ist die Erde, deshalb steht sie philosophisch im Mittelpunkt dieses Systems und das System ist nach ihr benannt. Das wesentliche lebende System auf dem System Erde ist der Mensch. Auf dieses richtet sich die Aufmerksamkeit der Philosophie lebender Systeme. Und auch wenn dieser ohne die Sonne und alles andere des Systems Erde undenkbar ist, nenne ich dieses System, in dessen Mittelpunkt das Individuum Mensch steht, das "System Mensch". Für die Ausformungen des Lebens ist der Wechsel von Tag und Nacht tatsächlich also eine wesentliche Bedingung unter anderen Umweltbedingungen, die in der Genesis als Tag und Nacht symbolisiert werden.

1,6: Dann sprach Gott: Ein Gewölbe entstehe mitten im Wasser und scheide Wasser von Wasser. 1,7: Gott machte also das Gewölbe und schied das Wasser unterhalb des Gewölbes vom Wasser oberhalb des Gewölbes. So geschah es, 1,8: und Gott nannte das Gewölbe Himmel. Es wurde Abend, und es wurde Morgen: **zweiter Tag.**

Was wird in der Bibel nun als weitere notwendige Voraussetzung dafür angesehen, dass es voran geht? Ein Gewölbe entsteht und trennt Wasser von Wasser. Das ist die zweite Offenbarung, die Bedeutung der Grenze, der Zellwand.

Aus Sicht der Philosophie lebender Systeme handelt es sich bei diesem Gewölbe um die Zellwand. Diese trennt nämlich tatsächlich Wasser von Wasser. Für die Stabilisierung des ersten lebenden Systems im Wasser ist es unabdingbar, die Trennung von Innen und Außen durch eine Scheidewand vorzunehmen. Damit wird das zur Zelle gehörende Innenmilieu von dem umgebenden Milieu geschieden und kann Unterschiede aufweisen, trotz der Notwendigkeit eines Stoffaustausches. Es ist eine offene Begrenzung installiert worden.

Keine andere Interpretation der Bibel kann einfacher erklären, was das Wasser unterhalb und oberhalb des Gewölbes beschreiben soll. Das Wasser unterhalb, das als erstes genannt wird, ist das Wasser innerhalb der Zelle mit dem, was es sonst noch so beinhaltet, das Wasser oberhalb ist das Wasser außerhalb der Zelle. Bei der im Meer entstandenen ersten Zelle ist es das Meerwasser. Das Gewölbe ist die Grenze, die Zellwand, die Scheide zwischen dem lebenden System und seiner Umwelt.

Also: die Zellwand ist das Gewölbe zwischen den Wassern und aus der Sicht des Zellinneren ist sie der Himmel. Der zweite Schöpfungstag beschreibt die Entstehung der Zellwand. Die Zellwand ist keine geschlossene Grenze, sondern eine offene Grenze, sie hat "Löcher", die "Sterne". Die Grenze lässt einen Austausch von innen und außen zu. Dieser mikroskopische Tatbestand wird in der Bibel mit Worten der makroskopischen Welt beschrieben. (Darüber wäre noch die Welt kosmischer Größe.)

1,9: Dann sprach Gott: Das Wasser Unterhalb des Himmels sammle sich an einem Ort, damit das Trockene sichtbar werde. So geschah es. 1,10: Das Trockene nannte Gott Land, und das angesammelte Wasser nannte er Meer. Gott sah, dass es gut war.

Die Genesis macht nun einen Sprung in eine andere Perspektive. Dies ist es die Perspektive des Menschen, der um sich blickt und Land und Meer erblickt. Auch das ist gut. Nicht nur Gott sieht das, sondern der Mensch sieht ebenfalls, dass dies schön ist. Wie wandelt der Mensch oder das augenbehaftete Tier die elektromagnetischen Wellen in optische Wahrnehmung um? Er wandelt die Sinnesempfindungen so um, dass das entstehende Bild schön ist. Die Farben, die er aus den Sinneswahrnehmungen macht, konstruiert er nach seinem Schönheitsmaßstab. Deshalb ist die Welt, auf die der Mensch blickt, schön. In der Formulierung der Bibel: gut. Dies ist jedoch die makroskopische Sichtweise, die allen bekannt ist. Die Genesis beschreibt nun hier uninteressante makroskopische Dinge, die Schöpfung von Tieren usw..

Interessant ist noch das Ende. Er gibt den Lebewesen den Auftrag, sich zu vermehren! Und dann meint er wieder, es sei gut. Er klammert jedoch ein Problem aus: nämlich die Konsequenzen seines Auftrages an alle Pflanzen und Tiere, sich zu vermehren. Wenn sich alles vermehrt, ist es natürlich eine Frage der Zeit, wann die Erde nicht mehr ausreicht, um weiteres Wachstum zu garantieren. Der Kampf jeder gegen jeden, der die konsequente Folge der Vermehrung der lebenden Systeme ist, wird ausgeklammert. Mit dem Krieg beschäftigt er sich nicht.

Gott legt sich zur Ruhe.

2,2: Am siebten Tag vollendete Gott das Werk, das er geschaffen hatte, und er ruhte am siebten Tag, nachdem er sein ganzes Werk vollbracht hatte.

Nun ruht Gott und überlässt seine Schöpfung dem Lauf der Dinge. Hier zeigt sich ein Mangel der "Schöpfungsgeschichte". Sie zeigt zwar durch ihre Einteilung in 6 Tage eine Abfolge, ein Entwicklung. Aber sie setzt die Schilderung dieser Entwicklung nicht fort.

Sie ist lediglich eine Vergangenheitsschilderung. Die Schöpfung ist getan. Gott setzt sich zur Ruhe und überlässt es der Schöpfung, mit den Problemen fertig zu werden, die nun zwangsläufig durch die ständige Vermehrung beginnen. Anscheinend ist Gott nicht vorausdenkend. Oder: die hier geschilderte Offenbarung ist die Offenbarung des Anfangs. Die Offenbarung des Beginns der Welt. Sie setzt sich im bereits begonnenen zweiten Abschnitt mit der Beschreibung des Paradieses fort. Sie endet auch noch vor der Entstehung des Geistes. Die Entstehung des Geistes ist das Thema des dritten Abschnitts: "Der Fall des Menschen". Der Mensch isst vom Baum der Erkenntnis. Zuerst die Frau. Vom Baum der Erkenntnis des Guten und des Bösen. Damit ist der Mensch als denkendes und erkennendes Wesen entstanden. Er tritt nun in die Welt ein. In unsere Welt, in der wir immer noch leben. Die Welt, die wir uns konstruiert haben. Die Welt der Massenmorde zwischen den Menschengruppen, genannt Kriege.

Die Folgen dieser von Gott den Lebewesen aufgetragenen Vermehrung. Das ist das Thema der Philosophie lebender Systeme. Sie fängt da an, wo Gott aufgehört hat. Sie beschäftigt sich mit den Bewegungsgesetzen lebender Systeme. Über die Verhaltensgesetze der lebenden Systeme wird in der Genesis nur gesagt: vermehrt euch, und in Bezug auf den Menschen: herrsche.

Vermehrung der lebenden Systeme und Herrschaft des Menschen über die Erde. Das sind die beiden Handlungsaufträge oder Verhaltensprogramme.

Vermehrung, das ist die Vervielfältigung der genetisch gespeicherten Daten.

Herrschaft des Menschen über die Schöpfung: das ist die Selbstentfaltung des Menschen. Die ständige Vergrößerung seiner Herrschaft. Herrschaft heißt: andere zu seinen Effektoren[5] machen. Nicht nur die Herrschaft über die Effektoren, die am eigenen Körper hängen, über die Arme und Beine, sondern auch die Herrschaft

---

[5] Der "Effektor" ist der befehlsausführende Teil einer Regelkreismaschine.

über andere lebende Systeme, die unabhängig von mir existieren. Dies hat der Mensch befolgt. Und darüber redet die Philosophie lebender Systeme.

Ein kleiner Hinweis zum Schluss dieser Interpretation: Tag eins bis sechs enden mit: es wurde Abend und es wurde Morgen: der soundsovielte Tag. Der siebte Tag endet nicht so. Er ist noch gar nicht abgeschlossen. Jedenfalls nicht in der Genesis. Es kommen ja nun Schilderungen über das Verhalten der Menschen und die Wut Gottes auf die Aktionen der Menschen. Und am Ende die Offenbarung über das Ende der Welt. Aber dies kann in der Bibel nachgelesen werden. Ich trenne mich nun von dieser Offenbarung und von allen anderen Konstruktionen über die Vergangenheit.

Was jetzt kommt, ist die Gegenwart. Keine Phantasien über die Vergangenheit. Sondern die Neukonstruktion des Menschen und seiner Umwelt, eine Konstruktion von Ich und Nicht-Ich. Aber noch ein Wort zu den Schöpfungs-Gläubigen: sie glauben an eine Schöpfung, verlegen aber die Schöpfung ganz exklusiv in eine weite Vergangenheit. Ich frage: wenn in früher Vergangenheit einmal eine Schöpfung stattgefunden hat, aus welchem Grund soll dann in der Gegenwart keine Schöpfung mehr stattfinden? Ob Schöpfung oder Nicht-Schöpfung, ewiges Dasein der Welt oder eine Entwicklung der Welt bis hin zur Entwicklung lebender Systeme aus nicht-lebenden Systemen und der Entwicklung des Menschen aus dem Affen, ist mir egal. Meine Philosophie beginnt mit dem Dasein der Welt als geschlossenes Gesamtsystem und den in ihr existierenden Systemen. Jedes System in dieser Welt hat eine Grenze, eine räumliche Begrenzung. Kennzeichen der lebenden Systeme ist, dass diese Grenze offen ist. Die ersten Sätze der Schöpfungsgeschichte der Bibel sind für mich eine Darstellung dieser Voraussetzungen lebender Systeme. Ein lebendes System ist zunächst einmal eine sich bewegende Hülle. Mit der Bewegung kommt eine zweite Dimension ins Blickfeld: die Zeit. Erstens bewegen sich diese Systeme nicht ewig, sondern nur zeitbefristet. Das ist die zeitliche Begrenzung dieser Systeme. Zweitens macht die Philosophie lebender Systeme den Versuch, für diese Bewegungen Regeln zu finden. Wenn sich nicht-lebende Systeme nach Regeln bewegen (mechanische Bewegungsgesetze), warum soll es nicht auch Regeln geben, die die Bewegungen lebender Systeme beschreiben? Das Verhalten des Individuums, des Menschen, oder das Verhalten lebender Systeme höherer Ordnung, die Handlungen von Staaten? Die Philosophie lebender Systeme findet nicht nur derartige Regeln oder Gesetzmäßigkeiten, sondern ist zu dem Ergebnis gekommen, dass sich die Verhaltensregeln von Menschenmassen, von Staaten, leichter beschreiben lassen, als das Verhalten von Individuen. Das "lebende System" ist eine Hülle, ein Topf, in den unterschiedliche Inhalte gefüllt werden können. Das führt zu Problemen. In einem Topf "System Staat" befindet sich z.B. christliche Religion, in einem anderen eine andere Religion, in einem Topf "System Mensch" befindet sich die Weltanschauung A, in einem anderen die Weltanschauung B. Das ist die Freiheit der lebenden Systeme Mensch. Jedes menschliche Individuum kann seine Inhalte selbst definieren und entscheiden, was es als geistig zu ihm gehörig betrachtet und was "fremd" ist. Seine geistige Grenze kann es selbst bestimmen. Auch das räumliche Ausmaß der Systeme Mensch ist unterschiedlich. Das Verhalten der Töpfe ist jedoch gleich: beide wollen leben und sich ausbreiten.

Ich finde hier und jetzt eine Realität vor und ordne diese ein bisschen um, schaffe neue Grenzen, definiere etwas um. Mehr nicht. Das reicht. Dabei fange ich selbstverständlich bei mir an, beim Individuum, beim Menschen, bei dem modernen "System Mensch". Erstens kenne ich dieses System, zweitens scheint mir dieses seit der Steinzeit unverändert und überholungsbedürftig zu sein und drittens haftet dem Individuum ein Freiheitsspielraum und damit eine Möglichkeit der Verhaltensänderung an, die das System Staat nicht hat. Jede Änderung des Verhaltens und der Entwicklung lebender Systeme beginnt auf der Stufe des Individuums.

Kapitel 3
Konstruktion und Kybernetik des Systems Mensch

3.1. Die Konstruktion des modernen Menschen

Der bisherige Konstruktivismus[6] ist passiver Konstruktivismus. Er bleibt bei der Erkenntnis stehen, dass der Mensch sich und seine Umwelt konstruiert. Er endet bei dieser Aussage. Das ist Angsthasenkonstruktivismus!

Ich konstruiere den Menschen neu.

Da erhebt sich zunächst die Frage, wie der alte Mensch konstruiert ist. Schon bei dieser Frage kneifen die Gegenwartsphilosophen. Sie wollen nicht anecken. Sie wollen Recht haben. Recht haben ist jedoch Anpassung an die Vergangenheit. Recht haben ist Unterwerfung.

Die Gegenwart beginnt mit der derzeit gängigen Konstruktion des Menschen. Diese ist unbewusst, unkonkretisiert. Ohne es zu wissen, konstruiert seit der Entstehung des Menschen jedes Individuum sich und seine Umwelt, hat ein Bild, eine Vorstellung von sich. Diese wird ihm von seinem Wahrnehmungs- und Denkapparat, seinem Hirn, vorgesetzt. Diese Konstruktion ist da.

Der Jetztmensch besteht aus einem Körper und einem Geist. Er verfügt über angeborene und erlernte Fähigkeiten. Seine Fähigkeiten stellt er in den Dienst der Gemeinschaft. Er ist Bürger eines Staates. In diesen Staat ordnet er sich ein, erfüllt seine Aufgaben. Im Frieden arbeitet er, gründet eine Familie. In Kriegszeiten erfüllt

---

[6] Die Philosophie des Konstruktivismus, deren einzelne Autoren und Meinungen im Internet ermittelt und studiert werden können.

er seine soldatische Pflicht oder seine Pflichten an der Heimatfront. Er glaubt an eine Staatsreligion, die ihm sagt, was gut und böse ist. Dadurch weiß er, wen er in Kriegszeiten zu töten hat und braucht deswegen kein schlechtes Gewissen zu haben.

Das ist der allgemeine grobe Umriss. Den Inhalt füllt jeder Staat für sich. Die eben beschriebe Mensch-Konstruktion impliziert eine genetische Ausstattung des Menschen, die durch Erziehung, durch Umwelteinflüsse modifiziert wird. Sie impliziert einen formbaren Menschen, dessen Verhaltensmöglichkeiten genetisch vorgeben sind. Sie lässt gern beiseite, dass auch die Denkmöglichkeiten genetisch vorgeben sind und natürlich auch die des Glaubens. Allenfalls einige Wissenschaftler oder Philosophen ziehen dies in Betracht. Vor allem lässt sie beiseite, wer die Formung des Verhaltens vornimmt und die Inhalte des Denkens und des Glaubens vorgibt.

Der aktuelle Mensch ist das Resultat seiner angeborenen Möglichkeiten und der Formungen durch die Umwelt.

Die Philosophie lebender Systeme geht mit dieser "Definition" konform, beschäftigt sich jedoch nun mit der Frage, was die angeborenen, genetisch festgelegten Denk-, Glaubens, und Verhaltensprogramme eigentlich konkret vorschreiben und was oder was eigentlich diese Umwelt ist, die etwas formt.

Um es kurz zu machen: Das Verhalten, Denken und Glauben des Menschen wird ihm von seinen Genen vorgeschrieben. Diese schreiben jedoch keine Inhalte vor. Sie schreiben nur vor, dass der Mensch an das Wahre und Gute glaubt und dass sein Verhalten und Denken auf die Erreichung zweier Ziele ausgerichtet ist: erstens auf das Ziel der Selbsterhaltung für einen gewissen Zeitraum, der mit der Aufzucht seiner Nachfolgegeneration abgeschlossen ist. Zweitens auf das Ziel der Selbstentfaltung, der Vergrößerung seiner Ausdehnung, seiner Befriedigungsmenge, der Optimierung seiner Lust.

Was das Wahre und Gute ist, wird von der Religion festgelegt. Worin das Individuum seine narzisstische Befriedigung zu sehen hat, setzt der Staat fest. Das Ziel seiner sexuellen Lust wird von den Genen bestimmt.

Das sind die Einflüsse der Umwelt. Für die, die noch nicht richtig gelesen haben oder die meinen, sich verlesen zu haben, sei ein Punkt noch einmal wiederholt: die genetischen Verhaltensprogramme, die genetische Festlegung der Verhaltensziele, sind ein Umwelteinfluss! Dass Erziehung, Staatsraison und Religion Umwelteinflüsse sind, ist allgemein anerkannt. Die Philosophie lebender Systeme identifiziert jedoch auch die genetisch festgelegten Denk- und Verhaltensstrukturen als Umwelteinflüsse. Und zwar als besonders miese Umwelteinflüsse, weil sie sich als "Ich" tarnen. Theoretisch könnte sie der Mensch durch Genmanipulation zwar aktiv ändern. Aber darauf kommt es hier nicht an. Es kommt zunächst darauf an, sie als solche zu erkennen. Nämlich sie als Konstruktion zu erkennen. Schon darunter leidet ihr verhaltens- und denkdeterminierender Charakter.

Nun kommt jedoch der nächste Schritt:

Indem auch die genetische Verhaltensprogrammierung des Menschen als Konstruktion, als Umwelt, identifiziert ist, bleibt nichts mehr übrig. Die Natur und der Staat mit seinen Forderungen an das Verhalten des Individuums ist Konstruktion Die Religion mit Ihrer Definition Gottes, des Wahren und Guten ist Konstruktion des übersinnlichen Bereichs der Realität. Nun ist auch noch die genetische Programmierung der menschlichen Verhaltens- und Denkmöglichkeiten eine Konstruktion.

Damit ist der alte Mensch aufgelöst.

Diese Auflösung des alten Menschen durch die Philosophie lebender Systeme macht den Weg frei für den nächsten Schritt: die Konstruktion des modernen Menschen. Die Schöpfung des Systems Mensch.

Die bewusste aktive Konstruktion des neuen Menschen beginnt damit, dass der Mensch seine Begrenzung selbst definiert und damit den Begriff "Umwelt" auch neu definiert.

Er definiert selbst, was zu ihm gehört und was nicht zu ihm gehört. Er definiert selbst, was Ich und Nicht-Ich ist. Er definiert selbst das

Gute und das Böse und das Wahre. Er benötigt dazu keine Religion mehr und keine Gesellschaft, keinen Staat. Er definiert sich selbst, seine Begrenzung und seine Umwelt. Die Grenzdefinierung betrifft nicht nur die körperlich-räumliche Begrenzung, sondern auch die ideelle-geistige Begrenzung.

Mit dieser **Trennung** von Ich und Nicht-Ich wird auch eine **Beziehung** zwischen dem Ich und dem Nicht-Ich definiert, zwischen dem, was zum eigenen lebenden System gehört und dem was zur Umwelt gehört und den lebenden und nicht-lebenden Systemen dieser Umwelt.

Trennung bestimmt immer auch eine Beziehung und eine Kommunikation.

Das Ich und die Systeme des Nicht-Ichs bilden zusammen eine Welt. Die als Nicht-Ich definierte Umwelt ist genauso existent wie das Ich. Das Nicht-Ich ist nicht Nichts. Es existiert und zwingt zu ständiger Auseinandersetzung, zu ständiger Kommunikation.

Diese Kommunikation beschreibt die Philosophie lebender Systeme kybernetisch. Die Auseinandersetzung zwischen Ich und Nicht-Ich findet in Regelkreisen statt.

Die Philosophie lebender Systeme ist daher angewandter aktiver Konstruktivismus und praktische Kybernetik des Menschen.

Um Verwechslungen mit der bisherigen Konstruktion des Menschen zu vermeiden, bezeichne ich dabei den neu konstruierten modernen Menschen als "System Mensch".

3.2. Der tote "Erwachsene"

Es ist Zeitverschwendung, etwas Bekanntes wiederzukauen. Deshalb begründe nur noch, warum eine neue Schnittführung zwischen dem Menschen und seiner Umwelt erforderlich ist. Das Übel der Gegenwart zeigt sich überall, auch in dem Begriff des "Erwachsenen". Dieser Begriff zeigt exemplarisch das Fehldenken des Menschen. Er impliziert, da sei etwas am Ende. Der Mensch sei mit seinem Wachstum am Ende.

So ein Unsinn!

"Erwachsen" verleugnet das Wesentliche, nämlich die ständige Bewegung lebender Systeme. Ein lebendes System vergrößert sich ständig. Es ist nie erwachsen, ausgewachsen. Wachstum ist ein sich selbst verstärkender Regelkreis, ein Regelkreis mit positiver Rückkopplung. Der Begriff "Erwachsen" reduziert Menschsein auf den Körper des Menschen, auf dessen Selbsterhaltungsfunktion, auf die Regelkreise mit negativer Rückkopplung, die den Zustand der Homöostase aufrecht erhalten. Der gesamte Nicht-Körper wird dabei als nichtexistent betrachtet, als nicht zum Menschen gehörig. Der Mensch wird dadurch kastriert, auf seinen lebenden Körper reduziert. Der Mensch sieht nicht seine wahre Größe, seine Ausdehnung, seine Vergrößerung. Der Mensch beraubt sich. Er beraubt sich durch sein beschränktes Denken. Indem er sich selbst nur mit den Augen sieht und nur seinen Körper als existent betrachtet, ist er in Wahrheit blind. Blind für seine Fähigkeiten, für seine Möglichkeiten, für seine Beziehungen, vor allem blind für seine geistige Ausdehnung. Weil er seine Grenzen auf das Körperliche beschränkt, betrachtet er sein Eigentum, sein Geld, seine Fähigkeiten, sein geistiges Eigentum als Anhängsel, als Wegnehmbares, als Nicht-Ich und meint, er müsse irgendjemandem dafür Dankeschön sagen. Dafür hat das Individuum Gott erfunden. Es macht sich klein und verbeugt sich vor Gott.

Das gibt anderen die Möglichkeit, das Individuum auszurauben, ohne dass es dieses als Diebstahl registriert. Da kommt der sogenannte Arbeitgeber und erzählt dem demütigen Individuum, es bekomme bereits zu viel Lohn. Der Staat redet ihm ein, ihm (dem Staat) stände noch mehr des Einkommens des Individuums zu. Da kommen die Lehrer und Professoren und reden ihm ein, dass es nichts wisse. Das unterwürfige Individuum würde immer kleiner und kleiner werden und hätte am Ende tatsächlich nur noch seinen Körper, wenn es nicht inzwischen bereits das Recht geschaffen hätte. Das Recht (als Privatrecht) verhindert die Verkleinerung des Demütigen auf seinen Körper und es schränkt das Wachstum des Rücksichtslosen ein. Aber es kann nur das materielle Wachstum und das Geldwachstum in beiden Richtungen begrenzen. Das ist seine Funktion. Nur: auch hier erkennt das Individuum nicht, dass es sein Recht ist, dass es von ihm selbst geschaffen ist, dass es sein Werk ist. Auch dieses Recht erkennt es nicht als zum Ich zugehörig, sondern als fremd. Aber das nur nebenbei.

Der wesentliche Teil des Menschen, sein Geist und sein geistiges Wachstum, das ist der Bereich, der dem Individuum entzogen wird, um den es beraubt wird, den es sich rauben lässt, den es als fremd betrachtet.

"Erwachsen" ist ein Knechtbegriff. Wer "erwachsen" ist, ist ein nicht wachsender, der vor allem auf sein geistiges Wachstum freiwillig verzichtet. Wer meint, er sei schon erwachsen, verzichtet auf das Wissen, das er sich noch aneignen könnte. Er verzichtet auf seine Potenz. Im Grunde verzichtet er auf seine Menschlichkeit.

Der Mensch ist ein lebendes System. Der "Erwachsene" hingegen ist ein nicht-lebendes System. Der "Erwachsene" hat sich umgebracht. Deshalb kann man mein Ansinnen, den Menschen zum "System Mensch" umzudefinieren, auch so formulieren:

Ich habe die Absicht, Tote zum Leben zu erwecken.

3.3. Die neue Begrenzung des Menschen

Meine Schnittführung bei dem Herausschneiden des Systems Mensch aus der Welt unterscheidet sich von aller bisheriger Schnittführung. Sie ist längst überfällig.

Es handelt sich natürlich um einen gedanklichen Schnitt. Aber selbst durch einen gedanklichen Schnitt greife ich in die Welt ein. Ich definiere eine Grenze, ich definiere innen und außen neu und konstruiere System und Nicht-System, System und Umwelt, Ich und Nicht-Ich. Durch die Grenzziehung erschaffe ich zuerst ein System, um es anschließend zu untersuchen. Eigentlich habe ich also durch meine Definition von System etwas "künstliches" geschaffen und durch die Definition bereits das festgelegt, was ich dann anschließend näher untersuche und beschreibe. Ohne diese Einteilung der Welt kann ich sie jedoch nicht beschreiben und nicht untersuchen. Ich könnte sie nur erleben, aber keine Aussagen über sie machen.

Die Schnittführung, die ich vornehme, unterscheidet sich jedoch von der üblichen Schnittführung der Menschen. Menschen nehmen bereits eine Schnittführung vor, können daher die Welt beschreiben und über ihre Beschreibung der Welt kommunizieren.

Mir ist nun allerdings derzeit keine allgemein anerkannte Definition dessen, was der Mensch ist, bekannt. Um es genauer zu sagen habe ich den Eindruck, dass allgemein angenommen wird, der Mensch ist ein Lebewesen, das zum Denken und eigenständigem freien Handeln fähig ist usw. usw.. Er wird also über seine Fähigkeiten definiert. Oder er wird über seinen Unterschied zum Affen oder anderen Lebewesen definiert. Es wird bisher nur versucht, den Menschen sozusagen über seine Inhalte zu definieren, über seine Äußerungen, seine Handlungen, über seine Leistungen, seine kulturellen Errungenschaften usw.. Oder er wird über seine inneren Vorgänge, über sein Fühlen, sein Denken definiert usw..

Ich kann über alle diese Definitionen sagen, dass sie richtig sind. Was ich jedoch zusätzlich vorschlage, ist eine andersartige Definition des Menschen, nämlich eine Definition des Menschen über seine Grenzen. Diese geht weit über den organisierten Zellhaufen hinaus, an den man denkt, wenn man „ich" sagt.

Alle bisherigen ausgesprochenen und unausgesprochenen (das ist die Mehrzahl) Definitionen des Menschen scheinen davon auszugehen, dass der „Mensch" das unbekleidete Lebewesen in seiner männlichen und weiblichen Variante und seinen unterschiedlichen ethnischen Varianten ist. Derartige Geschlechtsunterschiede oder ethnische Differenzen entfallen nebenbei gesagt bei meiner Definition des Systems Mensch.

Der Mensch wird herkömmlich quasi gedacht als Adam und Eva im Paradies. Vielleicht traut sich niemand, dies auszusprechen, weil sich der Mensch seiner Nacktheit schämt.

Was ich mit meiner Definition des Menschen über seine Grenzen mache, ist:

Ich ziehe den Menschen an.

Ich ziehe ihm dabei nicht nur seine Kleider an, die er tragen kann, sondern auch die, die in seinem Kleiderschrank hängen. Ich gehe noch weiter und sage:

auch sein Kleiderschrank gehört zu ihm.

Auch seine Wohnung oder sein Haus gehören zu ihm. Und nicht nur das. Auch seine Auto gehört zu ihm. Auch da ist noch nicht Schluss. Auch sein Geld und sein Bankkonto gehören zu ihm. Zusammengefasst: sein mobiles und immobiles Eigentum gehört zu ihm. Der Mensch verfügt also auch über Eigentum, das nicht fest mit seinem Körper verbunden ist. Auch das ist noch nicht alles: seine Fähigkeiten, die oben bereits angesprochen wurden, gehören selbstverständlich weiterhin auch zu ihm. Und das, was er denkt, seine Überzeugungen, sein Glaube und seine Ideen gehören ebenfalls zu ihm.[7]

Nun haben wir den modernen zivilisierten Menschen vor uns.

Ein Punkt, den ich bisher selbst auch immer nicht miterwähnt habe, gehört noch zu ihm: seine Zeit, die er zum Leben hat. Seine Lebenszeit und auch seine Tageszeit. Sein Leben ist nämlich schicksalhaft in Tage eingeteilt, in Wachzeiten und Schlafzeiten.

Meist werden nur seine Wachzeiten berücksichtigt. Aber auch im Schlaf ist er Mensch.

Um den zeitlichen Rahmen noch abzustecken:

Das Leben des Menschen beginnt mit der Befruchtung der mütterlichen Eizelle, mit der Vereinigung zweier haploider menschlicher Chromosomensätze zu einem diploiden Chromosomensatz, und es endet mit seinem Tod.

Das alles zusammen ist meine Definition vom "System Mensch".

Da der Mensch hier eben nicht nur aus seinem lebenden Körper besteht, sondern auch aus seinem materiellen und geistigem Eigentum, bezeichne ich meinen Begriff von "Mensch" auch der Deutlichkeit halber mit einem anderen Wort, nämlich mit "System

---

[7] Dass seine Fähigkeiten und seine Gedanken, seine Ideen, sein Geist zu ihm gehören, ist nicht neu, deshalb die Formulierung "weiterhin".

Mensch". Das System Mensch hat also einen lebendigen Teil, seinen materiellen Körper, aber zusätzlich noch die von seinem Körper unabhängigen, weil nicht fest mit dem Körper verbundenen, materiellen Teile, sein extrakorporales Eigentum. Zu diesem extrakorporalen Eigentum gehören insbesondere seine körperexternen Effektoren. Diese sind nicht nur maschineller Natur, wie beispielsweise sein Auto, sondern es handelt sich dabei auch um andere lebende Systeme, die das System Mensch u.a. als Effektoren benutzt. Der Handwerker, den ich für seine Tätigkeit entlohne, ist mein vorübergehender körperexterner Effektor.

Hinsichtlich des Geldes und seines materiellen Eigentums handelt es sich praktisch um den Begriff des Eigentums, der auch im Strafrecht und im Zivilrecht festgehalten ist. Das Recht kennt auch bereits den Begriff des geistigen Eigentums. In der Psychologie scheint dieser Begriff noch unbekannt zu sein. Auch der Begriff des materiellen Eigentums ist im Recht verankert, ich erinnere nur an die 10 Gebote.

Die Wissenschaften, die sich mit dem Menschen befassen, die Psychologie mit ihren Varianten, die Medizin, die Psychiatrie oder die Soziologie, scheinen sich nur mit seinen Fähigkeiten, seinen Körperfunktionen oder mit seinen Beziehungen zu anderen Menschen zu befassen. Und die Wissenschaften, die sich mit Geld befassen, die Wirtschaftswissenschaften, lassen den Menschen oft ganz außer Betracht. Eine Wissenschaft vom Geld scheint es noch gar nicht zu geben. Die Wissenschaft, die sich mit seinem Geist befasst, die Philosophie, übersieht mit wenigen Ausnahmen wiederum sein materielles Eigentum.

Die Philosophie lebender Systeme zieht also eine andere Grenze um den Menschen herum und hat damit Bezüge zu nahezu allen Wissenschaften. Sie befasst sich mit dem modernen Menschen und allem, was zu ihm gehört. Und das ist sehr viel. Und es wird von Tag zu Tag mehr.

Das System Mensch hat seine Ausdehnung seit der Existenz der ersten Menschen auf dem System Erde immer mehr vergrößert.

Diese Größenzunahme des Systems Mensch ist das erste Ergebnis der neuen Definition des Systems Mensch. Sie war vorher unsichtbar. Schon allein dieses Ergebnis rechtfertigt die Konstruktion des Systems Mensch.

Diese rapide Größenzunahme des Systems Mensch betrifft jedoch nur seine moderne Variante in den entwickelten Industrienationen. Viele Systeme Mensch besitzen lediglich das nötigste zum Leben und sind nicht wesentlich größer als das System Mensch in der Steinzeit.

Die Größenunterschiede zwischen den Systemen Mensch haben also seit der Geburt des ersten Systems Mensch ebenfalls zugenommen.

Dies ist bekannt. Es ist jedoch noch nie so ausgedrückt worden.

Diese Größenunterschiede der Systeme Mensch führen zu Konflikten. Die Philosophie lebender Systeme eröffnet einen neuen Blick auf diese Konflikte, kann diese Konflikte daher auf neue Weise beschreiben und eröffnet damit die Möglichkeit neuer Konfliktlösungen.

Auch das sollte bedacht werden, bevor der Leser die Idee einer neuen Beschreibung des Menschen als System Mensch verwirft.

Zum Begriff "Grenze" noch eine Erläuterung:

Eine Begrenzung ist nicht nur ein Ort, an dem das System aufhört und das Nichtsystem beginnt, also eine Grenze, die ich durch meine Schnittführung gesetzt habe. Dabei muss immer daran gedacht werden, dass lebende Systeme eine offene Grenze haben, sie sind begrenzt und offen. Die bisherige Literatur übersieht dies häufig und denkt eine Grenze immer als geschlossen. Das ist falsch. Es gibt offene und geschlossene Grenzen. Die Grenzen lebender Systeme sind offen.

Eine Grenze kann auch eine ideelle sein, eine geistige Grenze, die durch eine Entscheidung getroffen wird. Ein System, das geistige Eigenschaften hat, kann auch Entscheidungen darüber treffen, welche geistige Inhalte es aus den Angeboten seiner Umwelt übernimmt, als die seinen definiert, und welche Geistesinhalte es ablehnt oder ausscheidet.

Und:
Eine Grenze kann auch unabhängig vom System existieren, von außen gesetzt sein, zum Beispiel durch das, was in der Umwelt vorhanden ist.

Zum Beispiel:
Das Leben des Systems Mensch ist abhängig von der Energiezufuhr, die vom Sonnenlicht kommt. Die Pflanzen wandeln diese Energie in Zucker um, davon lebt die Tierwelt, auch der Mensch. Die anderen Planeten unseres Sonnensystems sind zwar für dieses System überflüssig und können weggedacht werden, aber der Mensch ist abhängig von der Erde, den Pflanzen der Erde und von der Sonne. Er bildet ein System zusammen mit diesen unabhängig von ihm existierenden Teilen und seine Existenz ist von diesen abhängig. Pflanzen, Erde und Sonne können auch ohne ihn existieren, er aber nicht ohne Pflanzen, Erde und Sonne. Diese Abhängigkeit bedeutet, dass beispielsweise der Energievorrat der Sonne sein Leben begrenzt.

Solange die Sonne länger lebt als der Mensch, spielt diese Begrenzung keine Rolle. Sie wirkt sich nicht aus, ist aber vorhanden. Falls sich jedoch Auswirkungen ankündigen sollten, wäre der Mensch in gewissen Grenzen in der Lage, dem entgegenzuwirken. Zum Beispiel könnte er einer Abkühlung der Sonne entgegenwirken, indem er die Umlaufbahn der Erde um die Sonne ändert, also die Erde der Sonne entgegenbringt. Aber auch derartige technisch denkbare Manöver würden das Problem nicht beseitigen, sondern nur den Tod verschieben.

Derartige Grenzen bekommen Bedeutung durch die Unterschiedliche Lebensdauer der lebenden Systeme und der Nichtlebenden Systeme, von denen die lebenden Systeme abhängig sind.

3.4. Selbsterhaltung und Selbstentfaltung

Leben ist ein sich selbst erhaltender Vorgang. Damit haben sich vor allem Biologen, aber auch andere Wissenschaftler beschäftigt und dies genauer beschrieben und bezeichnet. Man könnte sagen, die Beschäftigung mit diesem Thema liegt im Trend.[8]

Mich interessiert es weniger, wie lebende Systeme es schaffen, ihr Leben vorübergehend, nämlich von ihrer Geburt bis zu ihrem Tod, zu erhalten. Mir reicht die Beobachtung, dass sie es können. Wie sie das machen, ist ihre Sache und das Thema meiner Vor-Denker.

Die Philosophie lebender Systeme beobachtet Unterschiede. Das Feststellen von Unterschieden ist die Kernfähigkeit der Erkenntnis lebender Systeme. Was A ist, können wir nicht wissen, aber wir können feststellen, ob ein zweites Objekt wie A aussieht oder wie A handelt. Die Philosophie lebender Systeme interessiert sich für die Handlungen.

Zu welchem Ergebnis komme ich, wenn ich das System Mensch mit einem Individuum Pantoffeltierchen vergleiche?

Das Pantoffeltierchen benötigt nur eine Zelle zur Sicherstellung seines Lebens. Es ist robust gegenüber Veränderungen seiner Umwelt.

Das System Mensch hingegen benötigt Millionen von Zellen, reagiert sehr empfindlich gegen Veränderungen seiner Umwelt, wird so schnell krank, dass es nahezu keinen völlig gesunden Menschen gibt.

Ich will die Liste nicht ins Unendliche treiben und kann schon jetzt feststellen, dass das Pantoffeltierchen und jeder andere Einzeller mit viel höherer Effektivität als der Mensch die Aufgabe erledigt, sein Leben zu sichern. Es ist geradezu frappant, wie kompliziert der menschliche Körper im Vergleich mit dem Pantoffeltierchen

---

[8] Z.B. der Begriff Autopoiese von Maturana, H. R., u.a. in: Erkennen: Die Organisation und Verkörperung von Wirklichkeit. Braunschweig (Vieweg). 1982

konstruiert ist, und hinsichtlich der Aufgabe Selbsterhaltung nicht mehr leistet als dieser Einzeller.

Das Pantoffeltierchen bekommt von mir in Selbsterhaltung (Überleben) die Note sehr gut, das System Mensch ein ausreichend bis mangelhaft, es ist glatter Verlierer.

Nun gibt es jedoch noch eine andere Disziplin.

Die Philosophie lebender Systeme unterscheidet stets Selbsterhaltung und Selbstentfaltung.

Wie sieht es nun bei den Tätigkeiten aus, die Vergnügen bereiten, die Spaß machen, die mit einer Vergrößerung verbunden sind, also im Fach Selbstentfaltung?

Das einzige, was das Pantoffeltierchen in dieser Disziplin zu bieten hat, ist die ständige Produktion von Nachkommen. Es teilt sich ständig. Dies scheint ihm großen Genuss zu bereiten und auch sein einziger Genuss zu sein. Ansonsten ist es nur mit Nahrungssuche beschäftigt und schwimmt in einem kleinen Umkreis umher.

Nun könnte man fragen: wie komme ich denn auf die Idee, dass es dem Pantoffeltierchen Genuss bereitet, sich zu teilen.

Im Grunde ist es gleichgültig, ob es so ist oder nicht. Ich sage es einfach. Ich suche nur nach einer Erklärung für das Verhalten. Beweisen kann ich das nicht, dass das Pantoffeltierchen etwas empfindet, was man als Lustgefühl bezeichnen könnte. Aber mir kann auch kein Kritiker das Gegenteil beweisen.

Wie gesagt, es geht auch nur um den Vergleich, deshalb nun zum System Mensch.

Der Mensch kann natürlich auch schwimmen, aber er kann auch laufen, er kann sogar fliegen. Dazu braucht er nur in ein Reisebüro zu gehen und sich ein Flugticket zu kaufen. Dann bekommt er vorübergehend Flügel. Die haben sogar den Vorteil, dass er sie nicht dauernd mit sich rumschleppen muss, wie die Vögel. Außerdem kann er mit einem Auto herumfahren, Häuser bauen, er kann sich im Fernsehen die ganze Welt ansehen, mit anderen Menschen irgendwo auf der Erde sprechen usw. usw..

Im Fach Selbstentfaltung ist das System Mensch unübertroffen.

Die Unterscheidung zwischen Selbsterhaltung (Überleben) und Selbstentfaltung (Selbstvergrößerung, Vergrößerung seiner Fähigkeiten und Möglichkeiten) hat das Ergebnis, dass das System Mensch im Vergleich mit anderen lebenden Systemen nicht nur Mängel aufweist, sondern auch Vorteile. Ja es könnte so scheinen, als ob beides einen Zusammenhang hat, als ob zwischen den Nachteilen bei der Selbsterhaltung und den Vorteilen bei der Selbstentfaltung eine logische Verknüpfung besteht.

3.5. Regelkreise lebender Systeme

Ich benutze das Modell des Regelkreises, um dazu nähere Aussagen zu machen.

Grundsätzlich handelt es sich bei den Regelkreisen, die die Selbsterhaltung sichern, um Regelkreise mit negativer Rückkopplung. Sie korrigieren eine Abweichung von einem Normwert oder Sollbereich und sorgen durch eine Gegenregulation für die Rückkehr in den Sollbereich.

Auch diesbezüglich besteht ein diametral entgegengesetzter Regelmechanismus zwischen dem Ziel der Selbsterhaltung und dem Ziel der Selbstentfaltung. Ziel der Selbsterhaltung ist die Aufrechterhaltung eines Zustandes von Homöostase, eines äußeren Ruhezustandes, hier des Zustandes "Leben". der Regelkreis mit positiver Rückkopplung führt zu immer weiterer Steigerung des Gleichen, er ist explosiv.

Von Foerster sagt dazu: "...;unendliche Rekursionen führen zu einer Stabilität...Gewisse Operatoren divergieren, und meine Behauptung ...lautet nun, dass die Operatoren, welche divergieren, einfach verschwinden.... Alles, was nicht stabil ist, explodiert sozusagen oder eliminiert sich selbst, kommt nicht mehr vor, kann nicht mehr auftauchen, ist verschwunden."[9] Oder: "Divergente Operato-

[9] von Foerster: Der Anfang von Himmel und Erde, S.99/100

ren verschwinden, sie >kürzen sich weg<. Diese Form lässt sich einfach nicht aufrechterhalten."[10]

Dagegen behaupte ich, dass von Foerster hier in die falsche Richtung schaut.

Das, was ich Selbstentfaltung nenne, lässt sich sehr schön als sich selbst verstärkender Regelkreis, also ein Regelkreis mit positiver Rückkopplung, beschreiben. Das Verhalten, das daraus resultiert, kürzt sich jedoch nicht weg, sondern es trifft auf Wiederstände in der Umwelt des Systems.

Das lebende System und seine Umwelt gehören zusammen. Das aus der Welt gedanklich herausgeschnittene System befindet sich nicht um luftleeren Raum, sondern in der Welt. Es ist ein offenes System und benötigt zu seiner Selbstentfaltung die Umwelt. Es ist ohne sie nicht denkbar, es handelt in ihr und mit ihr und stößt bisweilen auf Widerstände in seiner Umwelt. Die inneren Regelkreise mit positiver Rückkopplung führen geradezu gesetzmäßig auf Widerstände der Systemumwelt, und durch den Kampf mit und gegen diese Umwelt ändert sich das System.

Evolution ist doch auch das Ergebnis des Kampfes des lebenden Systems gegen die Widerstände, die diese Umwelt seiner Selbstentfaltung entgegensetzt, und nicht nur Ergebnis des Absterbens von Variationen, die in der sich verändernden lebensfeindlichen Umwelt nicht schnell genug Nachkommen erzeugen.

Gerade der Mensch zeichnet sich ja dadurch aus, dass er sich seiner Umwelt nicht nur anpasst, um sein Überleben zu sichern, sondern dass er seine Umwelt entsprechend seinen Bedürfnissen ändert.

Ein lebendes System vollzieht stets zwei Bewegungen unterschiedlicher Art, nämlich Bewegungen, die oft nach außen hin nicht grob sichtbar sind und die der Selbsterhaltung dienen. Die nach außen nicht grob sichtbaren Bewegungen dienen der Aufrechterhaltung einer Homöostase und sind Regelkreise mit negativer Rückkopplung. Die anderen dienen in der Regel der Selbstentfaltung, sind grob sichtbar und sind Regelkreise mit positiver Rückkopplung,

[10] ebenda, S.104

sich selbst verstärkende Regelkreise. Das stimmt zwar nicht immer so, ist jedoch als Ausgangshypothese brauchbar.

Der Begriff Regelkreis steht für zwei grundsätzlich unterschiedlich arbeitende Regelkreise, nämlich den Regelkreis mit negativer Rückkopplung und den Regelkreis mit positiver Rückkopplung.

Der Regelkreis mit negativer Rückkopplung sorgt dafür, dass das System einen Sollwert einhält. Auf Abweichungen vom Sollwert reagiert das System damit, dass es gegenreguliert, so dass es nach außen hin unverändert bleibt, es wird eine Homöostase aufrecht erhalten.

Der Regelkreis mit positiver Rückkopplung wirkt verstärkend. Eine Abweichung vom festgestellten Istzustand wird verstärkt. Deshalb sind hier nach außen hin dynamisch ablaufende Veränderungen grob sichtbar.

Diese beiden Begriffe von "System" und "Regelkreis" sollte der Leser immer vor Augen haben, um sie im richtigen Sinn zu verstehen. Aus dem Zusammenhang ergibt sich stets eindeutig, welcher Systembegriff gerade gemeint ist. Es ist praktisch kaum möglich oder würde sprachlich sehr holprig klingen, wenn ich jedes Mal explizit darauf hinweise, welcher Begriff bei dem verwendeten Wort nun gemeint ist. Dies sollte der Leser übrigens nicht nur hier, sondern auch bei der Lektüre anderer Werke tun, da in der Literatur diese unterschiedlichen Begriffe, die in den Worten verborgen sind, nicht immer streng getrennt werden, woraus natürlich viele überflüssige Streitereien und Meinungsverschiedenheiten resultieren.

Nebenbei bemerkt implizieren die beiden Regelkreise auch bereits einen Begriff von "gut" und "schlecht", was dem Leser ebenfalls bewusst sein sollte. Es wird nämlich oft übersehen, dass der Regelkreis Entscheidungen auf der Basis "gut" und "schlecht" trifft. Der Begriff des Regelkreises verschleiert diese Wertung, die "moralisch" erscheint. Es scheint sich um einen wissenschaftlichen wertfreien Begriff zu handeln, der lediglich ein Geschehen beschreibt, ohne irgendwelche moralischen Werturteile zu treffen. In dem Moment jedoch, wo dieser technische Begriff auf lebende Systeme angewandt wird, was ja bereits seit vielen Jahren und von vielen

Wissenschaftlern gemacht wird, in dem Moment befinden wir uns plötzlich im Bereich der Moral. Weil der technische Begriff dies verschleiert, möchte ich explizit darauf hinweisen.

Der Regelkreis mit negativer Rückkopplung bewertet nämlich die Abweichung von Sollbereich als "schlecht". Deshalb vollzieht der lebende Regler ja auch die Gegenregulierung. Ohne diese Bewertung hätte er gar keinen Anlass, in diese Richtung einzugreifen.

Der Regelkreis mit positiver Rückkopplung bewertet die Abweichung vom Sollwert als "gut". Wegen dieser Bewertung verstärkt er die Abweichung. Ohne diese Bewertung hätte er gar keinen Anlass, in diese Richtung einzugreifen. Man könnte auch sagen: der zu erreichende Sollwert dieser Regelkreise liegt außerhalb des Systems, räumlich oder zeitlich.

3.6. Gut und schlecht

Natürlich nimmt nicht der Regelkreis solche moralischen Wertungen vor. Erst das lebende System tut dies und natürlich auch wir als beobachtende lebende Systeme. Möglicherweise ist es auch nur das lebende System "Mensch", das derartige Wertungen vornimmt. Die Philosophie nimmt dies wohl im allgemeinen so an und beschäftigt sich deshalb so intensiv mit diesem Thema. Mir scheint hingegen das Verhalten lebender Systeme das zu sein, was entscheidend ist, und nicht vermutete Werturteile, die dieses Verhalten erklären könnten.

Man könnte also formulieren: das lebende System (ich denke einmal an ein Pantoffeltierchen, also an einzelliges lebendes System), das sich ständig vermehrt, scheint diese Vermehrung als "gut" zu beurteilen.

Da ich aus meiner Sicht des Beobachters keinen Unterschied mache und sage, Bewegung ist Bewegung, könnte ich auch sagen: der materielle Gegenstand, der eine gleichförmige Bewegung vollzieht, wenn nicht andere Kräfte auf ihn einwirken, scheint dieses Verhalten als "gut" zu beurteilen.

Und nun komme ich auf mich selbst und ziehe die Schlussfolgerung: mein Recht, eine meiner Handlungen als "gut" zu bezeichnen, unterscheidet sich nicht vom Recht eines Materieklumpens, sein Verhalten der gleichförmigen Bewegung als "gut" zu betrachten.

Der Unterschied ist natürlich der, wie jeder sagen wird, eine unbelebte Materiemasse kann sich gar nicht anders verhalten, aber wir haben die Wahl. Wir könnten uns auch anders entscheiden, deshalb können wir uns "gut" oder "schlecht" verhalten.

Es scheint also so zu sein, dass die Regelkreise, die das Verhalten des lebenden Systems Mensch erklären, nicht so über ihn herrschen, wie das Gesetz der Trägheit über die Materie herrscht.

Wenn wir einmal annehmen, dass dies auch so ist, könnten wir dann nicht formulieren: die Wertung "gut" existiert in der Natur gar nicht. Jegliches Verhalten in der Natur, sei es das Verhalten von Gegenständen oder das Verhalten von Tieren, ist neutral gar nicht beurteilbar, sondern einfach da.

Wir benötigen dann nur noch ein Urteil, nämlich das Urteil "schlecht".

Das sogenannte "GUTE" wäre das natürliche Verhalten, das keines moralischen Urteils bedarf. Nur das vom Natürlichen abweichende Verhalten verdiente ein Urteil. Dieses Urteil kann dann aber nur lauten "SCHLECHT". Da der Mensch das einzige lebende System ist, das Urteile treffen kann und sich auch anders verhalten kann, als es ihm Naturgesetze vorschreiben, ist sein Verhalten dann, wenn er sich "anders" verhält "schlecht". Dieses andere Verhalten, also das Verhalten, das vom natürlichen oder naturgesetzmäßigem Regelkreisverhalten abweicht, müsste also als unnatürlich oder eben als "SCHLECHT" im moralischen Sinn beurteilt werden. Der Gegensatz dieses Verhaltens wäre allerdings nicht das "gute" Verhalten, sondern das "kein" Verhalten. Der Gegensatz von "gut" und "schlecht" löst sich also auf in das Gegensatzpaar "nicht" und "schlecht". Das Gute gäbe es gar nicht, sondern stattdessen das Kein, also das Nichtverhalten. Es gäbe also nur das "KEIN" und das "SCHLECHT".

Das Kein würde das lebende System Mensch dann vollziehen, wenn es den Regelkreisen sein Lauf lässt. Die naturgesetzliche Bewegung würde sich dann fortsetzen. Wie beim Stein, so auch beim Menschen. In dem Moment, in dem der Mensch frei handelt, handelt er dann allerdings "SCHLECHT".

Unser allgemeiner Moralbegriff scheint dann nur das zu unterteilen, was sich grundsätzlich als "SCHLECHT" darstellt. Dieses grundsätzlich SCHLECHTE unterteilen wir dann in "gut" und "schlecht", zur besseren Unterscheidung vielleicht in "gut" und "böse".

Wir können also als System Mensch, wenn wir im eigentlich menschlichen Sinn handeln, lediglich SCHLECHT handeln.

Darüber haben sich bereits viele Philosophen kluge Gedanken gemacht. Vielleicht ist dies auch die Ursünde, die nach christlichem Glauben zur Vertreibung aus dem Paradies geführt hat. Die Erlösung wäre dann auch die Erlösung von diesem SCHLECHTEN.

Dies hier nur nebenbei.

Mir ging es hier nur um die Regelkreise. Die Frage ist auch bei diesen: wer steuert sie, wer gibt die Sollwerte ein. Diese haben sich natürlich im Lauf der Evolution als überlebensdienlich herausgestellt. Die lebenden Systeme, deren Sollwerte ungünstig eingestellt waren, wurden ausselektiert.

In dieser Betrachtung kann man dann sagen:

Das lebende System Mensch ist das lebende System mit den optimalsten Sollwerteinstellungen seiner Regelkreise. Besonders der Regelkreise mit positiver Rückkopplung. Die Sollwertbereiche, die bei diesen Regelkreisen eingestellt werden, betreffen die Optimierung sexueller Lustempfindung und davon abgeleiteter Genüsse sowie die narzisstischen Befriedigungen[11].

Diese Definition des Menschen aber auch nur nebenbei, eben aus der Sicht des Denkens in Kategorien der Biologie oder ihrer Evo-

---

[11] siehe mein Buch "Philosophie lebender Systeme" (2000), ISBN 3-00-004282-2

lutionslehre. Würden die Regelkreise das menschliche Verhalten definieren, wäre es auch determiniert, nicht frei, also jenseits von gut und böse[12], also das eben als Nichtverhalten charakterisierte Verhalten, das auch Steinen eigen ist.

Wir dürfen uns aber von der Erkenntnis, dass menschliches Verhalten grundsätzlich SCHLECHT ist, dennoch nicht davon abhalten lassen, es zu untersuchen, es zu analysieren.

Menschliches Verhalten, auch wenn es also grundsätzlich SCHLECHT im obigen Sinn ist, ist Abweichen von Sollwerten, ist Nein-Sagen, ist Hemmung vom normalen Ablauf von Regelkreisen.

Aber dennoch und gerade deshalb sollten wir diese Regelkreise zunächst einmal erkennen und ihren Einfluss auf unser Verhalten wissen.

Das Erkennen dieser Steuerung unseres Verhaltens durch genetisch gespeicherte Regelkreise ist die Voraussetzung dafür, gezielt NEIN sagen zu können.

Denn NEIN sagen können wir als Menschen.

Das SCHLECHTE NEIN sagen zum natürlichen Ablauf der Welt ist gerade das, was das System Mensch heraushebt aus der sonstigen Natur. Dieses ist der Kern seines Menschseins.

Wenn nach Regelkreisen gesucht wird, die das Verhalten des Systems Mensch regulierend steuern, sollte gezielt darauf geachtet werden, ob es Stellen gibt, an denen der Mensch als Mensch handelt, also sich anders verhält, als es diese Regelkreise vorschreiben.

Dies wären Stellen, an denen etwas vorhanden sein müsste, das nicht im Regelkreis selbst zu suchen ist, also etwas, das bildlich gesprochen über dem Regelkreis liegt. Etwas, das die Sollwerteinstellung beeinflussen kann.

Eine übergeordnete Instanz.

---

[12] Nietzsche

Diese übergeordnete Instanz könnte dem entsprechen, was Freud[13] als das "Ich" bezeichnet hat. Eine psychische Instanz zwischen dem "Es", also den Triebansprüchen, die eine organisch-körperliche Grundlage haben, wie wir inzwischen wissen[14], und dem "Über-Ich", also den im Hirn gespeicherten Regeln der Außenwelt, deren Übertretung diese mit Sanktionen beantwortet. Eine psychische Instanz, die nicht über eigene Energie verfügt.

Um deren Wirkung festzustellen, müssten wir zunächst jedoch den durch das Eingreifen des Ichs nicht gestörten Ablauf der Regelkreise kennen.

Die Philosophie lebender Systeme hat also Bezüge zur Psychoanalyse, zur Systemtheorie und zur Kybernetik[15]. Die oben angesprochenen philosophischen Fragen der Bestimmung des Menschen und der Moral sind von anderen Philosophen bereits ausgiebig ausgeleuchtet worden, so dass ich mich, obwohl ich mich hier als Philosoph definiere, zunächst mit der Realität und mit greifbaren praktischen Themen beschäftigen möchte.

3.7. Regelkreise des Systems Mensch

Die 2 Arten der Regelkreise des Systems Mensch sind (ohne einheitliche Systematik und ohne Anspruch auf Vollständigkeit):

Die Selbsterhaltungsregelkreise

Die Selbstentfaltungsregelkreise

Zur Selbstentfaltung gehören:
Von außen betrachtet die Vermehrungsregelkreise.
Von innen betrachtet die Lustregelkreise und die Anerkennungsregelkreise.

---

[13] Sigmund Freud

[14] die Sexualhormone waren Freud noch nicht bekannt

[15] Wiener, N.: Kybernetik: Regelung und Nachrichtenübertragung im Lebewesen und in der Maschine. Econ. 1992, ISBN 3-430-19652-2

Die Selbsterhaltungsregelkreise und die Vermehrungsregelkreise hat das System Mensch mit anderen lebenden Systemen gemeinsam.

Ein Selbsterhaltungsregelkreis umfasst bei tierischen lebenden Systemen einerseits die Zufuhr von Sauerstoff, was praktisch derzeit keine Rolle spielt, da der Sauerstoff gasförmig vorliegt und sich gleichmäßig in der Erdatmosphäre verteilt, sowie den Erwerb von Wasser und Nährstoffen, sowie anderen in der Nahrung enthaltenen Stoffen, die für den Stoffwechsel benötigt werden. Die Einverleibung der Substanzen in das System Mensch verschafft diesem einen Zustand von Homöostase. Die subjektiven Gefühle, die mit diesem Zustand verbunden sind, sind schwer zu beschreiben, es sind Zufriedenheitsgefühle. Die negativen Gefühle, die auftreten, wenn ein Mangel an diesen Substanzen vorliegt, kennt jeder aus eigenem Erleben. Atemnot mit Erstickungsangst- und Panikgefühlen bei Sauerstoffmangel, Durst bei Wassermangel und Hunger bei Nahrungsmangel. Das moderne System Mensch der Industrienationen, das keine Mangelsituationen dieser Art erlebt hat, kann sich keine Vorstellungen davon machen, welche Macht die beschriebenen Mangelgefühle auf das Verhalten des Systems Mensch haben. Aber jedes menschliche Individuum kann sich sehr gut einfühlen, da alle Systeme Mensch die gleiche genetische Ausstattung haben und daher über diese Gefühlsqualitäten verfügen.

Die Regelkreise dieser Art arbeiten auf folgende Weise:

Sauerstoffmangel wird vom Körper des Systems Mensch über sogenannte Rezeptoren registriert. Ein Absinken der Sauerstoffkonzentration wird zunächst mit einer Kontraktion des Zwerchfells beantwortet. Diese führt zum Einsaugen von Luft in die Lunge, so dass die Sauerstoffkonzentration im Blut wieder ansteigt. Der Sollwert, den die Sauerstoffkonzentration haben soll, wird wieder hergestellt. Dies zeigt das einfache Prinzip jedes Regelkreises mit negativer Rückkopplung.

Auf die Vermehrung brauche ich hier nicht näher einzugehen.

Jedem Leser werden Einzelheiten dieser Regelkreise bekannt sein, dem einen mehr, dem anderen weniger. Dem genauer wissenden

Leser werden sogleich einige Fehler oder Ungenauigkeiten aufgefallen sein. Es spielt hier jedoch keine Rolle, ob beispielsweise das Absinken der Sauerstoffkonzentration oder das Ansteigen der Kohlendioxidkonzentration registriert wird. Dies alles sind Nebensächlichkeiten, die nur für denjenigen interessant sind, der die Absicht hat, in diese Regelkreise einzugreifen.

Die Aufmerksamkeit des Lesers möchte auf einen anderen Punkt lenken. Jeder Regelkreis, auch dieser erstgenannte grundsätzlichste aller Regelkreise (Sauerstoffaufnahme) und daher exemplarische für alle anderen, stellt eine Verbindung her zwischen dem System Mensch und seiner Umwelt, also dem Teil der Welt, der außerhalb seiner Grenze liegt.

An dieser Stelle sei auch darauf hingewiesen, dass es nicht nur natürliche nicht-lebende Systeme gibt, sondern auch künstliche nicht-lebende Systeme. Diese sind vom Menschen geschaffen. Darunter fallen zum Beispiel Maschinen, die ebenfalls nach Regelkreisprinzipien funktionieren. Derartige Maschinen können ein- und ausgeschaltet werden.

Lebende Systeme hingegen sind ständig eingeschaltet. Im Normalzustand schalten sie sich auch nicht selbst ab. Der Suizid des Systems Mensch ist eine krankhafte Fehlhandlung.

Das System Mensch gehört zu den lebenden Systeme mit Nervensystem. Dieses steuert und koordiniert Bewegungen. Das Nervensystem ist geteilt in einen datenaufnehmenden Teil (afferenten Nerven, die einen Reiz von außen nach innen leiten) und einen efferenten Teil. Dazwischen erfolgt eine Umschaltung. Dieses Umschaltungsorgan, das Gehirn[16], ist beim Menschen besonders groß und kompliziert. Grundsätzlich ist das Nervengewebe und das Gehirn jedoch für das Funktionieren eines Regelkreises überflüssig. Auch einzellige lebende Systeme erfüllen die Aufgabe, ihren Stoffwechsel aufrechtzuerhalten, mittels der Selbsterhaltungsregelkreise. Auch sie handeln entsprechend einem Vermehrungsregel-

---

[16] das Rückenmark, mit dem zusammen das Gehirn das Zentralnervensystem bildet, lasse ich einmal beiseite

kreis. Auch sie kennen im Normalfall keine Möglichkeit, ihre Aktionen abzuschalten. Es gibt auch für sie keine Alternative zum Leben. Auch sie handeln so, als wenn sie nichts anderes könnten, als stets zu versuchen, den Zustand des Lebens aufrecht zu erhalten und als ob es ihre Aufgabe wäre, sich zu teilen, sich also zu vermehren. Die Grundlage derartiger Handlungsweisen, die das System Mensch aufgrund seines Gehirns subjektiv als Selbsterhaltungswille und als sexuelles Verlangen erleben kann, liegt nicht in irgendwelchen Hirnstrukturen, die lediglich subjektives Erleben, Gefühlsempfindungen, gestatten, sondern in intrazellulären Strukturen, vermutlich in den Genen.

Die Regelkreise, von denen hier die Rede ist, haben somit zwei Pole: der eine Pol liegt außerhalb des lebenden Systems, in der Umwelt, in Veränderungen, die sich in der Welt außerhalb des lebenden Systems abspielen. Zunächst sind dies materielle Veränderungen, Schwankungen der Temperatur beispielsweise. Der andere Pol liegt im lebenden System. Dies ist eine zentrale Befehlsstelle, die dem lebenden System, also sich selbst, den Befehl gibt, alles zu tun, um trotz dieser Veränderungen in der Außenwelt den Zustand des Lebens aufrecht zu erhalten. Ohne diese zentrale Befehlsinstanz, oder anders ausgedrückt, diese zentrale Sollwerteinstellung, würde die Materie, aus denen das lebende System sich zusammensetzt, wieder in den leblosen Zustand übergehen.

Der Materie selbst könnte es gleichgültig sein, ob sie sich im Zustand des Lebens innerhalb eines lebenden Systems befindet oder außerhalb im leblosen Zustand. Tatsächlich wechselt jedes einzelne Materieteilchen auch ständig seinen Aufenthaltsort. Mal befindet es sich im lebenden System A, stoffwechselbedingt wird es irgendwann vom lebenden System ausgetauscht und befindet sich wieder außerhalb dieses Systems. Dann wird es mal wieder von einem anderen lebenden System aufgenommen und in dessen Strukturen eingebaut. Das lebende System besteht nicht zeit seines Lebens aus den gleichen Elementarteilchen, Atomen und Molekülen, sondern tauscht diese ständig aus. Grundsätzlich kann also diese genannte zentrale Befehlsinstanz eigentlich auch gar nicht in einer derartigen intrazellulären Struktur, in einem Gen, angesiedelt sein. Auch ich kann über ihren Aufenthaltsort keine näheren Angaben machen, kann jedoch festhalten, dass jedes lebende System, auch der Einzeller, über sie verfügt, und dass sie eben keine definierbaren Aufenthaltsort hat. Wissenschaftler, die Regelkreisdenken von beweglichen nicht-lebenden Systemen, also von Maschinen, auf lebende bewegliche Systeme übertragen, neigen dazu, diese zentrale Befehlsinstanz in lebenden Systemen zu übersehen. Die Beschäftigung mit dieser nicht lokalisierbaren Instanz ist der Gegenstand der Philosophie und ist aus vielen Blickrichtungen abgehandelt worden. Deshalb möchte ich dieses Thema hiermit verlassen und mich den speziellen Regelkreisen des Systems Mensch zuwenden.

3.8. Ich und Nicht-Ich des Systems Mensch

Jedes System Mensch teilt die Welt. Dies tut natürlich jedes andere System auch. Ich kann immer nur zum System Mensch kompetente Aussagen machen, weil ich selbst ein solches bin. Auf die Funktionsweise der anderen lebenden Systeme kann ich nur rückschließen. Wenn ich diese fremdem lebenden Systeme wissenschaftlich untersuche, verändere ich sie dadurch.

Also: jedes System teilt die Welt in den Teil, der zu ihm selbst gehört und den Teil der Welt, der nicht zu ihm selbst gehört.

Die Philosophie lebender Systeme formuliert also nebenbei an dieser Stelle dieses Gesetz:

Jedes System teilt die Welt in den Teil, der zu ihm selbst gehört und den Teil, der nicht zu ihm selbst gehört.

Also kurz: jedes System teilt die Welt in zwei Teile: in sich und seine Umwelt. In ICH und NICHT-ICH[17].

Es folgt sogleich als nächstes die Erkenntnis:

---

[17] Begriffe, die Fichte geprägt hat. Johann Gottlieb Fichte: Grundlage der gesamten Wissenschaftslehre. (ursprünglich 1794), neu ISBN 3-7873-0787-7.

Die Regelkreise verbinden das System und seiner Umwelt, das ICH und das NICHT-ICH.

Das System ist also ohne Umwelt kein System. Es kann ohne eine Umwelt nicht existieren.

Ein System ohne Umwelt gibt es nicht.

Auch so kann man dieses Gesetz formulieren.

System und Umwelt, System und Nicht-System, ICH und NICHT-ICH sind also ohne einander nicht denkbar. Oder platt ausgedrückt: ein System ist immer irgendwo drin.

Meine Vordenker, die sich mit lebenden Systemen befasst haben, haben ja ausführlich darauf hingewiesen, dass Systeme in der Welt ineinander verschachtelt sind. Die Welt ist definiert als ein Gesamtsystem ineinander verschachtelter und sich gegenseitig beeinflussender lebender und nicht-lebender Systeme.

Platt gesagt: in allen Systemen sind wieder mehrere Systeme immer tieferer Systemhöhe drin.

Um philosophische Erörterungen über die Enden abzukürzen, kann ich an dieser Stelle auch gleich bekennen:

ich befasse mich nicht mit den Enden (siehe Kapitel 2).

Weder mit dem Ende nach "oben": auf der Erde sind wir eingebettet in ein System von Sonne und Planeten, derer es noch sehr viele gibt usw. Also die Frage des Endes des Kosmos behandle ich nicht.

Noch mit dem Ende nach "unten": auch die Fortführung ins unendlich Kleine, also wir bestehen aus Zellen, die Systeme darstellen, diese wiederum aus anderen Strukturen, die sich aus Molekülen und Atomen zusammensetzen, die man auch als System beschreiben kann usw. bis zu den Quarks oder den noch kleinen Systemen. Auch in dieser Richtung in den Mikrokosmos suche ich nicht nach dem Ende.

"Oben" und "unten" ist natürlich relativ, wie auch alle Größenbewertungen.

Ich beschäftige mich nicht mit diesen räumlichen Enden und auch nicht mit den Enden der Zeit, also mit Vergangenheit bis zum möglichen Urknall oder mit dem Ende in der Zukunft.

Ich beschränke mich auf das, was ich sehen kann, also auf das Hier und Jetzt und die Größenordnung, in der ich existiere.

Was also die meiner Beobachtung zugänglichen lebenden Systeme anbetrifft, ist die Regel, von der es natürlich viele Ausnahmen gibt, die, dass die lebenden Systeme in nicht-lebenden Systemen drin sind (das lebende System Mensch ist Teil des nicht-lebenden Systems Erde) und dass das lebende System Mensch aus vielen nicht-lebenden Systemen besteht. Die Teilsysteme des lebenden Systems Mensch sind keine lebenden Systeme in meinem Verständnis. Also eine aus dem menschlichen Körper entnommene Zelle, die außerhalb seines Körpers gezüchtet wird, zähle ich zu den künstlich lebenden Systemen. Irgendwo in der Mitte ineinander verschachtelter nichtlebender (natürlich existierender) Systeme sind also lebende Systeme angesiedelt. "Leben" ist also nicht an irgendeinem Ende, sondern in der Mitte. In der Mitte ist sozusagen die Bergspitze, umgeben von Tälern. Leben kommt aus dem Tal des Nichtlebens und endet dort wieder.

Ich selbst beschäftige mich nicht mit den Gleichheiten und den Unterschieden zwischen lebenden und nicht-lebenden Systemen. Aber eine Fehlvorstellung möchte ich hier dennoch gleich ausräumen. Die Bewegung ist nicht ein Merkmal lebender Systeme. Auch die nicht-lebenden Systeme bewegen sich und/oder sind in Bewegung (siehe Kapitel 2.2.).

Eigentlich bewegt sich sowieso alles und es gibt nichts, was sich nicht bewegt.

Oder: das einzige, was sich nicht bewegt, ist das Nichts. So kann auch jedes System Mensch einen Punkt setzen, der ja keine Ausdehnung hat, und kann dann anfangen zu messen. Die europäische Variante des Menschen hat davon ja ausgiebig Gebrauch gemacht.

Ein Unterschied sei nur angemerkt: lebende Systeme tauschen ihre materiellen Bestandteile ständig aus, in natürlichen nicht lebenden Systemen bleiben die Bestandteile erhalten. Konstant bleibt bei lebenden Systemen lediglich der Bauplan, also etwas Immaterielles, die Materie wird lebenslang ausgetauscht.

Nun schweife ich mal wieder vom Thema ab. Ich wollte ja nicht über den Punkt, über das Messen, über ICH und NICHT-ICH schreiben, sondern mein Thema ist das System Mensch und die Regelkreise, in denen es eingebunden ist.

Das System Mensch lebt also zusammen mit anderen Systemen Mensch und anderen lebenden Systemen auf dem System Erde (siehe dazu Kapitel 2.3.) und ist Teil dieses Systems Erde. Alles das und noch mehr ist sein NICHT-ICH. Das System Mensch gehört zu den lebenden Systemen und jedes System Mensch muss sich mit seinem NICHT-ICH auseinandersetzen und ist auf dieses angewiesen. Es steht mit dem NICHT-ICH, das u.a. noch viele andere Systeme Mensch enthält, über viele Regelkreise in Beziehung.

In meinem ersten Buch mit dem Titel "Philosophie lebender Systeme" habe ich das System Mensch bereits beschrieben. Zu ihm gehört sein Körper, sein materieller Besitz, sein Geld, aber auch seine Fähigkeiten und vor allem: sein geistiger Besitz und hier vor allem: seine Ideen.

Hier muss ich erst einmal sein NICHT-ICH beschreiben.

Das NICHT-ICH des Systems Mensch ist die ihn umgebende Luft und die Erde mit allen Pflanzen, Tieren und den anderen Menschen mit deren materiellem Besitz und deren geistigen Besitz, und natürlich der Kosmos. Dieses ganze NICHT-ICH kann sich das System Mensch natürlich geistig aneignen, er kann es auch bildlich vor seinem inneren Auge haben. Insofern ist das System Mensch in der Lage, sich gedanklich das gesamte NICHT-ICH einzuverleiben.

Darüber ist ja schon von anderen Philosophen viel gesagt worden, so dass ich mir Ausführungen darüber ersparen kann.

Mich interessieren hier ja vor allem die Regelkreise.

3.9. Die Materieumwandlung durch das System Mensch

Bevor ich dazu komme, noch eine andere Abschweifung. Interessant ist nämlich die Frage, was die Systeme Mensch, die auf dem

System Erde leben und zu ihm gehören, alles miteinander teilen und was sie nicht miteinander teilen.

Sie teilen sich miteinander die Luft – um nur ein Beispiel zu nennen.

Das liegt wohl nicht an ihnen, sondern an der Luft. Denn die Luft breitet sich als Gas gleichmäßig in der Erdatmosphäre aus. Hätte der Mensch die Möglichkeit, die Luft einzusperren, würde er das, nebenbei bemerkt, wohl auch tun, um anderen Menschen die Luft wegzunehmen, sie für sich zu beanspruchen, andere von der Benutzung er Luft auszuschließen. Findige Unternehmer würden die Luft in Tüten abfüllen und teuer verkaufen. Dies nur als kleinen Einschub zur Charakterisierung des Umgangs der Systeme Mensch miteinander.

Noch ist es nicht so weit, aber etwas anderes sei nur nebenbei bemerkt: Dass genügend Luft bzw. genügend Sauerstoff in der Luft vorhanden ist, liegt an dem System Pflanzenreich, das genügend Sauerstoff produziert, um das System Tierreich, zu dem auch das System Menschheit gehört, mit Sauerstoff zu versorgen. Diese beiden Systeme höherer Ordnung, so nenne ich Systeme auf der Erde, die sich aus vielen sogenannten Individuen zusammensetzen, müssen also zwangsläufig, gesetzmäßig, in einem ausgeglichenen Verhältnis stehen. Auch hier zeigt sich das Prinzip der Homöostase, auf das wir bei dem lebenden System Mensch noch zurückkommen.

Die Systeme Pflanzenreich und Tierreich verbrauchen ihren Abfall gegenseitig und sind aufeinander angewiesen. Das ist auch längst bekannt. Nimmt die Zahl der Pflanzen ab, muss auch die Zahl der Tiere abnehmen. Und nimmt automatisch ab. Anders geht es ja nicht. Wenn die Zahl der Tiere, also der Sauerstoffverbraucher abnimmt, heißt das aber natürlich nicht, dass die Zahl der Menschen abnimmt. Das Tierreich bildet ja ein gemeinsames System. Und wenn die Zahl der Individuen im System Tierreich abnimmt, kann ja die Zahl der Affen abnehmen oder die Zahl der Ratten. Tatsächlich nimmt, wie alle wissen, die Zahl der Menschen sogar zu. Also muss entweder die Zahl der Pflanzen auch zunehmen, oder aber die Zahl irgendwelcher anderer Tierarten muss überproportional abnehmen. Dies ist wohl der Fall. Es sterben nach und nach sogar ganze Tierarten aus. Anscheinend verhält sich das System Mensch nicht besonders rücksichtsvoll gegenüber den anderen Tierarten. Dies ist aber auch nicht mein Thema.

Mein Thema sind ja die Regelkreise des Systems Mensch.

Wir waren gerade bei der Luft, und dazu noch eine andere Randbemerkung.

Derzeit ist die Luft über der Erde noch kein Problem, aber sie könnte auf andere Weise zum Problem werden (und nicht deshalb, weil sie etwa von Unternehmern portioniert werden würde). Da die Luft sich über der Erde gleichmäßig verteilt, verteilen sich natürlich auch alle in der Luft enthaltenen Gase gleichmäßig über die Erde. Da beide lebenden Systeme höherer Ordnung, nämlich das System Pflanze und das System Tier, die Luft irgendwie benötigen, sich die Luft teilen, haben Veränderungen der Luft Auswirkungen auf die lebenden Systeme auf dem System Erde. Die verschiedenen Systeme Tier, also die Tierarten, beeinflussen die Luft weniger, aber das System Menschheit, das sich in verschiedene Systeme Staat aufteilt, ist in der Lage, die Luftzusammensetzung zu verändern und greift daher in die auf dem System Erde vorhandene Homöostase ein.

Wenn also ein System Staat - und nun sind wir bei meinem Spezialthema, ich beschäftige mich ja vorzugsweise mit den Systemen Staat und dem System menschliches Individuum, dem System Mensch -, wenn also ein System Staat durch Produktion besonders vieler Gase, die von anderen lebenden Systemen nicht benötigt werden, oder die für diese Systeme schädlich sind, die Zusammensetzung er Luft verändert, hat das nicht nur Auswirkungen auf die Systeme Mensch im eigenen System Staat, sondern auch auf alle anderen Systeme Staat bzw. auf alle Systeme Mensch (und natürlich alle sonstigen lebenden Systeme auf dem System Erde).

Luftveränderungen finden ja insbesondere durch die Aktivität von Fabriken statt. Dies sind Systeme, die aus Gebäuden und Maschinen und in ihnen arbeitenden Systemen Mensch bestehen. Also Mischsysteme aus lebenden und nicht-lebenden Systemen, wobei es sich bei den letzteren auch um künstliche lebende Systeme handeln kann. Es gibt nämlich inzwischen nicht nur natürliche nicht-lebende Systeme, sondern auch künstliche, vom Menschen geschaffene, lebende Systeme. Roboter (Industrieroboter) bezeichne ich als künstliche lebende Systeme. Diese Maschinen werden von Systemen Mensch bedient, die für diese Tätigkeit Geld erhalten.

In diesen Fabriken (Mischsystemen) wird Materie umgewandelt.

Bei dieser Umwandlung wird Materie, die natürlicherweise auf dem System Erde zu finden ist, in Materie umgewandelt, die bislang nicht auf der Erde vorkam. Also: Gestein oder Bestandteile von Steinen und andere Materie wird in Autos umgewandelt.

Kurz gesagt: Fabriken dienen der Umwandlung von natürlicher Materie in unnatürliche Materie.

Aber dies nur nebenbei. Wichtig ist aber, dass bei dieser Materieumwandlung nicht nur die gewünschten Produkte entstehen, also zum Beispiel ein Auto, sondern auch nicht gewünschte Produkte. Diese kann man auch "Abfall" nennen.

Diese nicht gewünschten Produkte sind nun nicht nur fest, sondern auch flüssig und auch gasförmig. Feste Abfallprodukte kann man relativ gut entsorgen, auch flüssigen Abfall kann man gut in Flüsse leiten, so dass er sich im Meer verteilt. Die gasförmigen Abfallprodukte verteilen sich, wie schon gesagt, relativ schnell über die ganze Erdatmosphäre. Die Folge der Abfallproduktion ist also, dass die nicht benötigten Gase alle auf dem System Erde lebenden lebenden Systeme beeinträchtigen. Alle natürlichen lebenden Systeme benötigen Gase, die in der Luft enthalten sind, die einen Sauerstoff, die anderen Kohlendioxid. Die Abfallgase, die von keinem natürlichen lebenden System benötigt werden, stören also alle lebenden Systeme. Die tierischen lebenden Systeme und die pflanzlichen lebenden Systeme können sich dagegen nicht wehren. Manche Abfallgase stören wegen ihres Geruches, was bestimmte Tiere stören könnte, manche Abfallgase sind aber auch giftig. Dies hängt von der Konzentration der Gase ab. Manche Abfallgase haben aber auch ungünstige Begleitwirkungen: Sie führen zur

Erwärmung des Planeten Erde, worüber sich die in kälteren Gebieten lebenden lebenden Systeme Mensch möglicherweise freuen, aber es können weitere Folgewirkungen auftreten, wie zum Beispiel die Ausdehnung des Wassers auf dem System Erde. Nimmt die Wassergröße zu, werden die über den Meeresspiegel herausragende Teile der festen und bewohnbaren Erde, das sogenannte "Land", kleiner.

Kurz gesagt: die Eingriffe des Menschen in das System Erde durch die von ihm vorgenommene Materieumwandlung im Rahmen der industriellen Produktion, reichen bisweilen weiter, als es der Mensch geplant hat. Von der Verschmutzung des Wassers, der Meere und des Landes, die besser regional begrenzt werden kann, will ich gar nicht reden. Auch diesbezüglich kann sich der Leser in anderer Literatur sachkundig machen. Ich bitte an dieser Stelle um Verständnis dafür, dass ich nicht nur hier, sondern auch an vielen anderen Stellen, nicht die vorhandene Primärliteratur mit allen Autoren anführen kann und entschuldige mich bei diesen. Dies wäre zu umfangreich, weshalb ich den Leser bitte, diese selbst, zum Beispiel über Suchmaschinen im Internet, zu suchen.

Mein Thema sind die Regelkreise. Deshalb will ich hier nur andeuten, dass ganz generell die gemeinsame Nutzung bestimmter nicht-lebender Systeme, wie hier die gemeinsame Nutzung des Systems Erdatmosphäre, zu Konflikten zwischen den Systemen Mensch und den Systemen Staat führen kann. Letztere produzieren zwar nicht die unerwünschten Abfallgase, aber sie könnten die Produktion dieser Stoffe gesetzlich einschränken oder verbieten. So kann eine derartige Abfallproduktion das System Menschheit spalten, nämlich in den Teil, der von der Produktion der gewünschten Güter profitiert und die ungewünschten Abfallprodukte in Kauf nimmt, und den Teil, der von der Produktion der gewünschten Güter nicht profitiert und nur an den Folgen der unerwünschten Produkte leidet.

Derzeit können wir eine neue derartige Spaltung der Systeme Mensch in verschiedene "Blöcke"[18] beobachten. Ich möchte mich jedoch hier nicht der Analyse dieser Veränderungen aus der Sicht der Philosophie lebender Systeme widmen. Das würde vom Thema wegführen.

Zu den natürlichen lebenden Systemen, die unter dieser Veränderung der Zusammensetzung der Materie auf dem System Erde leiden, gehören auch viele wehrlose tierische und pflanzliche lebende Systeme.

Es wäre allerdings auch vorstellbar, dass es tierische oder pflanzliche lebende Systeme gibt, die davon profitieren, oder dass sich derartige lebende Systeme sogar neu entwickeln. Die Evolution, die Entwicklung neuer lebender Systeme, sorgt ja dafür, dass jede Lücke und jede neu entstehende Nische auch mit Leben gefüllt wird.

Aber das alles hier nur nebenbei, um die Möglichkeiten der Philosophie lebender Systeme anzudeuten. Zur Verschachtelung der Systeme auf dem System Erde verweise ich, ohne Literaturangaben machen zu können, auf andere schreibende Denker (die meisten Denker schreiben ja wohl leider nicht).

3.10. Der Sollwertbereich

Was ich eigentlich wollte, ist, einmal zusammenzufassen, woraus ein Regelkreis eigentlich besteht. Ich hatten gerade mit den Regelkreisen angefangen, die der Aufrechterhaltung des Lebens nützen und die man deshalb auch Selbsterhaltungsregelkreise nennen könnte, und hatte bei der Atmung begonnen.

Der Regelkreis besteht also zunächst aus dem ICH und dem NICHT-ICH.

Bezogen auf den Menschen: jeder Regelkreis besteht aus dem System Mensch und dem Rest der Welt. Da die aber zum größten Teil

---

[18] Ein Begriff aus dem "kalten" Krieg. Derzeit bilden sich nach Überwindung der alten wieder neue Blöcke.

weit weg ist, besteht der Regelkreis einfacher gesagt aus dem System Mensch und seiner Umwelt. Was die Atmung anbetrifft, ist dabei natürlich die gasförmige Umwelt maßgeblich.

Dann hatte ich bereits beschrieben, dass ein Rezeptor dazugehört. Der Rezeptor ist ein im System Mensch vorhandener Fühler, der die Änderung der Konzentration der benötigten Substanz, oder aber die Konzentrationsänderung der nicht-benötigten Substanz feststellt.

Das kann ich hier auch gleich noch nebenbei einschieben: es geht bei dem sogenannten Stoffwechsel ja nicht nur um die Aufnahme bestimmter benötigter Substanzen, sondern auch um die Ausscheidung nicht mehr benötigter Substanzen, die den Körper schädigen. Dies hatte ich eben schon bei der historisch jüngeren künstlichen lebenden Systemen (oder Mischsystemen), den Fabriken, beschrieben. Diese funktionieren nach dem gleichen Prinzip, was natürlich nicht verwunderlich ist, da sie von Menschen ausgedacht wurden. Solche, den menschlichen Körper schädigenden Substanzen, nennen wir Gifte. Ob sie giftig wirken, hängt natürlich von ihrer Konzentration ab. In hoher Konzentration sind sie eventuell tödlich.

Man kann es nämlich auch so rum sehen:
für die Selbsterhaltung lebender Systeme ist es wichtig, dass sie erkennen, welche Ereignisse und welche Substanzen das Leben bedrohen. Hier sind es nun nicht Ereignisse (das kommt später), sondern Substanzen, die gesundheitsschädlich und lebensbedrohlich sind. Der Rezeptor erkennt also, dass sich eine schädliche Substanz im Körper befindet und leitet Abwehrmaßnahmen ein. Damit er diese zum richtigen Zeitpunkt einleitet, nämlich vor Eintritt der schädigenden Wirkung, benötigt er einen Sollwert. Dies muss nicht ein punktgenauer Wert sein. Dies ist es in der Regel auch nicht. Es ist meist ein gewisser Bereich. Und so sind dann auch die Abwehrmaßnahmen sozusagen gestaffelt, je nachdem, wie bedrohlich die Situation ist.

Nebenbei möchte ich auch gleich die Frage kurz beantworten, wo denn derartige Sollwerte herkommen. Lebende Systeme sind ja keine Maschinen, denen man derartige Werte eingeben kann. Derartige Sollwerte werden dem lebenden System von seinen Genen mitgeteilt. Die Erbsubstanz weiß, was lebensbedrohlich ist. Dieses Wissen hat sie in der Evolution erworben. Das geschieht auf einfache Weise. Die Nachkommen eines lebenden Systems sind immer etwas unterschiedlich, besonders breit gefächert sind diese Unterschiede bei der zweigeschlechtlichen Vermehrung. Dies kennt jedes lebende System Mensch, also jeder Leser, von seinen Kindern. Ist nun eine Gruppe lebender gleichartiger Systeme einem schädigenden Einfluss ausgesetzt, so sterben diejenigen Individuen, deren Sollwerteinstellung unzureichend war. Diese können ihre unzureichende Sollwerteinstellung dann nicht mehr an eine Nachfolgegeneration weitergeben. Genau genommen ist lediglich das Überleben eines einzigen Individuum vonnöten, bei der zweigeschlechtlichen Vermehrung natürlich das Überleben eines Paares. Dieses Individuum bzw. dieses Paar gibt dann seinen Sollwert, der sich als effektiv, also als überlebensfähig, erwiesen hat, an die Nachfolgegeneration weiter.

Im Prinzip bilden sich auf diese Weise dann auch neue Arten lebender Systeme.

Nebenbei sei bemerkt, dass es selbstverständlich ungünstig ist, eine punktgenaue Sollwerteinstellung zu haben, und dass es für eine Art lebender Systeme sehr vorteilhaft ist, über eine möglichst breit gestreute Sollwerteinstellung ihrer Nachkommen zu verfügen. Denn je breiter gestreut die Sollwerteinsteinstellung ist, desto größer ist die Wahrscheinlichkeit, das im Fall einer Veränderung der Umwelt einige Individuen eine Sollwerteinstellung haben, die zum Überleben in dieser Extremsituation ausreicht. Zum Sollwert gehören natürlich die entsprechenden Fähigkeiten zur Gegenregulierung. Die überlebenden Individuen können diese (den Sollwert und die Gegenregulierungsfähigkeiten) dann weitergeben.

Es wird anhand dieser Überlegung zur Sollwerteinstellung klar, dass die Evolution grundsätzlich Flexibilität bevorzugt. Die besten Überlebenschancen hat nämlich eine Art, deren Individuen mit großen Temperaturschwankungen usw. klar kommt. Punktgenaue Anpassung an eine bestimmte Temperatur ist ungünstig. Man sieht, dass der Mensch diesbezüglich bevorzugt ist. Er kann sich bei

Kälte warm anziehen, ohne dass er sich erst ein Fell wachsen lassen muss, bei Hitze kann er sich ausziehen usw.. Diese besondere Flexibilität verdankt er seinem Gehirn, das ihm gestattet, besondere Vorkehrungen zu treffen, ohne dass seine genetische Programmierung sich ändern muss. Durch sein Gehirn kann er auf Umweltänderungen schneller reagieren als lebende Systeme, die nur die Möglichkeit haben, sich durch eine große Variationsbreite ihrer genetischen Programmierung anzupassen.

3.11. Das Prinzip Ungenauigkeit

Das Gehirn ist ein Organ, das dem System Mensch eine Anpassung an Umweltveränderungen ohne genetische Veränderung gestattet.

Eine genetische Veränderung benötigt ja mindestens eine weitere Folgegeneration von Individuen, um eine Anpassung zu vollziehen. Deshalb kann man diese Aussage auch so formulieren:

Das Gehirn gestattet dem System Mensch eine Anpassung innerhalb der gleichen Generation, in der sich eine Umweltveränderung abspielt.

Dies ist der Vorteil der Gehirns. Aber auch das nur nebenbei.

Ein Prinzip des Lebens möchte ich jedoch festhalten:

Das Prinzip der Ungenauigkeit.

Die Biologie hat dafür den Begriff der Mutation geprägt. Dieser Begriff führt das Denken auf die falsche Fährte, man meint, da sei etwas aktiv am Werk und verändert die Gene. Ich nenne es einfach Ungenauigkeit. Selbst die Kopien, die der Einzeller von sich anlegt, sind nicht punktgenau. Diese Ungenauigkeit steigert die Überlebenswahrscheinlichkeit in sich verändernden Umweltbedingungen, die nicht vorhersehbar sind. Die Natur ist sozusagen eine nichttriviale Maschine[19], sie verhält sich "spontan". Das Wetter ist für das lebende System nicht vorhersagbar, und schon gar nicht das Klima (die langfristigen Umweltveränderungen). Ein lebendes

---

[19] von Foerster hat diesen Begriff wunderbar erklärt

System, das nur bei einer Außentemperatur von 20 Grad Celsius bewegungsfähig ist, wäre nur für einige Stunden im Jahr lebensfähig. Es hätte damit sehr wenig Zeit, sich zu vermehren. Je größer der Temperaturbereich der Bewegungsfähigkeit ist, desto überlebensfähiger ist das System. Das ist mit künstlichen Bewegungsmaschinen ebenso. Ein Auto, dessen Motor nur bei 20 Grad Celsius anspringt, nützt mir nur manchmal im Sommer, deshalb kaufe ich lieber ein Exemplar dieser Fortbewegungsmaschine, das zwischen –20 Grad und +40 Grad anspringt. Nun weiß der Leser in etwa auch, wo ich wohne. In Sibirien würde ich mir lieber ein anderes Exemplar kaufen.

An diesem Beispiel erkennt man eigentlich gleich mehrere Prinzipien. Das wesentliche Prinzip für die Selbsterhaltung und für die Vermehrung ist das der Ungenauigkeit. Je größer die Abweichung von einem Mittelwert, desto größer die Überlebenswahrscheinlichkeit. Ein anderes Prinzip ist aber auch: selbst die Anpassung hat Grenzen. Das Leben passt nicht zu völlig unwahrscheinlichen Umwelten, sondern das Leben passt zu seiner direkten konkreten Umwelt, die ihm sinnlich erfahrbar ist. Es kann sich wegen der existierenden Regelkreise auch gar nicht an irgendwo weit weg liegende Umwelten anpassen, denn es passt sich eben nicht an, sondern das lebende System und seine Umgebung bilden wiederum eine Einheit, bei der es logisch sinnlos ist, zu fragen, ob sich das lebende System an die Umwelt anpasst. Das Leben trifft in einem gewissen Rahmen Vorsorge gegen Veränderungen der Umwelt. Wenn sich dann die Umwelt in der einen Richtung oder in der anderen Richtung verändert, kann diese oder jene Variante des Lebens weiterexistieren, die andere nicht.

Die sich nicht trivial verhaltende Umwelt trifft die Entscheidung über Leben und Tod.

Das ist die Funktionsweise der "Evolution", die dadurch zu einer Verkomplizierung der genetisch gespeicherten Daten und der entsprechenden Individuen führt.

Das System Mensch zeichnet sich nun allerdings dadurch aus, dass es die Verhältnisse umkehren kann.

Das System Mensch hat sich eine eigene "kleine" Umwelt gebaut, die die genetische Anpassung überflüssig macht, das System Mensch hat sich befreit von der Abhängigkeit von der sich spontan ändernden Umwelt. Das System Mensch hat sich bereits in der Steinzeit vom Fell befreit, das nur die Anpassung an eine sich abkühlende Umwelt sichert, und sich einen Pelz angeschafft, den es bei Bedarf ausziehen kann. Es hat damit seine Begrenzung zur Umwelt variabler gestaltet, hat sich unabhängig gemacht, hat durch Anschaffung eines nicht fest mit dem Körper verbundenen materiellen Hilfsmittels, das jedoch zu seinem Eigentum zählt, zu seinem ICH, seine Grenze erweitert. Damit hat es auch begonnen, die Evolution überflüssig zu machen. Die Einbeziehung körperexternen Hilfsmittel in das System Mensch fördert die Unabhängigkeit des Systems von Umweltveränderungen. Nebenbei bemerkt, haben sich wahrscheinlich Einzeller wie die Amöbe ebenso entwickelt: indem sie sich nämlich körperexterne Gebilde einverleibt haben. Das "Fressen" dieser Einzeller dient offenbar nicht nur der Aufrechterhaltung ihrer Homöostase, sondern auch der Evolution.

Das System Mensch ist nicht mehr von einer genetischen Anpassung abhängig, sondern ist tatsächlich aktiv geworden und hat begonnen, die Umwelt zu verändern. Hier hat der Begriff der Aktivität einen Sinn.

3.12. Die Rezeptoren

Wir waren gerade bei dem Rezeptor und dem Sollbereich des Regelkreises Selbsterhaltung.

Der Rezeptor zeigt innerhalb der körperlichen Grenzen eines lebenden Systems Veränderungen an. Solche Rezeptoren und Regelkreise hat das System Mensch wie auch andere tierische Systeme zur Aufrechterhaltung der unterschiedlichsten Sollwerte. Als Beispiel für einen derartigen Sollwert möchte ich wegen seines Bekanntheitsgrades den Blutdruck nennen. Ein anderer Sollwert ist zum Beispiel die Anzahl der roten oder der weißen Blutkörperchen im Blut. Die roten Blutkörperchen dienen dem Transport von Sauerstoff innerhalb des körperlichen Teils des Systems Mensch von der Lunge zu den Zellen, in denen der Sauerstoff ja erst benötigt wird, die weißen Blutkörperchen dienen der Eliminierung von mikroskopisch kleinen lebenden Systemen, die in das System Mensch eingedrungen sind und Infektionskrankheiten oder den Tod auslösen können. Auch diese Untereinheiten des Systems Mensch können als Systeme betrachtet werden: das System Infektionsabwehr, oder das System Blutkreislauf. Auch einzelne Körperaufgaben könnte man als System betrachten. Zum Beispiel das System Giftstoffbeseitigung, an dem die Leber, die Niere, aber auch die Haut und die Lunge beteiligt ist. Ein Körperorgan kann aber auch Funktionen innerhalb verschiedener Systeme haben. So ist die Haut in das System Giftstoffbeseitigung über die Schweißproduktion integriert, erfüllt aber auch Aufgaben im Funktionssystem "Aufrechterhaltung der Körpertemperatur" oder im Funktionssystem "Schutz vor der Verletzung innerer Organe". Die Haut ist auch nur eine Lösung des Problems "Schutz vor der Verletzung innerer Organe". Insekten haben einen Chitinpanzer, um diesen Schutz zu gewährleisten. Dieser ist allerdings bei der Ausführung von Bewegungen hinderlich. So hat jedes Subsystem der Körpers seine Aufgaben und für die Erledigung anderer Aufgaben eventuell auch Nachteile. Aber dies ist wieder ein ganz anderes Thema. Unter diesem Gesichtspunkt könnte man die Biologie und die Medizin aus der Sicht der Philosophie lebender Systeme neu schreiben.

Dazu verweise ich auf andere Autoren, die sich hoffentlich noch vermehren.

Ein Punkt, den ich nebenbei noch erwähnen möchte, betrifft die Gefahrenmeldung aus der Entfernung.

Wenn das Gift schon im Körper ist, ist es bei manchen Giften zu spät. Deshalb haben sich im Lauf der Evolution auch Rezeptoren gebildet, die die Gefahr bereits vorher melden. Dies sind die sogenannten Sinnesorgane. Zunächst befinden sich in der Haut Sinnesorgane, die Berührung melden, Sinnesorgane, die Schmerz melden usw. usw.. Dann gibt es die Nase, die Gerüche meldet, die Augen, die elektromagnetische Wellen innerhalb einer bestimmten Wellenlänge melden oder die Ohren, die Schallwellen melden. Alle diese Rezeptoren, die Ereignisse aus der Umwelt melden, haben einen Sinn. Sie melden meist nichts, was überflüssig ist. Also die Augen melden selbstverständlich die Wellen, die von festen Gegenständen reflektiert werden. An denen könnte man sich verletzen. Oder man könnte durch einen festen länglichen Gegenstand lebensgefährlich verletzt werden. Es hat also auch einen Überlebensvorteil, wenn man die Bewegungsgeschwindigkeit und die Richtung erkennen kann, aus denen dieser Gegenstand auf einen zufliegt. Deshalb haben zwei Augen einen Überlebensvorteil gegenüber nur einem Auge. Der Überlebensvorteil des Gehörs liegt darin, dass man auch um die Ecke hören kann. Die reflektierten Lichtwellen durchdringen feste Gegenstände nicht und fliegen hinter ihnen nicht um die Ecke, so dass man nicht um die Ecke sehen kann. Aber der Schall breitet sich in alle Richtungen aus. Und man hört ihn auch im Dunkeln. Kurz gesagt befähigen die Sinnesorgane also das System Mensch dazu, Gefahren, die lebensbedrohlich sind, aus der Entfernung zu registrieren. Dies ist der eine Überlebensvorteil. Der zweite Überlebensvorteil besteht natürlich darin, auch Nahrung schon von weitem riechen, sehen oder hören zu können, wenn es sich zum Beispiel um ein Beutetier handelt, das durch seine Bewegung Geräusche verursacht. Die Evolution sorgt dafür, dass lebende Systeme, deren Sinnesorgane weniger effektiv arbeiten, von ihren Feinden mehr oder weniger schnell – meist bereits im Kindesalter – eliminiert (verzehrt) werden, so dass umgekehrt die Träger von besonders effektiv arbeitenden Sinnesorganen überleben und sich vermehren. Dadurch optimiert sich die Arbeitsweise dieser Sinnesorgane. Werden Sinnesorgane nicht benötigt, bilden sie sich zurück, wie die Augen des Maulwurfs.

Nebenbei bemerkt, nützen diese Sinnesorgane den lebenden System natürlich auch innerhalb anderer Regelkreise, zum Beispiel im Vermehrungsregelkreis bei Systemen, die sich zweigeschlechtlich vermehren. Aber das kommt später.

Auch in ein späteres Kapitel möchte ich das Thema der subjektiven Empfindungsseite bei der Rezeption von Sinneswahrnehmungen verschieben. Das System Mensch hat ja auch Empfindungen, die schon einmal angesprochen wurden. Es empfindet Angst bei Sauerstoffmangel oder bei der Wahrnehmung eines Fressfeindes, es empfindet Hunger, wenn ihm ein leerer Magen gemeldet wird, oder Durst bei Wassermangel. Dieses subjektive Empfinden behandle ich später. Die entsprechenden Reaktionen des tierischen lebenden Systems, auf das sich diese Selbsterhaltungsregelkreise beziehen, sind lebensnotwendig. Es muss nämlich geatmet werden, getrunken werden und gegessen werde. Dazu muss die Nahrung oft erst einmal sehr aufwändig besorgt werden, bevor sie verspeist werden kann. Alles dies könnte theoretisch natürlich auch ohne subjektive Gefühlsempfindungen passieren. Lebende Systeme benötigen daher zum Überleben nicht unbedingt ein Nervensystem.

3.13. Die Effektoren des Systems Mensch

Ich möchte nunmehr das Thema Rezeptor und Sollbereich verlassen und zum Thema Effektor kommen. Ist eine Gefahr festgestellt oder eine Beute identifiziert worden, muss geflüchtet bzw. gejagt werden. Es muss also etwas getan werden, weshalb von Effektor gesprochen wird. Der Effektor führt eine Handlung aus. Gerade tierische lebende Systeme, zu denen ich auch das System Mensch rechne, zeichnen sich durch besonders auffällige Reaktionen aus, die ich auch Aktionen, Handlungen oder Verhalten nenne. Pflanzliche lebende Systeme haben keine Fortbewegungsorgane, so dass deren Reaktion eher träge sind; wegrennen, wegschwimmen oder wegfliegen können sie ja nicht. Sie sind also vergleichsweise hilflos den Tötungsaktionen der tierischen Systeme ausgesetzt und können Angriffe in der Regel nur passiv abwehren. Andererseits dienen in der Regel auch nur ihre Fortpflanzungsorgane oder überflüssige Körperteile den tierischen Systemen als Nahrung, so dass sie durch ihre Verwendung als Nahrung oft nicht in ihrer Existenz gefährdet sind und sie sich bisweilen gerade durch diese Verwendung als Nahrung verbreiten können und gerade dadurch auch ihr Überleben sichern. Ganz allgemein muss ein Jäger auch dafür sorgen, dass er morgen noch etwas zu fressen hat, so dass es in seinem eigenen Überlebensinteresse liegt, seine Beutetiere oder –pflanzen nicht auszurotten. Deshalb ist der Mensch ja dazu übergegangen, Tiere zum Zwecke des Verzehrs zu züchten. Eine sehr praktische Methode der Nahrungssicherung. Die diesbezüglichen Regelkreise garantieren natürlich das Überleben auch des Systems, das zur Ernährung benötigt wird. Also zum Beispiel der Kühe und Schweine, die wohl ohne den menschlichen Schutz aussterben würden. Die Kuh oder das Schwein im Stall eines Bauern gehört zu meinem Regelkreis Selbsterhaltung und ist Teil meines Systems.

Nach meinem Verständnis sind auch alle nicht fest mit dem Körper verbundenen Hilfsmittel, die den Aktionen des Menschen dienen, Effektoren. Deshalb unterscheide ich zwischen körperinternen und körperexternen Effektoren. Das wären hier der Bauer, der die Kuh schlachtet usw.. Letztere bezeichne ich bisweilen auch als extrakorporale Effektoren. Diese sind nicht nur mechanischer oder maschineller Art, wie ein Auto, sondern auch lebender Natur (z.B. der Schlachter der Kuh). Von besonderer Bedeutung ist, dass das Verhältnis (die Beziehung) von Menschen zueinander ein Effektor-Dominator Verhältnis sein kann.

Nun sind wir endlich beim Thema Effektor.

Was unter dem Effektor verstanden wird, ist hinsichtlich der üblichen Auffassung des Begriffs "Mensch" schnell erklärt. Es handelt sich hierbei um die Muskulatur und das dazugehörige Stützgewebe, die Knochen. Das Knochensystem mit seinen Gelenken ist für die motorische Fortbewegung genauso wichtig wie das Gewebe, das sozusagen die Kraft von den effektorischen Nervenzellen auf die Knochen überträgt, die Muskulatur.

Mit Hilfe von Muskeln wird im übrigen auch die Spannung oder Festigkeit der Blutgefäße verändert, also auch bei der Regulierung des Blutdrucks und bei vielen anderen Regelkreisen innerhalb des menschlichen Körpers sind Muskeln der Effektor.

Der Effektor verändert irgendeine räumliche oder körperliche Konstellation, könnte man allgemein vielleicht definieren.

Unterschlagen wurde bisher der Reiz der außerhalb des Systems liegenden Umwelt, der diese Veränderung nach sich zieht. Die Veränderung des lebenden Systems wird im allgemeinen durch eine

Veränderung des nicht zum System gehörigen Teils der Welt verursacht.

Obwohl der Begriff der "Ursache" im Regelkreisdenken nicht angebracht ist, weil grundsätzlich offen bleibt, was die Ursache und was die Wirkung ist, möchte ich vorübergehend diesen Begriff doch einmal benutzen und anschließend dann wieder eliminieren, indem ich die jetzt durch die Verwendung des Begriffes durchgeführte willkürliche Interpunktion später wieder rückgängig mache.

Nehmen wir aber zunächst einmal diese willkürliche Interpunktion vor, so stellt sich ein Regelkreis folgendermaßen dar:

Eine Veränderung in der Umwelt, sagen wir einmal ein Getränkemangel durch das Versiegen des Flüssigkeitsvorrates im Kühlschrank, löst im System Mensch ein Durstgefühl aus und führt dazu, dass das System nun aktiv wird und den nächsten Supermarkt aufsucht, um sich etwas zu trinken zu kaufen. Die Flüssigkeit wird anschließend dem System Mensch einverleibt und der Durst damit gestillt. Wir können den Regelkreis verkürzen, indem wir Nebensächlichkeiten weglassen (ich habe bereits eine große Anzahl von Schritten weggelassen), dann besteht der Regelkreis aus dem Flüssigkeitsdefizit und der Aktion zur Beseitigung dieses Defizits. Mit der Beseitigung des Hungers oder der Beseitigung des Sauerstoffmangels ist es ähnlich. Wie wir sehen, geht es bei den Regelkreisen dieser Art um die Aufrechterhaltung eines Ruhezustandes.

Die Aktionen lebender Systeme haben das Ziel, einen bestimmten Sollwert innerhalb eines Sollwertbereiches zu halten. Ein Defizit im System wird ausgeglichen, indem sich das System etwas aus der Umwelt, also etwas aus dem Nicht-System, einverleibt.

Der Effektor im Regelkreis mit negativer Rückkopplung, von denen hier die Rede ist, sorgt also dafür, dass durch Zuführung von außen etwas im System erhalten bleibt. Er dient. Er dient der Wiederherstellung eines Sollwertes. Deshalb könnte man ihn auch als Diener bezeichnen.

Man könnte auch kurz sagen:
die Bewegung des lebenden Systems hat die Herstellung des Ruhezustands des Systems zum Ziel.

Ausgangspunkt ist hier eine Bewegung im Nicht-System, eine Veränderung der Umwelt, die zu einer Bewegung des Systems führt mit dem Endeffekt, dass sich im Systems nichts ändert.

Die dem Körper des Menschen eigenen Effektoren sind hinlänglich bekannt, besonders natürlich diejenigen, die grob sichtbar sind: seine Beine und seine Arme samt Anhang. Auch diese sind menschenspezifisch: die Beine mit dem aufrechten Gang, die sie mit Hilfe anderer Organe dem Menschen gestatten, besonders auch die Hände, die den Menschen u.a. auch zu dem machen, was er ist.

Die Philosophie lebender Systeme richtet hier ihre Aufmerksamkeit auf die Effektoren, die nicht fester Bestandteil seines Körper sind: die sogenannten extrakorporalen oder körperexternen Effektoren. Die extrakorporalen Effektoren haben einen Vorteil mit den extrakorporalen Rezeptoren gemeinsam: da das System Mensch unabhängig von ihnen ist, kann es sich dieser zeitweilig bedienen. Diese zeitweilige Verfügbarkeit ist ein Vorteil.

Da es sich hierbei nicht nur um Instrumente oder Maschinen, wie das Auto oder das Flugzeug oder den Kühlschrank handelt, sondern auch um andere Menschen (im obigen Beispiel den Bauern oder den Schlachter), die dem System Mensch vorübergehend als Effektor dienen können, hat dieses Thema besondere Bezüge zu dem Menschen als soziales Wesen oder zur Wissenschaft der Soziologie.

Die extrakorporalen Effektoren des Systems Mensch könnte man einteilen in die gegenständlichen und die lebenden Effektoren. Gegenständliche Effektoren wären Maschinen wie das erwähnte Auto. Das Auto könnte als eine extrakorporale Ergänzung der Beine beschrieben werden. Es ist ein Fortbewegungsmittel. Will das System Mensch die Position seines Körpers im Verhältnis zum Planet Erde verändern, hat es derzeit dafür nicht nur seine Beine zur Verfügung, sondern auch sein Fahrrad, sein Auto, ja bei Bedarf auch ein Flugzeug.

Das engere Thema der Philosophie lebender Systeme, der Mensch, benutzt auch andere Menschen als Effektor und wird im Rahmen der Regelkreise auch zum Effektor für andere Menschen.

Wenn wir einmal zurückblicken, war dies bereits vor der Industrialisierung und vor der Warenproduktion der Fall und ist dies auch schon im Tierreich der Fall. Dass das menschliche Individuum andere Menschen als Effektor benutzt und für andere zum Effektor wird, ist ja nur eine Betrachtungsweise der Realität unter vielen. Ob und welche Vorteile sie gegenüber anderen Betrachtungsweisen menschlicher Beziehungen hat, wird sich zeigen.

Treten zwei lebende Systeme der Ordnungshöhe Individuum in Beziehung zueinander, kann diese Beziehung gegebenenfalls eine Herrscher-Effektorenbeziehung sein[20]. Dies beginnt mit der Beziehung eines Individuums der Elterngeneration zu einem Individuum der Kindgeneration, wenn die Kindgeneration nicht ohne die Hilfe des Individuums der Elterngeneration überleben kann. Dies klingt im ersten Moment sicher sehr theoretisch, praktisch heißt es, bezogen auf den Menschen:
in dem Moment, in dem ein Mensch ein Kind bekommt, wird dieser Mensch zum Effektor seines Kindes. Das Kind schreit und die Mutter rennt.

Das Kind schreit und die Mutter legt es an die Brust, oder der Vater gibt ihm die Flasche, oder macht ihm eine neue Windel.

Elternschaft ist Effektorenschaft.

Dies ist nur ein Beispiel zum Verständnis dessen, was mit Effektorentätigkeit gemeint ist. In der Regel handelt das menschliche Individuum, das "System Mensch", nicht nur als Effektor für andere lebende Systeme, sondern auch als Dominator, als bestimmende Zentralinstanz, die das Verhalten anderer lebender Systeme steuert.

3.14. Die Materieumwandlung

Was passiert bei der Nahrungsaufnahme des Menschen, wenn wir einmal die Unterscheidung von lebendem System und der Welt

---

[20] auch als Dominator-Effektor-Bezieung bezeichnet

außerhalb des lebenden Systems, also subjektiv gedacht, die Trennung von ICH und NICHT-ICH, weglassen? Denken wir also einmal das System Erde als ein geschlossenes System, dann spielen sich in diesem geschlossenen System folgende Veränderungen ab: die Flüssigkeit verändert ihren Ort innerhalb des Systems Erde, sie ist vom Supermarkt in den Körper des Menschen gewandert. Ebenso verhält es sich, wenn das Subsystem Mensch Nahrung zu sich nimmt. Die Aufnahme von Substanzen in dieses Subsystem ist jedoch nur die eine Seite der Aktionen dieses Subsystems, die andere ist die Ausscheidung. Das lebende System, also das Subsystem des geschlossenen Systems Welt hat ja auch körperliche Ausscheidungen, die es aus seinem Körper in die "Umwelt" hineintransportiert.

Wenn man alles zusammenrechnet, was die lebenden Systeme (Tiere und Pflanzen) auf dem System Erde zur Aufrechterhaltung ihres Zustandes "Leben" aufnehmen und ausscheiden, hat man als Summe die materiellen Veränderungen, die seit der Entstehung dieser lebenden Systeme auf dem System Erde stattgefunden haben. In der Summe hat sich nämlich nicht nichts verändert, wie manch einer vielleicht spontan sagen würde.

Auf dem System Erde hat sich zunächst durch die Aktivitäten der lebenden Systeme "Pflanzen" die Zusammensetzung der Luft um die Erde herum im Sinne einer Sauerstoffzunahme verändert. Dies wäre jedoch nur eine Umverteilung, es ist ja durch die Aktivität der Pflanzen, der wir dieses zu verdanken haben, kein neuer Sauerstoff entstanden.

Dennoch: der erste Punkt, den wir auch schon beim Trinkvorgang des Menschen in unserem Beispiel konstatieren konnten, ist eine Umverteilung von Materie. Insgesamt ist jedoch die Zusammensetzung der Materie komplizierter geworden.

Verlassen wir einmal die Ebene eines Elementes (Sauerstoff), dann ist festzuhalten, dass seit der Entstehung lebender Systeme die Zusammensetzung der Materie auf dem System Erde komplizierter geworden ist. Es sind sehr viele neue Molekülverbindungen entstanden, die von Chemikern als Nukleotidketten, von Biologen als Gene und Chromosomen bezeichnet werden. Aminosäureverbindungen, die Eiweiße genannt werden, sind entstanden und haben sich schnell vermehrt. Wenn man genaueres darüber wissen wollte, könnte man Biologen, Chemiker oder andere Wissenschaftler einmal fragen, welche Mengen dieser und anderer komplizierter Molekularverbindungen entstanden sind. Die Antwort steht bestimmt bereits irgendwo im Internet, wo ich den Leser zu suchen bitte.

Ganz allgemein, und der Philosophie kann es nur um das Allgemeine gehen und nicht um Einzelheiten oder irgendwelche Zahlen, kann man also feststellen:
durch die Gesamtaktivität der lebenden Systeme hat sich die Kompliziertheit der materiellen Zusammensetzung von Elementen auf dem System Erde gesteigert. Da sich Zusammensetzungen von Elementen gebildet haben, die vorher nicht vorhanden waren, könnte man auch sagen:
es sind viele neue Materiearten gestiegener Komplexität auf der Erde entstanden.

Im Rahmen dieses Prozesses sind sehr viele lebende Systeme entstanden und wieder verschwunden. Die meisten lebenden Systeme der Größenordnung "Individuum", sind gar nicht mehr vorhanden, sind gestorben, haben sich wieder in ihre materiellen Bestandteile aufgelöst. Dieses Schicksal wird auch den Leser, falls sich einer findet, früher oder später ereilen. Die Gesamtzahl der die Erde aktuell bevölkernden Individuen aller Tier- und Pflanzenarten hat sich nicht mehr sehr verändert, ist womöglich konstant (Biologen könnten das auch genauer mit Zahlen belegen). Bleibend verändert hat sich jedoch die Zusammensetzung der Materie auf dem System Erde. Diesbezüglich ist auch eine Tendenz erkennbar, nämlich die Tendenz zu einer ständigen Komplexitätszunahme. Mathematiker haben das genauer berechnet.

Ich würde sagen: die Ordnungshöhe der materiellen Welt ist durch die Aktivität lebender Systeme größer geworden, nicht-lebende Systeme niedrigerer Ordnung sind zu nicht-lebenden Systemen komplizierterer Zusammensetzung umgeordnet worden. Dies aber nur nebenbei.

Ich möchte wieder zum Thema der Philosophie lebender Systeme zurückkommen, zum System Mensch.

Die Philosophie lebender Systeme ordnet lebende Systeme in solche des Typs "Individuum" und in sogenannte lebende Systeme höherer Ordnung, wobei sie sich mit dem System Mensch (Individuum) und dem System Staat (Horde, Volk usw.) beschäftigt. Die Veränderungen durch die Notwendigkeit zur Aufrechterhaltung eines Stoffwechsels lassen sich an lebenden Systemen höherer Ordnung deutlicher zeigen. Handelt es sich nicht um ein Individuum, das Durst hat, sondern um ein Volk (ein lebendes System höherer Ordnung), das durch Klimaveränderungen in einen Zustand der Mangelversorgung mit Nahrungsmitteln hineingeraten ist, dann ist der Effekt besser sichtbar: das Volk sucht sich einen neuen Aufenthaltsort. Bei nomadisch lebenden Volksgruppen kann dies direkt beobachtet werden. Sie ziehen mit ihren zum System gehörenden Tieren weiter.

3.15. Die Aktivität des Nicht-Ich

Ich denke, dass die Frage einer Interpunktion des natürlichen Verhaltens lebender Systeme anhand dieses Beispiels auch generell klärbar ist. Der die Aktion auslösende Faktor ist in der Regel nicht die Veränderung des Sollwertes im lebenden System, sondern eine Veränderung in der Umwelt des lebenden Systems. Also: erst die Dürrekatastrophe, dann die Aktion des lebenden Systems. Umgekehrt könnte es sein, wenn das Wachstum, die Größenzunahme eines lebenden Systems, zu einem erhöhten Bedarf führt, der höher wird als das Angebot der Umwelt ist. Dann muss das lebende System ebenfalls aktiv werden. Dies betrifft vor allem lebende Systeme höherer Ordnung. Übrigens gibt es natürlich auch immer mehrere Lösungsmöglichkeiten, ein Problem wie das des sinkenden Angebots an Nährstoffen zu lösen. Diese könnten z.B. auch einem Nachbarsystem weggenommen werden.

Es scheint also jedenfalls so zu sein, dass die eigentliche Aktivität von der Umwelt ausgeht, von klimatischen Veränderungen beispielsweise, und dass die Aktivitäten der lebenden Systeme eine

Reaktion darstellen, die die Aufrechterhaltung eines Gleichgewichts von Nahrungszufuhr und Energieverbrauch des lebenden Systems als Ziel hat. Die Handlungen des lebenden Systems stellen ein inneres energetisches Gleichgewicht im System her. Sie verbrauchen Energie, die letztlich das Sonnenlicht liefert, und bauen im Endeffekt die materielle Zusammensetzung des Systems Erde um.

Nun aber doch zum Thema Mensch als Individuum, als System Mensch.

Die herkömmliche Betrachtungsweise denkt den Menschen als ein lebendiges Wesen mit besonderen Fähigkeit, deren wichtigste das Denken ist.

Diese zirkuläre Betrachtungsweise, den Menschen als denkendes Wesen zu denken, überlässt die Philosophie lebender Systeme anderen, und deshalb habe ich diese menschliche Fähigkeit bisher auch nicht berücksichtigt. Ich habe auch jetzt noch keinen Anlass, diese menschliche Fähigkeit in besonderer Weise zu berücksichtigen. Die Denkfähigkeit und ihr Produkt, das Denken, die Denkinhalte und die Schlussfolgerungen, die Ideen, sind aus der Sicht der Philosophie lebender Systeme zunächst einmal ein Bestandteil des Systems Mensch neben anderen, ohne besondere Bedeutung. Das Denken dient wie andere Fähigkeit der Sicherung der Homöostase und nicht der Lösung "philosophischer" Fragen.

Das System Mensch besteht wie jedes andere lebende System aus seinem materiellen Körper und aus seinen immateriellen Teilen. Nichtmateriell sind seine Ideen, sein Wissen, also seine geistigen Bestandteile, sowie auch seine Fähigkeiten. Auch tierische lebende Systeme, ja selbst pflanzliche lebende Systeme haben Fähigkeiten. Da diese Fähigkeiten alle eine materielle Grundlage haben, zur Flugfähigkeit gehören Flügel, zur Lauffähigkeit Beine usw., sind die Fähigkeiten der lebenden Systeme und ihr (materieller) Körper nur zwei Seiten des Gleichen. Dies betrifft auch das Gehirn, über das auch viele Tiere verfügen. Das Gehirn ist die materielle Seite und das Denken und das Empfinden von Gefühlen betrifft die Fähigkeiten, die aus diesen Organen resultieren.

3.16. Das Nervensystem des Systems Mensch

In der allgemeinen Betrachtung eines Regelkreises habe ich bisher einen Punkt außer Betracht gelassen: die Übertragung des Reizes, der aus der Außenwelt des lebenden Systems kommt, zum Einstellmechanismus, dem Regler, und die Übertragung von Handlungsimpulsen auf den Effektor, der den Zustand des Gleichgewichts dann wieder herstellt, geschieht bei tierischen lebenden Systemen durch ein besonderes Gewebe, das Nervengewebe. Das Nervensystem besteht auch dementsprechend aus einem afferenten Teil des peripheren Nervensystems, das Nervenimpulse vom Rezeptor in das Zentralnervensystem leitet und einem efferenten Teil des peripheren Nervensystems, das Handlungsimpulse an die Muskulatur, den Effektor weiterleitet. Dazwischen liegt das Zentralnervensystem als Umschaltort mit dem Gehirn und dem Rückenmark.

Hier interessiert natürlich der zentrale Teil des Nervensystems, das Zentralnervensystem. Dieses vergleicht die aus der Außenwelt kommenden Daten mit den Sollbereichen, stellt die Abweichungen von diesen Sollbereichen fest (die Istwerte) und leitet die Maßnahmen zur Herstellung der Sollwerte innerhalb des Sollbereichs ein.

Das Zentralnervensystem verarbeitet also eingehende Daten, vergleicht diese mit den Standardwerten und reguliert diese Werte innerhalb eines bestimmten Rahmens. Da es sich um sehr viele Daten handelt und sehr viele Muskeln innerviert werden müssen, ist dies eine gewaltige koordinative Leistung.

Nun verfügen nicht alle tierischen lebenden Systeme über ein Nervensystem und pflanzliche lebende Systeme schon gar nicht. Das Nervensystem ist also bereits ein sehr hoch entwickeltes Datenverarbeitungs- und handlungskoordinierendes System. Die Vorläuferlösungen dieses Systems sind auch in tierischen Systemen noch vorhanden und beruhen auf chemischen Prozessen. Eingehende Daten über Veränderungen der Umwelt bewirken chemische Veränderungen im lebenden System und das System reagiert so, dass die chemischen Abweichungen wieder gegenreguliert werden.

Diese Art des Registrierens von Normabweichen wirkt auch in lebenden tierischen Systemen, auch beim System Mensch. Beispielsweise ist der Anstieg der Kohlendioxidkonzentration im Blut eine chemische Veränderung, die von Rezeptoren registriert wird. Die Übertragung von Informationen von einem Nerv auf den anderen wird durch Transmitter, also bestimmte chemische Substanzen, bewerkstelligt. Auch die Handlungsimpulse auf den Effektor werden nicht direkt auf elektrischen Weg übertragen, sondern auf chemische Weise, durch die Transmittersubstanzen. Neben der elektrisch vermittelten Datenübertragung existiert als Basis auch bei tierischen lebenden Systemen, auch beim System Mensch, immer noch die ursprünglichere chemische Datenweiterleitung. Dies ist auch insbesondere nicht nur bei den Selbsterhaltungsregelkreisen der Fall, sondern auch bei den Regelkreisen, die die Vermehrung betreffen. Die Handlungen, die der Vermehrung dienen, werden durch sogenannte Hormone gesteuert, die in innersekretorischen Drüsen gespeichert und in gewissen Situationen vermehrt ausgeschüttet werden. Auch das Paarungsverhalten des Systems Mensch beruht auf dieser Grundlage. Dies betrifft das Thema "Vermehrungsregelkreise".

Verhaltensänderungen des Systems Mensch sind also bis zu der Entwicklungsstufe, die er mit lebenden Systemen ohne Nervensystem gemeinsam hat, auf chemische Weise vermittelt und Verhaltensteuerung auf elektrische Weise funktioniert bei Tier und Mensch gleichartig. Auch das Erleben von Empfindungen ist offensichtlich nicht etwas spezifisch Menschliches. Da Empfindungen und grundsätzlich auch die Informationsübertragung vom Nerv auf das Endorgan an chemische Veränderungen gekoppelt ist, könnte man sogar auch pflanzlichen lebenden Systemen Empfindungen nicht absprechen. Hierbei möchte ich jedoch keine Aussage zum Thema der Bewusstheit von Empfindungen machen. Dieses Thema taucht jedoch bei dem eigentlichen Gegenstand unserer Betrachtung nun auf.

Zum System Mensch gehören nicht nur die erwähnten körperlichen Bestandteile und seine Fähigkeiten, sondern auch sein geistiger Besitz. Wesentliches und grundsätzliches Wissen ist in den genetischen Strukturen gespeichert, in den Chromosomen. Diese enthalten die Daten, die zur Bildung der Gewebestrukturen und Körperorgane erforderlich sind und die das Verhalten des Systems Mensch, das dem Überleben dient, steuern (Atmung, Nahrungssuche, Paarungsverhalten). Zusätzlich verfügt das System Mensch aber auch über die Möglichkeit, Daten, nämlich geistige Daten, im Gehirn zu speichern. Das System Mensch verfügt über Sprache und ist damit in der Lage, Ideen zu haben, diese im Gehirn zu speichern und auch zu kommunizieren.

Dies ist der Beginn einer neuen Existenzform lebender Systeme und ist in seiner Ausprägung typisch menschlich.

Das System Mensch verfügt also auch über geistiges Eigentum und über geistige Fähigkeiten. Diese haben besondere Auswirkungen auf die Verbreitung und die Entwicklung von Daten und machen die Evolution genetisch gespeicherten Daten überflüssig. Mit diesem Thema habe ich mich in meinem Buch "Die Datentransformation"[21] beschäftigt.

Die Frage, woher dieses kommt, möchte ich beiseite lassen, weil dies vom Thema wegführen würde und weil es bereits von anderen Autoren umfangreich behandelt wurde. Und weil es lediglich der Beginn der Entstehung des Systems Mensch betrifft und sich das System Mensch inzwischen weiter entwickelt hat. Mich interessiert ja der aktuelle Entwicklungsstand des Systems Mensch.

Zu diesem gehören nun weitere wichtige Bestandteile.

3.17. Die körperexternen Teile des Systems Mensch

Zum System Mensch gehören nämlich noch sein sonstiges materielles Eigentum. Mit "sonstiges" ist hier folgendes gemeint:

Nicht nur sein lebender Körper mit seinen Organen gehört zum System Mensch, dies hätte er mit tierischen lebenden Systemen gemeinsam, die ja auch über einen derartigen Körper und die daraus resultierenden Fähigkeiten verfügen, sondern auch sein mate-

[21] Die Datentransformation (2001), ISBN 3-8311-1902-3

rielles extrakorporales Eigentum und die Fähigkeiten, die aus dem Besitz dieses Eigentums resultieren. Auch dieses unterscheidet ihn vom lebenden System Tier.

Dieser Teil der Definition des System Mensch ist es, der es der Philosophie lebender Systeme ermöglicht, Betrachtungen anzustellen, die über das hinausgehen, was der Idealismus, der Marxismus, die Systemtheorie, die Kybernetik und der Konstruktivismus bisher geleistet haben und der den Anspruch der Philosophie lebender Systeme begründet, etwas Neues anbieten zu können.

Was bedeutet das, dass zum System Mensch auch sein extrakorporales Eigentum mit den dazugehörigen Fähigkeiten gehört und welche Konsequenzen erwachsen daraus?

Es ändert die Sichtweise vom Menschen, der Blick auf den Menschen ändert sich. Der Mensch wird zu einem Objekt, dessen Handlungen so betrachtet werden können, als wäre der Mensch ein sich bewegendes Ding. Dies ist natürlich eine Degradierung des Menschen, die auf Widerstand stößt. Diese Degradierung wird jedoch dadurch wett gemacht, dass das Zusammenleben der Menschen, das Zusammenwirken der Systeme Mensch mit wissenschaftlichen Methoden untersucht werden kann. Etwas, was der Kommunikationstheorie und der Theorie sozialer Systeme nur ansatzweise gelungen ist.

Aber nun zu Einzelheiten.

Ich habe bereits Ausführungen zu den Effektoren gemacht.

Das System Mensch zeichnet sich dadurch aus, das sein Effektor sich enorm vergrößert hat. Das Tier verfügt beispielsweise über ein Fell oder über Federn, um sich warm zu halten. Es verfügt über Flügel zum Fliegen. Es kann sich also vor Abkühlung schützen und seinen Aufenthaltsort ändern, wenn es darum geht, bestimmte Sollbereiche einzuhalten. Dadurch, das der Mensch über materielles Eigentum verfügt, das nicht zu seinem Körper gehört, kann der Mensch mehr.

Er hat nicht ein Fell, das fest an seinem Körper sitzt und ihm bei Erwärmung der Umwelt zwingt, kältere Orte aufzusuchen, sondern er hat Bekleidung, die er bei Erwärmung der Außentemperatur ablegen kann und bei Erniedrigung der Außentemperatur anziehen kann. Dies ist weitaus effektiver (energiesparender) als die ständige Hinundherfliegerei der Zugvögel. Der Mensch hat nicht ein ständig am Kopf festsitzendes Horn, was ihm zwar wie dem Stier in besonderen Situationen nützen könnte, sondern er hat einen Speer, den er zum Jagen oder im Krieg benutzen kann, aber ansonsten ablegen kann und nicht ständig mit sich herumschleppen muss. Dieser Speer oder seine Bekleidung sind nur zwei Beispiele für extrakorporales Eigentum, das gerade deshalb vorteilhaft ist, weil es nicht fest mit seinem Körper verbunden ist. Vorläufer davon gibt es auch schon beim Tier, etwa das Nest der Vögel usw..

Der grundsätzliche Vorteil dieses extrakorporalen Eigentums besteht darin, dass es den Menschen in die Lage versetzt, sich zeitweilig Fähigkeiten zu nutze zu machen und er die Mittel dazu nicht ständig mit sich herumtragen muss. Es sind also die Zeitbefristetheit der Nutzung des extrakorporalen Eigentums und die Reduzierung des Energieaufwandes. Die Reduzierung des Energieaufwandes geht noch weiter: das moderne menschliche Individuum muss nicht einmal eine langwierige Ausbildung machen, um sich die Fähigkeit anzueignen, einen Speer oder ein Auto aneignen zu können. Dies wäre im Falle eines Autos auch gar nicht mehr möglich; im Unterschied zur Steinzeit. Das moderne Individuum braucht sich die entsprechenden Gegenstände nur zu kaufen.

Und damit kommen wir zum letzten und wesentlichsten Punkt: dem **Geld**.

Der wichtigste Bestandteil des Systems Mensch ist sein Geld, sein Geldbesitz. Am wichtigsten einfach deshalb, weil es der zuletzt erworbene Fortschritt ist, der den Unterschied des Systems Mensch zu allen anderen lebenden Systemen ausmacht. Das Geld optimiert die Flexibilität und die Anpassungsfähigkeit des Systems Mensch.

Die Frage, wie der Mensch dazu gekommen ist, lasse ich auch hier beiseite, um uneffektive Erläuterungen zum Thema "menschlicher Geist" oder "Bewusstsein" zu vermeiden.

Mir geht es um das Jetzt und nicht darum, wie oder warum das System Mensch seinen derzeitigen Zustand erreicht hat. Ich betrachte den Jetztzustand unabhängig von der Frage, ob er plötzlich aus dem Nichts entstanden ist, oder ob er sich entwickelt hat. Die Beschäftigung mit der Frage der Schöpfung oder Entwicklung überlasse ich Anderen. Für meine Betrachtungsweise ist es egal, ob der Jetztzustand schon immer bestand und Gott die Erde und den Menschen so wie er jetzt ist, geschaffen hat und alle Erkenntnisse über die Vergangenheit der Erde ein Märchen wäre, oder ob sich alles aus einem Urknall entwickelt hat.

Denn die Regelkreise, um die es hier geht, sind jetzt regulierend wirksam.

Ich beschäftige mich mit dem jetzigen Verhalten des Systems Mensch.

Zur Beschreibung seines Verhaltens und seiner Fähigkeiten ist es von wesentlicher Bedeutung, dass sein nicht korporales materielles Eigentum und sein Geld Teil seines Systems, Teil des System Mensch, sind. Das Geld, das materielle Eigentum das Systems Mensch gehört in das System, es gehört zum ICH. Und **das** Geld und die Materie, die **nicht sein Eigentum** sind, **gehören** zu seiner Außenwelt, **zum NICHT-ICH** des jeweiligen Systems Mensch, sind Teil seiner Umwelt. Wobei ich daran erinnern möchte, dass das System Mensch wie jedes lebende System eine definierte Grenze hat, eine Unterscheidung trifft zwischen Ich und Umwelt, und dabei auch einerseits entscheidet, welche geistigen Inhalte zum ICH gehören, also beispielsweise, welche Anschauungen, welche Religion und was sonst noch alles seine Identität ausmacht, und welche geistigen Inhalte, mit denen es sich nicht identifiziert, andererseits zum NICHT-ICH gehören. Diese geistigen Inhalte des Systems Mensch einerseits und seiner Umwelt andererseits betrachte ich jetzt ebenfalls nicht. Erinnern möchte nur noch daran, dass diese Systemgrenzen nicht geschlossen sind, sondern offen. Das lebende System zeichnet sich durch offene Grenzen aus. Dies gilt selbstverständlich auch für das System Mensch. Und es gilt für die Fluktuation des Geldes in das System Mensch hinein und für seine Verwendung, also sozusagen den Output des Geldes.

Die Frage jetzt ist lediglich, was für eine Bedeutung das Geldeigentum und Eigentum an materiellen Gütern für die Regelkreise hat, in denen sich das System Mensch befindet.

Beginnen wir wieder mit dem Rezeptor des Regelkreises, nämlich mit den Rezeptoren des Systems Mensch.

Aktuell kann man also Instrumente, die die Wahrnehmung des Systems Mensch unterstützen, zu seinem Systeme rechnen. Also: benutzt das menschliche Individuum ein Mikroskop, gehört dieses zu ihn, zum System Mensch, und verbessert seine optische Wahrnehmung. Ähnlich ist es mit dem Fernrohr. Ähnlich ist es mit dem Geigerzähler, mit dessen Hilfe radioaktive Strahlung registriert werden kann.

Praktisch eine große Bedeutung haben natürlich auch die neuesten Errungenschaften. Mit Hilfe des Computers, des Internets und einer Kamera, kann das System Mensch sich heutzutage praktisch simultan die Wetterverhältnisse in New York oder Kapstadt ansehen oder jeden beliebigen anderen Punktes auf der Erde, der mit einer derartigen Einrichtung verbunden ist. Mit dem Elektronenmikroskop sind Einblicke in den Mikrokosmos möglich, auch der Weltraum kann heutzutage in nie gekannter Weise im Prinzip von jedem System Mensch wahrgenommen werden. Diese Beispiele betreffen nur die optische Wahrnehmung. Sie sollen nur andeutungsweise die Änderung des Menschenbildes zeigen, dass die Hinzurechnung des materiellen körperunabhängigen (extrakorporalen) Eigentums zum System Mensch eröffnet.

Große praktische Bedeutung hat der Rundfunk und das Fernsehen, soweit es Tatsachenberichte und Tatsachennachrichten betrifft. Das System Mensch kann also nicht nur das wahrnehmen, was sich in seinem Gesichtsfeld abspielt, sondern sein Blickfeld ist das System Erde geworden. Es (das System Mensch) erhält durch diese Erweiterung seiner Rezeptoren Daten aus aller Welt. Das stellt natürlich neue Anforderungen an sein informationsverarbeitendes Körperorgan, das Gehirn. Auch für dieses Körperorgan hat das System Mensch bereits extrakorporale Ergänzungen: die Computer. Dieser ergänzt nicht nur seine Datenverarbeitungskapazitäten, sondern auch seinen körperinternen Gedächtnisspeicher für geistige Daten, der im Gehirn angesiedelt ist.

3.18. Die Gefühle des Systems Mensch

Das Datenverarbeitungssystem des Menschen, sein Gehirn, ist Objekt vieler Wissenschaften. Wie üblich, muss ich den Leser, der sich für Einzelheiten interessiert, auf die spezielle Fachliteratur der verschiedenen Wissenschaftszweige verweisen, die sich damit befassen. Literaturangaben dazu überschreiten den Umfang des Buches. Hier geht es nur um das Prinzipielle.

Die meisten Daten, die über die Rezeptoren in dieses Organ gelangen, werden bereits verarbeitet, bevor sie in den Teil gelangen, dessen Arbeit bewusst wahrgenommen wird.

Die Rezeptoren sind übrigens die etwas umgestalteten Enden dieses Nervengewebes, die Leitungsbahnen zum Gehirn und vom Gehirn weg sind das periphere Nervensystem und das Verarbeitungsorgan ist das Zentralnervensystem. Das Gehirn besteht wieder aus Teilen, die entwicklungsgeschichtlich älter sind, und die auch schon Reptilien oder andere Tiergattungen und Tierarten haben. Der entwicklungsgeschichtlich jüngere Teil ist das Großhirn, das aber auch alle anderen Säugetiere haben.

Wodurch dann irgendwie beim Menschen das "Bewusstsein" entsteht, kann ich hier nicht klären. Mich interessieren nur die Tatsachen. Und Tatsache ist, dass ich auch bewusst fühlen und denken kann und dass ich etwas behalten kann. Durch das Behalten von Gedanken, an die ich gar nicht ständig denken muss, kann ich auch in die Zukunft sehen, antizipieren. Wenn ich weiß, was war, weiß ich, was kommt. Diese Gedächtnisfunktion ist die einfache Ursprungslogik des Gehirns, die allen hirntragenden Tieren gemeinsam ist. Es ist sogar noch allgemeiner die Logik des Handelns lebender Systeme. Es gibt neben dieser Gedächtnislogik auch Wissen, das nicht an Hirnspeicherung gebunden ist, sondern das genetisch gespeichert ist.

Über dieses genetisch gespeicherte Wissen verfügen alle Pflanzen und Tiere, die hirntragenden Tiere haben einen zweiten Datenspeicher, das Gehirn. Der Mensch kann einen geringen Teil der Vorgänge, die sich im Hirn abspielen, bewusst wahrnehmen.

Auch wenn das nur ein sehr geringer vorsortierter Ausschnitt der Gesamtdatenmenge ist, die über die Sensoren in das Datenverarbeitungsorgan und in dessen bewussten Teil gelangen, ist doch dieser Teil wesentlich für das Verständnis des Systems Mensch.

Das System Mensch erlebt dadurch nämlich Verschiebungen innerhalb der Sollwertbereiche als Gefühle.

Oder:
Gefühle sind bewusst wahrgenommene Unterschiede zwischen Sollwert und Istwert.

Die meisten Sollwertregulierungen laufen unbewusst ab. Der Sauerstoffspiegel des Blutes, der Blutdruck, der Tonus der Muskulatur usw. usw.. Alle diese Funktionen werden unbewusst gesteuert. Das macht das Nervensystem autonom, deshalb wird es in der Medizin das autonome Nervensystem bezeichnet. Dieses Nervensystem funktioniert auch im Schlaf. Es reguliert auch die Verdauung, die Aufnahme von Substanzen aus der Umwelt, und die Abgabe von überflüssigen Substanzen. Daran sind nahezu alle Körperorgane irgendwie beteiligt. Die Stoffaufnahme fängt in der Lunge und im Mund an, die eigentliche Nahrungszerkleinerung und chemische Aufspaltung findet im Magen und Darm mit Hilfe der Fermente statt, die vom Magen, der Bauchspeicheldrüse und der Leber abgegeben werden. Dann werden die Substanzen durch Diffusion in der Lunge und im Darm ins Blut aufgenommen und in die Zellen verteilt. Das Blut nimmt die Abfälle der Zellen auf. Die Nieren und die Leber reinigen das Blut von Giftstoffen und scheiden diese in den Urin und den Darm aus. Auch die Haut ist an der Eliminierung von Giften beteiligt, die ansonsten noch gasförmig über die Lunge ausgeatmet werden. Ein wunderbarer Lebensapparat, der bei allen höheren Tieren so funktioniert, ohne dass daran etwas wie Bewusstsein eingreifen müsste.

Der Mensch hat jedoch die Möglichkeit des bewussten Eingreifens in diese Abläufe. Er kann die Atmung anhalten, Hungern usw.. Aber, er kann das alles nur sehr zeitbegrenzt. Der Körper lässt sich derartige Spirenzien nicht lange gefallen und übernimmt in der Regel vor Eintritt des drohenden Todes wieder die Kontrolle. Anders ist es bei Änderungen der Umwelt, die der Organismus nicht beeinflussen kann. Im Falle einer lebensbedrohlichen äußeren Situation (Feuer mit Rauchentwicklung, wilde Tiere usw.) signalisiert der Körper Angst und Panik und setzt Fluchtmechanismen in Gang. Diese Gefühle werden dem Menschen bewusst.

Im Falle des äußeren Flüssigkeitsmangels oder Nahrungsmangels nimmt der menschliche Organismus Durst und Hunger wahr, Gefühle, die sich steigern können.

Derartige Gefühle: Angst, Durst, Hunger, werden bewusst wahrgenommen und zwar auch in Abhängigkeit vom Abweichen des entsprechenden Istwertes vom Sollwert innerhalb des Sollbereichs. Das Empfinden derartiger Gefühle löst beim Menschen Aktivität aus. Beim Tier ist es genauso, ob bewusst oder nicht, ist gleichgültig.

Der Mensch – und auch das Tier – verfügt nun über einen Rückkopplungsmechanismus im Nervensystem, der die Motorik bremsen kann. Die reflexhaft ausgelöste Handlung kann gebremst werden. Diese Hemmungsfähigkeit hat sich beim Menschen besonders gut entwickelt.

Der Mensch kann seine Angst überwinden. Er hat das Feuer daher zu nutzen gelernt.

Er kann seinen Hunger beherrschen und sich Samen für eine Saat aufheben. Er kann auch schnell noch ein anderes Bedürfnis befriedigen, bevor er trinkt.

Die Fähigkeit, derartige Regelkreise zu unterbrechen, ist menschenspezifisch besonders stark ausgeprägt. Wobei es hier um die Selbsterhaltungsregelkreise geht, die der Aufrechterhaltung des Stoffwechsels dienen. Das Gedächtnis, die Fähigkeit der Antizipation, erlaubt es dem Menschen, Vorsorge für den nächsten Tag oder die nähere Zukunft zu treffen.

Wird dem Körper der Stoff zugeführt, den er benötigt, tritt Befriedigung ein, Sättigungsgefühl bei der Nahrungsaufnahme, beim Trinken verschwindet der Durst. Erleichterung tritt ein, wenn eine Situation von Sauerstoffmangel überwunden wurde.

Die Abweichung vom Sollmittelwert - und auch die Rückkehr zum Mittelwert - wird von bewusst wahrnehmbaren Gefühlen begleitet.

Auch der Vermehrungsregelkreis arbeitet nach diesem Muster. Ein Mangel wird registriert, nämlich ein Mangel an sexueller Befriedigung (die Abweichung vom Sollbereich), ein Sexualpartner wird gesucht (Motorik in Gang gesetzt). Die sexuelle Befriedigung (die Rückkehr zum Sollwert) wird als Orgasmus erlebt. Auch dieser Regelkreis kann gehemmt werden. Bei übermäßiger Hemmung tritt hier allerdings nicht der Tod ein, wie bei den Selbsterhaltungsregelkreisen, sondern lediglich eine neurotische Symptomatik. Das sagt die Psychoanalyse. Ich bitte allerdings auch daran zu denken, dass zwar nicht der Tod für den Organismus eintritt, der sexuell enthaltsam lebt, sondern für seine potentiellen Nachkommen. Seine Gene, die auf Vermehrung programmiert sind und das Partnersuchverhalten in Gang setzen, das der betreffende unterdrückt, könnten ihm das möglicherweise übel nehmen. Wer das vertiefen möchte, muss die umfangreiche psychotherapeutische Literatur zu Rate ziehen.

3.19. Die Verhaltenssteuerung des Systems Mensch

Mir geht es hier um eine andere Frage. Nämlich um die Frage der Verhaltenssteuerung. Und hier möchte diese Frage anders ausdrücken, nämlich so:
welche Kräfte wirken hier auf das Individuum ein?

In der Welt der nicht lebenden Systeme sind es stets äußere Kräfte, die eine Bewegungsänderung bewirken. Der Körper bewegt sich mit gleichbleibender Geschwindigkeit und Richtung unendlich lange fort, wenn nicht andere Kräfte auf ihn einwirken. Das ist das Trägheitsprinzip.

So handelt zum Beispiel die Erde.

Da kommt nun aber eine Kraft hinzu, nämlich die Gravitationskraft. Die Erde wird von der Sonne angezogen (wenn man davon absieht, dass sie selbst natürlich auch die Sonne anzieht). Etwas, was nicht zur Erde gehört, was nicht fest mit ihr verbunden ist, die Sonne, übt eine Kraft aus. Das registriert die Erde irgendwie, jedenfalls reagiert sie darauf und setzt ihren ursprünglich eingeschlagenen Weg nicht fort. Wenn sie von dieser Kraft nichts merken würde, warum ändert sie dann ihre Bahn? Aus der Richtungsänderung ihrer Bewegung schließe ich nicht nur auf eine unabhängig von ihr existierende Kraft, sondern auch auf die Wahrnehmung dieser Kraft durch die Erde.

Im Ergebnis beschreibt die Erde dadurch eine Bahn um die Sonne herum. Zwischen Erde und Sonne pendelt sich ein Gleichgewichtszustand ein, die Entfernung von der Erde zur Sonne bleibt etwa konstant.

Und wie ist dies bei lebenden Systemen? Ich beschreibe hier die Bewegung einmal so.

Das lebende System registriert eine Veränderung in seiner Homöostase, dadurch spürt es einen Drang, einen Wunsch. Dieser Wunsch setzt die Bewegung des Systems in Gang. Es wird etwas aus der Umwelt einverleibt, das führt zurück zur Homöostase und ist mit Befriedigungsgefühl verbunden.

Der Unterschied liegt im Vergleich doch einfach nur darin, dass ich die Bewegung der Erde durch eine Krafteinwirkung erkläre, die außerhalb der Erde liegt, nämlich die Gravitationskraft der Sonne. Diese gehört zwar zu dem System, das ich als "System Erde" bezeichne (siehe Kapitel 2). Sie wäre jedoch körperextern.

Bei dem lebenden System siedle ich die Kraftquelle hingegen innen an, sie liegt im materiellen Körper.

Gemeinsam ist jedoch, das ohne eine materielle Außenwelt, ohne eine Umgebung, weder beim lebenden System, noch beim nicht lebenden System Erde, eine Bewegungsveränderung vor sich gehen würde. Die Kräfte des nicht lebenden Systems, Trägheit und Gravitation, kann ich nicht sehen, ich messe sie an ihrer Wirkung. Genauso kann ich auch die Kraft des lebenden Systems messen. Es vollzieht eine Bewegung, ist aktiv. Und von dieser Aktivität schließe ich auf eine Kraft.

Die Energiequelle liegt hier im System. Aktiviert wird diese Kraft durch einen Reiz, den ich als Bedürfnis, als Wunsch erlebe. Die Bewegung hat zwei Voraussetzungen: eine Umwelt, also die Trennung von ICH und NICHT-ICH, und ein Bedürfnis, diese Umwelt teilweise wieder einzuverleiben. So weit ist die Sachlage wohl unstrittig. Nun zur Besonderheit des Menschen.

Der Mensch hat das Verhältnis von Bedürfnis zur Befriedigung umgedreht.

Der normale Zusammenhang ist der, dass zunächst ein Bedürfnis da ist und dann eine Aktivität mit dem Ziel in Gang gesetzt wird, um ein Defizit zu beseitigen, um zu einem Sollwert zurückzugelangen, einen Homöostasezustand aufrecht zu erhalten.

Im Prinzip könnte jedoch nun einer kommen und eine Umkehr der Kausalität vorschlagen.

Nicht mehr: erst das Bedürfnis, dann seine Befriedigung, sondern: erst eine Befriedigung, dann das Bedürfnis.

Oder: weil die Befriedigung so schön war, möchte ich das Bedürfnis noch mal haben.

Also: erst das Bedürfnis nach dem Bedürfnis (statt nach der Befriedigung), erst dann die Befriedigung.

So scheint sich der Mensch zu verhalten. Er schafft sich künstlich ein Bedürfnis, um die Befriedigung zu erleben. Er schafft sich Genüsse, die man als unnatürlich bezeichnen kann. Er steigert dadurch natürlich nicht nur seine Befriedigungsmöglichkeiten, was ich Genussoptimierung nenne, sondern er steigert dadurch auch die Produktion und die Produktion von Abfall (siehe oben).

Dies ist nicht nur ein "Bedürfnis zweiter Ordnung", sondern das wesentliche hier ist die Umkehr der Steuerung, die Umkehr der Kausalität.

3.20. Die Genussoptimierung

Es ist nicht mehr die bedürfnisauslösende Umwelt, sondern ich bin es selbst, der das Bedürfnis schafft.

Das lebende System Mensch ist sozusagen schneller als die Umwelt. Es wartet nicht, bis Hunger auftritt oder Durst, sondern es schafft selbst den "Durst", den es dann löscht. Das System baut sich zuerst das Objekt, das es benötigt, wenn es Befriedigung erleben will. Damit wird der Mangel steuerbar. Es ist nicht mehr die nicht vorausberechenbare Umwelt, die mein Verhalten bestimmt. Der Mangel (Wasser- Nährstoffmangel oder was sonst auch immer) tritt nicht mehr spontan ein. Das System hat die nicht trivial handelnde Umwelt durch eine Maschine ersetzt, die vorausberechenbare Mangelzustände bewirkt.

Die nicht triviale Umwelt wird durch eine trivialisierte Umwelt ersetzt.

Dieser Akt beschreibt die Systemwerdung des Menschen.

Das System Mensch ist ein lebendes System, das sich selbst eine triviale Umwelt schafft.

Das System Mensch konstruiert nicht nur die Welt im Sinne der Konstruktivismus.

Es schafft sich Befriedigungsmittel und macht seine Befriedigung damit von der natürlichen Umwelt unabhängig. Damit beseitigt es die Unberechenbarkeiten der Natur. Oder:
der Mensch schafft sich eine berechenbare Welt, die zwischen Umwelt und Ich angesiedelt ist. Der körperliche Organismus des Menschen und die von ihm geschaffene Umwelt, seine Welt, bildet das System Mensch. Praktisch: der Mensch schafft ein neues Erfrischungsgetränk, das er über den Durst hinaus konsumiert. Es geht nicht mehr um den Durst, sondern den Appetit.
Dies war die Betrachtung der Selbsterhaltungsregelkreise. Nun zu der Bedeutung der Vermehrungsregelkreise.

Der Mensch hat eine zweigeschlechtliche Vermehrung. Diese bringt im Vergleich zu der ihr vorausgegangenen ungeschlechtlichen Vermehrung folgende Änderungen.

Die Nachkommen der ungeschlechtlichen Vermehrung unterscheiden sich nur unwesentlich. Damit ist die Anpassungsfähigkeit an die Umwelt gering. Das gleichen diese einfachen Lebewesen durch eine starke Robustheit aus. Sie sind unempfindlicher gegen Veränderungen der Umwelt als kompliziertere Wesen.

Die Nachfolgegeneration der zweigeschlechtlichen Vermehrung haben größere Unterschiede, damit sind diese Lebewesen anpassungsfähiger.

"Robustheit" und "Anpassungsfähigkeit" implizieren einen Zeitbegriff. Daran sollte man denken.

Robustheit bedeutet Überleben ohne Veränderung des Individuums über mehrere Generationen trotz Umweltveränderungen. Anpassungsfähigkeit heißt Überleben über mehrere Generationen unter Veränderung der Individuen. Man kann auch sagen: es handelt sich um verschiedene Überlebenstechniken. Eine Überlebenstechnik heißt: meine Nachkommen sind so wie ich, aber einfach strukturiert. Wir bleiben wie wir sind, behalten unsere Identität oder gehen unter. Die andere Technik: meine Nachkommen können ruhig anders, nämlich komplizierter strukturiert sein, um das Überleben zu sichern.

Nur: im ersten Fall bleibt die Identität gleich, im zweiten Fall wird die Identität aufgegeben.

Es entsteht das, was die Biologie neue Arten und Gattungen nennen. Bildung neuer Arten ist eine Anpassung an die Umwelt über mehrere Generationen.

Bei derartigen Individuengroßgruppen von unterschiedlich aussehenden Individuen (z.B. des Systems Mensch) ist der Einzelne in eine Masse eingebettet, er wird Teil einer Masse, hat Mitbürger, die der gleichen Gemeinschaft angehören. Auch hier existiert etwas, das Anlass für eine Identitätsbildung der Gruppe (Masse) ist. Dieser Kristallisationspunkt für Identitätsbildung ist einerseits die gemeinsame Sprache, die sich im Lauf der Zeit vereinheitlicht. Andererseits auch religiöse Vorstellungen (sofern es sich um menschliche Gemeinschaften handelt). Vor allem besteht die

Gemeinschaft nun aber aus männlichen und weiblichen Individuen, die natürlich auch anders bezeichnet werden könnten.

Geändert hat sich vor allem der Vermehrungsregelkreis. Der Einzeller teilt sich und teilt sich. Damit ist die Vermehrung der Individuen explosiv. Die Nachkommenschaft verdoppelt sich in jeder Generation. Die äußeren Grenzen der Wachstumsmöglichkeit werden schnell erreicht.

Die Grenzen werden von der Umwelt definiert. Die Wassermenge des Teichs, in dem der Einzeller lebt usw. setzt dem Wachstum eine natürliche Grenze.

Die zweigeschlechtliche Vermehrung ist eine Vermehrungsbremse in sich. Zwischen die Vermehrung ist eine Partnersuche geschaltet. Aus der Teilung des Einzellers ist ein komplizierter Vorgang geworden: Partnersuche, Vereinigung, dann erst Nachkommenschaft.

Natürlich kann das Überleben nicht dem Zufall überlassen werden. Warum sollten zwei Individuen auf die Idee kommen, sich geschlechtlich zu vereinigen? Um das Problem zu lösen, hat die Natur den Geschlechtstrieb eingebaut. Wie sie das gemacht, können die Biologen beantworten, falls sie im Moment dazu noch nicht in der Lage sein sollten, werden sie es später. Die Frage interessiert hier nicht.

Wichtig ist nur die Tatsache, dass die Vermehrung der Individuen bei der Zweigeschlechtlichkeit langsamer vor sich geht. Der Sexualtrieb ist als Regelkreis mit positiver Rückkopplung (der Erfolg wird durch Orgasmus belohnt und verstärkt das erwünschte Verhalten, die Kopulation), jedoch auch selbstverstärkend und damit explosiv. Er wurde bereits beschrieben und ist jedem bekannt.

Die Natur hat allerdings auch das Prinzip der doppelten Sicherung. Die Zweigeschlechtlichkeit ist nicht die einzige Bremse der ungezügelten Vermehrung der sich teilenden Wesen. Die zweite Bremse ist die Erfindung der Lebewesen, denen die Einzeller als Nahrung dienen.

Dieser Regelkreis wurde auch schon beschrieben. Erst fressen die zweigeschlechtlichen Mehrzeller die Einzeller. Wenn deren Zahl abnimmt, haben sie keine Nahrung mehr und nehmen auch ab. Dann nehmen die Einzeller wieder zu.

Der zwischengeschaltete Regelkreis Vermehrung durch sexuelle Vereinigung ist nun aber auch wieder ein Regelkreis mit positiver Rückkopplung. Die Lebewesen vermehren sich auch wieder exponentiell. Also müssen wieder neue Fresser her, usw. usw.. Tierfresser sind Tierreduzierer. Das Tierreduzieren durch Tierfresser ist auch nur eine Regelkreis von zweien.

Der andere ist der, dass Tiere auch atmen müssen und dafür den Sauerstoff brauchen. Deshalb reduzieren auch die Pflanzen, wenn sie insgesamt zu wenig werden, die Tierwelt im Ganzen. Das wurde schon beschrieben.

Das Leben auf dem System Erde hätte nun immer so weitergehen können, aber dann kam der Mensch. Der Mensch ist nun ein Tier, das nicht mehr von anderen Tieren gefressen wird, wie früher. Nachdem der Mensch sich Waffen zum Tierjagen und zum Schutz vor dem Gefressenwerden gebaut hatte, vermehrte er sich ungebremst. Also musste wieder eine Bremse eingebaut werden.

Aber wer sollte die Bremse einbauen, die die exponentielle Vermehrung gegenreguliert?

Zunächst einmal gibt es die natürlichen Wachstumsbremsen.

Die natürlichen Vermehrungsbremsen wie Reduzierung der Tierwelt, der Nahrungsvorräte der Natur usw. reichen alle nicht aus, um das Wachstum der Menschheit effektiv zu reduzieren. Auch die Naturkatastrophen hatten im Rückblick keinen dauerhaften Erfolg. Nun schuf die Natur Krankheiten, Bakterien und Viren, um das Wachstum des Menschen einzuschränken. Dagegen erfand der Mensch die Medizin.

Schließlich erfand der Mensch aber auch die Selbstreduzierung, nämlich den Krieg.

Die Schutzwaffen gegen das Gefressenwerden von Tieren nützen natürlich auch dieser Selbstreduzierung durch Krieg. Dazu später noch Einzelheiten. Der Krieg ist ein eigenes Thema, das noch eingehender behandelt wird. Der Krieg hat viele Funktionen.

Übrigens sind derartige kurze belletristischen Schilderungen von Entwicklung unter Verwendung des Wörtchens "schaffen" nicht wörtlich zu verstehen. Hinter diesem "schaffen" verbirgt sich in der Regel eine natürliche Entwicklung, die nicht von einem Schöpfer oder "Schaffer" gesteuert wird, sondern die das Ergebnis rückbezüglicher Regelkreise ist.

Das Thema jetzt ist der Sexualtrieb.

Auch hier hat der Mensch selbst eingegriffen, und zwar aktiv. Auch hier hat er mehrere Methoden gefunden.

Die erste Methode der Vermehrungsreduzierung war die Kunst. Richtig verstanden. Der Mensch "sublimierte"[22] es und nannte es Kunst.

Er schuf sich ein Abbild des Sexualpartners.

Er trennte die Befriedigung des Sexualtriebes von der Vermehrung. Ein Abbild des Sexualpartners genügte nun, um den Trieb zu befriedigen. Damit war die Vermehrungsrate reduziert.

Dies war jedoch nicht eine bewusste Entscheidung, sondern Nebenprodukt der Lösung einer Notsituation.

Eine sexuelle Notsituation des Steinzeitmenschen kann verschiedene Ursachen gehabt haben. Der Sexualpartner kann an einer Krankheit oder aus anderen Gründen gestorben sein, oder er hat keinen Sexualpartner gefunden. Es gibt und gab immer verschiedene Gründe, warum eine Mensch keinen Sexualpartner hat. Die Lösung des Problems ist, sich einen künstlichen Partner zu schaffen. Vielleicht aus Holz, aus Stein oder als Höhlenmalerei, eben je nach den technischen Möglichkeiten. Ich möchte also meinen, dass Kunst womöglich hier ihrer Ursprung hatte. Möglicherweise auch die Religion. Man stelle sich nur einmal eine ursprüngliche matriarchalische Gesellschaft vor, in der die kriegführenden Frauen aus dem Kampf zurückkehrten. In der Abwesenheit könnten sich die Männer derartige Ersatzobjekte gebastelt haben, um ihren Trieb auch ohne Partner zu befriedigen. Die zurückkehrende Gattin des

[22] ein Begriff, den Sigmund Freud geprägt hat

jeweiligen Schöpfers der künstlichen Ersatzfrau reagierte womöglich entsetzt. Daraufhin erklärten die Männer ihren Frauen, dass es sich um Abbilder der angebeteten Gattinnen handeln würde. Schon war ihnen verziehen. Möglicherweise sind so auch die ersten Göttinnen entstanden. Umgekehrt genauso. Die weiblichen Urmenschen könnten selbstgebastelte phallusähnliche Gegenstände zur sexuellen Befriedigung benutzt haben, die zu Göttern umfunktioniert wurden. Das wäre ein Abwehrmechanismus, um sexuelle Wünsche nicht zu offenbaren und Partnerkonflikte zu vermeiden. Dies ist nur eine ad hoc erfundene Geschichte zur Entstehung Gottes und der Religion. Nur so nebenbei. Jeder ist frei, seine eigene Geschichte zu erfinden.

Tatsächlich war die Befriedigung des Sexualtriebes auch ohne Partner der stärkste Motor der Entwicklung von Kunst, von Malerei, von Photographie, Film-, Video- und Fernsehtechnik und des Internets.

Aber das nur nebenbei. Die Kunst und ihre Techniken hat auch das Problem gelöst, wie man sich mit möglichst vielen Partnern unterschiedlichsten Aussehens sexuell befriedigen kann. Der Mensch hat eingegriffen in die Natur. Ziel der genetischen Verhaltenssteuerung ist die Produktion eines Überschusses an Nachkommen, der Orgasmus ist ihr nur Mittel zum Zweck. Das System Mensch hat dieses Mittel zum Ziel umfunktioniert. Ziel ist nunmehr der möglichst häufige sexuelle Orgasmus, dazu benutzt es verschiedene Mittel und sublimiert sie zur Kunst und Religion. Das hat die Psychoanalyse bereits analysiert. Der Sinn und Zweck der Hand wird meist noch verschwiegen. Der verdrängte Vorteil des aufrechten Gangs und der Hand ist nicht die Möglichkeit des Arbeitens und der Umgang mit Werkzeug und Waffen, sondern die Möglichkeit der Selbstbefriedigung, die der Tyrannosaurus rex mit seinen kurzen Armen nicht hatte. Leider machen von dieser Methode der Wachstumsreduzierung der Menschheit noch nicht alle Menschen Gebrauch. Auch nicht von der nächsten Methode.

Der nächste Schritt des Menschen zur Reduzierung der Vermehrung war die Erfindung der Antikonzeptiva, der empfängnisverhütenden Medikamente, auch Antibabypille oder "Pille" genannt, die natürlichen Geschlechtsverkehr ohne Verwendung gefühlsbeeinträchtigender Präservative ermöglicht.

Leider reduzieren auch diese Methoden das Wachstums der Menschheit nur unzureichend. Die Menschheit wächst dennoch, so dass sie wohl weiterhin auf Kriege als Mittel der Wachstumsbegrenzung zurückgreifen muss.

Der Vermehrungsregelkreis Sexualität hat noch auf andere Weise die Kunst befruchtet, aber auch die Waffentechnik. Bevor der Mann ein weibliches Individuum befruchten kann, muss er zunächst um die Gunst der begehrten Frau werben, oder sie erobern. Dazu konstruierte er einerseits Waffen, um den Konkurrenten auszuschalten, andererseits Schmuck und andere schöne Geschenke, um die zukünftige Partnerin zu verführen. Die heutige Waffenindustrie, die Bekleidungsindustrie und Schmuckindustrie sind also typisch menschliche Ausgestaltungen des Vermehrungsregelkreises.

Oder besser gesagt: die Bekleidungsindustrie hat eine Quelle in der Ausgestaltung des Vermehrungsregelkreises durch den Menschen. Eine weitere Quelle ist das Schutzbedürfnis gegen Kälte, also eine Ausgestaltung eines Selbsterhaltungsregelkreises.

Die Philosophie lebender Systeme befindet sich in ihrer Geburtsphase, da kann ich immer nur Anregungen geben, nur die Denkansätze aufzeigen, auch einmal die Themen Selbstbefriedigung, Kunst, Krieg und Religion aus einer anderen Perspektive (nämlich der Perspektive: Aktivitäten zur Reduzierung der Menschenzahl auf unserem Planeten) betrachten, dabei nicht alles bis zum Ende denken. Da bleibt noch viel Arbeit. Nebenbei noch folgender Hinweis: die genannten "Aktivitäten" zur Reduzierung der Überbevölkerung der Menschen auf der Erde sind nicht von irgendjemand geplant. Sie sind sichtbares Verhalten lebender Systeme in Regelkreisen. Die auf dem Planeten Erde agierenden lebenden Systeme verhalten sich in Regelkreisen und die Reduzierung der Menschenzahl liegt im Interesse des Systems Erde. Eine tatsächliche Verringerung der Menschenzahl findet gegenwärtig nur auf der Ebene des Systems Staat statt, und dies nur in entwickelten Staatssystemen. Dies auch aufgrund bestimmter Regelkreise, die sich u.a. dann einstellen, wenn eine Ausdehnung der nationalen Grenzen nicht möglich ist. Auf internationaler Ebene, also "global", vermehrt sich die Menschheit aufgrund des Wachstumsgesetzes lebender Systeme weiter, was zur Verschärfung der Gegensätze führt.

Ich habe bereits ausgeführt, dass der Mensch sich dadurch auszeichnet, dass er Abweichungen der Istwerte vom Sollwert und selbst schon Abweichungen vom Mittelwert des Sollbereiches subjektiv als Gefühle bewusst wahrnimmt, dass er die Verhältnisse umdreht und (durch Werbung) Bedürfnisse herbeiführt, um das Befriedigungsgefühl zu erleben, womit er die zufälligen spontanen Veränderungen seiner Umwelt sozusagen unter seine Kontrolle bringt. Damit macht er sich unabhängig von seiner Umwelt und erweitert seine Grenze, wird zum System Mensch.

Gefühle, die bei Tieren als Indiz auf Änderungen der äußeren Umgebung, aber auch der eigenen Körperlichkeit, auftreten, kann er bewusst herbeiführen. Er ist nicht mehr seiner Biologie, irgendwelchen chemischen Prozessen, die im Körper ablaufen, passiv unterworfen, sondern steuert diese aktiv. Er hat gelernt, welche Veränderungen welche Gefühle erzeugen und führt nun diese Veränderungen aktiv herbei. Die auf diese Weise aktiv herbeigeführten Gefühle, also Gefühle, die bereits erwartet werden, sind das, was der Mensch als Genuss erlebt. Der Ursprung dieser Fähigkeit liegt sozusagen "auf der Hand". Es ist die Abkopplung der sexuellen Befriedigung von der genetisch programmierten Fortpflanzungsfunktion. Kurz und deutlich gesagt: die Selbstbefriedigung. Die Hand dient dem Menschen nicht nur zum Werkzeugbau und –einsatz, sondern sie befähigt den Menschen zur Selbstbefriedigung, zur Onanie. Diese ist das Vorbild aller anderen künstlichen Genüsse. Die damit verbundene – und zur Vermeidung von Überbevölkerung auch für die Menschheit erforderliche – Einschränkung der Vermehrung, ist vermutlich nur ein Nebenprodukt.

Damit hat auch eine Distanzierung von seinem Körper stattgefunden. Der Mensch benutzt seinen Körper, um Gefühle zu erzeugen. Gefühle, die der Mensch selbst herbeiführt, erhöhen auch die Intensität des Gefühls. Das eintretende Gefühl hat eine andere Qualität erhalten. Es geht zusätzlich zum eigentlichen Gefühlserleben eine Erwartung in Erfüllung. Die Natur wird steuerbar. Es kommt ein Erleben des Triumphes über die Fremdsteuerung durch die Natur, die Umwelt, hinzu. Der Mensch ist nicht mehr passiv den Kräften der Natur ausgesetzt. Er wird aktiv. Dieser "Genuss" ist eine eigene, vom Menschen künstlich geschaffene, Gefühlsqualität.

Ich möchte mich auch aus anderer Richtung diesem Phänomen nähern.

3.21. Die Pflichten des Systems Mensch

Ursprünglich befindet sich der Mensch wie jedes andere Wesen in einem Netz von Beziehungen, die sein Verhalten steuern. Er lebt in einer Natur, die ihr Verhalten ständig ändert, mal ist es dunkel, dann wieder hell, mal ist es kalt, mal warm usw.

Er ist in eine Gesellschaft hineingeboren, seine Mitmenschen wollen etwas von ihm, man verlangt von ihm Rücksichtnahme, Einordnung, regelmäßige Arbeit, keine Gesetzesübertretungen. Diese Außensteuerung des individuellen Verhaltens durch gesellschaftliche Gebote und Verbote wird durch Regelkreise gesteuert, die Wohlverhalten belohnen und Fehlverhalten bestrafen. Die Sollwerte dieser Regelkreise sind im Individuum im sogenannten "Über-Ich"[23] (Freud) verankert. Die Einhaltung dieser Sollwerte wird durch narzisstische Befriedigung in Form von Lob und Anerkennung belohnt, die Abweichung des Verhaltens von diesen Sollwerten wird durch Geld- oder Freiheitsstrafen sanktioniert. Oder durch ein schlechtes Gewissen und Selbstbestrafung. Darüber habe ich bereits alles gesagt (Zimmerman[24]).

Es wirken also Kräfte aus der Natur auf ihn ein, die ursprünglich sehr stark waren, inzwischen sind diese weniger beherrschend, dafür sind die Forderungen seiner Mitmenschen mächtiger gewor-

---

[23] Das Ich und das Es (1923)

[24] Zimmerman: Philosophie lebender Systeme. Verlag Philosophie des dritten Jahrtausends. Berlin. 2000

den. Diese äußeren Kräfte hat das Individuum als Über-Ich in seine Psyche integriert, er weiß, was von ihm verlangt wird. Daneben registriert er Triebkräfte, insbesondere die Kräfte, die von seinem Sexualtrieb ausgehen, und er ist Zwängen unterworfen, wie der Aufrechterhaltung seines Stoffwechsels (Atmung, Trinken, Essen). Diese Kräfte wirken aus seiner körperlichen Existenz, sie sind die Kräfte, die Freud als ES bezeichnet. Zum Glück ist der Mensch hinsichtlich seiner Atmung entlastet, da diese selbsttätig erfolgt. Um das Trinken und Essen muss er sich kümmern. Der Mensch ist also zunächst ein lebendes System, das innerhalb dieses Beziehungsfeldes oder der Kräfte, die auf ihn einwirken, reagiert. Noch anders:

Menschliche Regelkreise haben zwei variable Bedingungen: die erste Bedingung ist eine Veränderung der Umwelt, die zweite ein Bedürfnis, das befriedigt werden soll. Die Umweltveränderung ist beispielsweise ein einsetzender Regen, dann registriert der Mensch den Regen. Wenn er lieber im Trockenen sein will, geht er in sein Haus. Er könnte aber auch das Bedürfnis nach Trockenheit ändern und draußen bleiben. Faktisch steht der Mensch in einem Bedingungsgefüge. Vielleicht hat er als Bauarbeiter seine Arbeit zu verrichten. Dann muss er den Trockenheitswunsch beherrschen und weiterarbeiten. Zu dem Wunsch kommt also eine Verpflichtung. Auch diese basiert wieder auf einem Wunsch. Er benötigt Geld. Letztlich ist sein zu erwartender Hunger oder sein Drang nach einem Geschlechtspartner maßgeblich dafür, dass er im Regen weiterarbeitet.

Die Kräfte, die den Menschen in Bewegung setzen, kann man stets innen suchen, in seinen Bedürfnissen oder Wünschen. Der Widerstreit der Wünsche ist damit der Motor des Systems Mensch. Die Frage, welcher Wunsch stärker ist, bestimmt dann sein Verhalten. Ist sein Hunger nicht so schlimm, oder sein Verpflichtungsgefühl, wenn er beispielsweise eine Familie hat, vielleicht mag er Regen usw. usw.: entsprechend wird er handeln.

Sein Handeln ist dann das Ergebnis einer Rechenaufgabe. Das Umfeld gibt Zahlen vor, die Temperatur, den Regen, aber auch die Arbeitsstelle, den Chef, die Ehefrau, die auch etwas will. Hinzu kommen die Wünsche des Individuum und deren Bewertungen. In diesem Kräftefeld gibt es auch immer anziehende und abstoßende Kräfte, also Unangenehmes, das vermieden werden muss oder Angenehmes, das erlebt werden will. Das Ergebnis ist eine Handlung, die grundsätzlich vorausberechenbar ist. Wer die Wünsche und Wertungen des Individuums kennt, kann seine Handlungen berechnen. Die Werbung greift hier ein und erzeugt Bedürfnisse oder beeinflusst Bewertungen. Ziel der Werbung ist ja, das Verhalten des Umworbenen zu steuern.

Das Individuum Mensch ist also ein lebendes System, dessen Verhalten gesteuert ist. Es ist programmiert von Wünschen, Bedürfnissen, aber auch von äußeren Bedingungen, Wertungen, Gesetzen und Ereignissen.

Offensichtlich verfügt der Mensch auch für diese Situation über ein Sensorium. Er spürt diese Situation als Unfreiheit. Nicht nur das: er rebelliert gegen derartige Fremdbestimmtheit, er will sich von Fremdbestimmung befreien, will Freiheit und Selbstbestimmung.

Zum Menschen gehören also Bewusstsein und Selbstbestimmungswunsch, Freiheitswunsch. Die eben erwähnte Umwandlung von passivem Befriedigungserleben zu aktivem Genusserleben ist nur eine Variante dieser Umkehr der Verhältnisse von Fremdbestimmtheit zur Selbstbestimmung.

3.22. Das Hinterherhinken der Beobachtung

Ich möchte es noch einmal an der Zeit festmachen.

Unsere hochgeschätzten Logiker und Mathematiker eliminieren nämlich die Zeit. Daher kommen auch ihre Paradoxien, die sie nicht beseitigen können.

"Ich bin ein Lügner" ist lediglich im Moment des Aussprechens ein Paradoxon. Niemand kann die Zukunft exakt und mit Sicherheit vorausberechnen, so dass der Sprecher bereits nach Beendigung dieses Satzes ein anderer ist und seine eben geäußerter Aussage der Vergangenheit angehört.

Die "Identität" ist lediglich eine Idee, die noch hinzuzuzählen ist zum Freiheitswunsch und zum Bewusstsein. Tatsächlich körperlich ist das Individuum nämlich nicht identisch. Es tauscht ja ständig seine körperlichen Bestandteile, seine Atome und Moleküle aus, das ist ja gerade der Stoffwechsel im wahrsten Sinn des Wortes. Der Mathematiker, der behauptet, 1*1=1, hat unrecht. Die Eins ist im nächsten Moment eine andere eins. Lediglich die Zahl bleibt gleich, nicht aber die Realität. Noch "schlimmer" wird es noch, wenn wir den Ort hinzurechnen. Der eine Baum ist im nächsten Moment schon ein anderer Baum, erstens weil er inzwischen bereits wieder ein Sauerstoffmolekül abgegeben und ein neues Zuckermolekül hergestellt hat, zweitens, weil er an einem anderen Platz steht, denn er hat sich mit der Erde mitbewegt.

Die Identität gehört nicht in die materielle Welt, in die der Körper, auch das Gehirn und dessen Aktivität (die Denkvorgänge) gehören.

Das Leben ist im Wasser entstanden. Die Landtiere haben sich einen Teil ihrer Umwelt, nämlich das Wasser, in ihren Körper einverleibt und tragen es als Blut mit sich herum. Ein großer Teil ihrer Sensoren registriert nicht mehr die Veränderungen in der Außenwelt, im Wasser, sondern die Veränderung in ihrem Blut, in der in den Körper hereingeholten Außenwelt. Der Fühler registriert im Blut, dass zu wenig Zucker vorhanden ist und meldet dem Gehirn Hunger. Das Prinzip besteht also darin, sich die Außenwelt anzueignen. Wir haben uns daran gewöhnt und betrachten unser Blut als zu uns, zu unserem Körper gehörig. Dieses Prinzip setze ich lediglich fort, wenn ich behaupte, das materielle Eigentum und das Geld gehören zum Menschen wie sein Blut.

Wissenschaftler verschiedener Fachrichtungen befassen sich unter hohem Einsatz mit der Funktionsweise lebender Systeme und haben in unterschiedlicher Terminologie die Wechselwirkungen lebender Systeme mit ihrer Umwelt als Rekursivität beschrieben. Oder die Eigenschaft dieser Systeme, sich zu reproduzieren als Autopoesie bezeichnet. Alle diese Begriffsbildungen scheinen mir jedoch nicht das zu erfassen, was typisch menschlich ist. Das, was die Wissenschaft beschreibt, beschreibt sie als Beobachter. Sie beobachtet dabei stets etwas anderes, etwas fremdes, und nicht sich selbst. Auch diese prinzipielle Unmöglichkeit der Selbstbeschreibung hat sie als solche erkannt und beschrieben und als Paradoxie erkannt.

Die Nicht-Wissenschaft Philosophie kann natürlich die Logik, die sie ja selbst ebenfalls vertritt, ja sogar "erfunden" hat, nicht überwinden oder außer Kraft setzen.

Ich möchte aber die unbegründbaren Phänomene, wie Bewusstsein, Identität oder Freiheitswunsch als Indizien eines Andersseins des Systems Mensch gegenüber sonstigen lebenden Systemen bezeichnen. Auch die Fähigkeit der Umdefinition des eigenen Systems oder der Möglichkeit, die eigenen Grenzen zu verändern, die Selbstveränderung, gehört dazu. Und von dieser Fähigkeit mache ich Gebrauch, indem ich den Menschen zum System Mensch umdefiniere.

Indem ich mich als Mensch umdefiniere, habe ich auch das Nicht-Ich, meine Umwelt, umdefiniert. Dies scheint mir eine Art der Bewegung zu sein, die mich als Mensch von anderen lebenden Systemen unterscheidet. Indem ich mich selbst als System definiere, definiere ich mich nicht nur als Mensch neu, sondern auch meine Umwelt und meine Beziehungen zur Umwelt, zum Nicht-Ich.

Das Nicht-Ich kann ich zwar als Beobachter beschreiben und ich kann mir künstliche Beobachtungsinstrumente machen, die meine Beobachtung vervollkommnen, aber ich kann es nie vollständig beobachten. Deshalb muss meine Beschreibung, so gut sie auch immer sei, unvollständig bleiben. Mängel der Beobachtung kann ich durch noch so gute Beschreibung des Beobachteten nicht beseitigen.

Hierbei wird der Beobachter und auch das Beobachtete als statisch gedacht. Der Beobachter steht sozusagen vor einen fertigen Bild, schaut es an und beschreibt es. In der Realität ist es jedoch anders. Das Beobachtete, das Nicht-Ich, ist keine statisches Gebilde. Schon in dem Moment, in dem ich eine Beschreibung beginne, hat sich das Beobachtete verändert. Das, was ich beschreiben kann, ist stets etwas Vergangenes. Die Gegenwart ist ihrer Beschreibung immer voraus. Dies ist kein Paradoxon, sondern eine Wahrheit, mit der sich auch die Wissenschaften von lebenden Systemen einmal befassen sollten.

Wenn ich also nun das System Mensch, seine Umwelt und seine Beziehung zu diesem Nicht-Ich beschreibe, beschreibe ich etwas Vergangenes. Daraus entsteht jedoch eine Bewegung. Wenn es geht, sollte der Leser einmal versuchen, diesen Unterschied zu spüren, diese Differenz zwischen seiner Ich- und Weltbeschreibung und der meinigen.

Auch die folgende Beschreibung verschiedener Momente oder typischer Situationen des Systems Mensch erhebt keinen Anspruch auf Vollständigkeit, sondern ist als Anregung für den Leser gedacht, sich selbst in dieser Weise zu beschreiben, oder die Differenz zwischen seiner und dieser Beschreibung des Menschen fortzusetzen und wiederum eine neue zu finden. Dann hätte er gehandelt und damit das getan, was die Philosophie lebender Systeme in den Mittelpunkt stellt, das Handeln.

Bevor ich beispielhaft einige derartige Standardsituationen beschreibe, noch eine Beschreibung eines Regelkreises aus der Sicht der Realität, der Sicht der Philosophie lebender Systeme.

Das lebende System registriert über einen Sensor eine Veränderung der Umwelt oder der hereingeholten Umwelt (des Blutes) und meldet diese über einen Nerv dem zentralen Verarbeitungsorgan. Ja es meldet sogar Millionen derartiger Veränderungen gleichzeitig, die im Gehirn verarbeitet werden. Dann bestimmt das Gehirn eine Aktion, die den Sollwert wieder herstellen soll, der Effektor führt diese Aktion aus. Bis der Effektor diese Aktion ausführt, ist ein gewisser Zeitraum vergangen. In dieser Zeit hat sich die Umwelt bereits wieder verändert, der Istwert ist schon wieder ein anderer, und eine weitere Rückkopplung muss erfolgen. Die Aktion hinkt der Veränderung der Umwelt also immer hinterher. Es erfolgt also nie eine Anpassung an den Jetztzustand, sondern immer eine "Anpassung" an die Vergangenheit.

Auch deshalb ist es sinnvoll, keine Anpassung an einen Sollwert herzustellen, sondern eine Ungenauigkeit einzubauen, einen Sollwertbereich, der einigermaßen effizient zu erreichen ist.

Deshalb das "Prinzip Ungenauigkeit".

Es ist hier ähnlich wie mit der Bestimmung des Ortes eines Elementarteilchens und der Messung seines Impulses: könnte ich die Zeit anhalten, dann könnte das Elementarteilchen seinen Aufenthaltsort nicht mehr ändern und sein Impuls könnte in Ruhe gemessen werden. Tatsächlich geht das nicht, so dass beides nicht gleichzeitig messbar ist und eine gewisse Unschärfe bleibt. Das ist das Prinzip der Ungenauigkeit in der Physik, die Heisenbergsche Unschärferelation[25].

---

[25] Werner Heisenberg: Schritte über Grenzen (1971), ISBN 3-492 10336-7.

Kapitel 4
Das Leben des Systems Mensch

4.1. Der Zeitverbrauch

Der Lebenslauf des Menschen weist einen wesentlichen Unterschied zu einem 100m Lauf eines Leichtathleten auf. Bei einem Wettrennen gibt es Start und Ziel, wie beim Leben die Geburt und den Tod. Beim Wettlauf geht es darum, möglichst schnell ins Ziel zu kommen, das ist beim Lebenslauf anders. Der wesentliche Unterschied besteht jedoch darin, dass der 100m Lauf sein Ziel am Ende hat, während das Ziel des Lebens nicht am Ende liegt, sondern irgendwo in der Mitte, zwischen Geburt und Tod. Die Gene verfolgen das Ziel der Vermehrung, womit das Leben des Individuums sich mit der Aufzucht der Kinder spätestens erledigt hat. Das System Mensch wächst jedoch weiter. Dies betrifft natürlich nicht sein körperliches Längenwachstum. Das Breitenwachstum schreitet im allgemeinen weiter voran, so dass die Übergewichtigkeit zu einem Problem des modernen Menschen wird. Aber das nur nebenbei. Das hier gemeinte weitere Wachstum betrifft einerseits das Bankkonto, andererseits das geistige Wachstum. Auch diese beiden Größenzunahmen gehen im Normalfall nicht linear weiter. In Abhängigkeit von der Zahl der Kinder reduziert sich das Geldvermögen des Individuums durch deren Ansprüche drastisch. Durch die natürliche Abnahme der Hirnzellen schwinden die geistigen Kapazitäten. Das Leben ist also mehr mit einer Bergbesteigung und dem anschließenden Abstieg vergleichbar und hat irgendwo zwischen Auf- und Abstieg einen Höhepunkt, der dem Individuum zum Glück verborgen bleibt. So kann es sich stets suggerieren, dass es sich gerade auf seinem Höhepunkt befindet. So ähnelt das Leben des Individuums dem Leben überhaupt, das sich als Berggipfel zwischen den Tälern der

Nichtlebenden Systeme befindet (s. Kapitel 2) und so ist auch dieses Buch aufgebaut: der Hauptteil, der Höhepunkt, befindet sich in der Mitte, im Kapitel 4.

Zum Begriff "Zeit" aber noch eine Bemerkung.

Der Tageberg der Welt sieht ganz anders aus als unser privater Tageberg.

Angenommen, wir denken uns einen Tag als kleine Kugel, eine Murmel.

Die Welt wird dann allgemein gedacht, als hätte sie mit dem ersten Tag begonnen. Es kommt dann die nächste Tagesmurmel hinzu usw.

Es entsteht also ein Berg von Tagen, der immer größer wird. Er wird größer und größer und immer größer.

So ähnlich wird auch der private Tageberg gedacht, nur dass der irgendwann aufhört mit seinem Wachstum.

Warum haben wir nicht die umgekehrte Vorstellung? Die wäre nämlich realistischer.

Am Anfang des Lebens haben wir einen Murmelberg von Tagen und jeden Tag wird eine Murmel verbraucht. Wenn die letzte verbraucht ist, sterben wir. Eigentlich wäre diese Vorstellung angemessener. Das Dumme ist nur, dass wir nicht genau wissen, wie viele Murmeln noch da sind.

Wir sehen, was wir vollbracht haben. Mit Hilfe der Zeit und einigem Material haben wir ein Haus gebaut oder ein Auto usw..

Wir haben also nicht nur Material umgeformt, sondern auch Zeit. Aus Zeit und Steinen haben wir ein Haus gebaut.

Hätten wir das Geld nicht verbaut, sondern gespart, hätten wir einen Geldberg. Eigentlich bauen wir im Leben den Zeitberg ab und bauen daraus einen Geldberg.

Geld ist also die greifbare verbrauchte Zeit.

Zeit ist nicht Geld, sondern Geld ist Zeit.

Ich habe eine Zeit lang gearbeitet und dafür Geld bekommen.

Ein anderer hat die gleiche Zeit lang gearbeitet und hat dafür mehr Geld bekommen.

Er hat seine Zeit teurer verkauft.

Zeit hat also keinen festen Preis.

Wenn ich eine Ausbildung mache, verkaufe ich Zeit zunächst sehr billig und kann die Restzeit dann teurer verkaufen.

Der Steinzeitmensch hat seine Zeit sehr billig abgegeben, inzwischen ist die Zeit wertvoller geworden.

Zeit wird mit der Zeit teurer.

Je größer der Zeitberg wird, den das Weltall ansammelt, desto wertvoller wird die Zeit.

Da die Zeit immer teurer wird, ist es kein Wunder, dass die Preise steigen.

In der Ware steckt Arbeitskraft, aber auch Denkkraft, was Marx unterschlagen hat. Aber es wurde auch Zeit investiert.

Beim Verkauf der Ware bezahlt der Käufer also auch die Zeit.

Kaufe ich ein Auto, dann kaufe ich auch die Zeiten, die die Erfinder, die Konstrukteure und die Arbeiter benötigt haben, um das Auto herzustellen.

Ich erwerbe Zeit, fremde Zeit.

Leider geht das Auto irgendwann kaputt. Dann ist die Zeit futsch. Aber erst dann.

Waren halten die Zeit also nur vorübergehend fest.

Natürliche Dinge halten die Zeit länger fest, wie der Stein.

Enorm, wie viel Zeit in einem Stein steckt.

Und der ist auch noch ganz umsonst.

Es ist jedoch nicht leicht, die Zeit aus dem Stein herauszuholen.

Seine Verarbeitung zu einem nützlichen künstlichen Gegenstand ist also ein Art des Herausholens von Zeit aus dem Stein.

Die Tätigkeit des Menschen besteht also nicht nur darin, Materie umzuformen, sondern auch darin, Zeit aus der Materie herauszuholen.

Aber das nur nebenbei. Nun zum Lebenslauf des Menschen, der mit seiner Geburt beginnt.

4.2. Die körperliche Geburt des Systems Mensch und die Säuglingszeit

Ich habe eine andere Schnittführung zwischen dem Menschen und der Welt, zwischen den ICH und dem NICHT-ICH vorgeschlagen, die womöglich willkürlich erscheint. Im folgenden Kapitel möchte ich die Herkunft dieser Schnittführung darlegen. Ich habe diese Schnittführung nämlich nicht erfunden oder mir aus den Fingern gesogen, sondern ich habe sie dem Menschen abgekuckt. Es ist nämlich die Schnittführung, die jedes gesunde Individuum natürlicherweise vornimmt, wenn man es mit Hilfe des Regelkreisdenkens beobachtet. Keine Beobachtung ist objektiv, auch diese Beobachtung nicht. So kann ich auch keinen Anspruch auf Objektivität oder Wahrheit erheben. Der Wahrheitscharakter meiner Darstellung unterscheidet sich allerdings letzten Endes in Nichts von dem einer sogenannten wissenschaftlichen Disziplin, denn auch diese gründet ihre Erkenntnisse auf die Beobachtung eines Teil der Welt mittels irgendeiner die Natur einschränkenden Methode. Der Unterschied besteht nur darin, dass es sich verbietet, mit dem Menschen Experimente zur Verifizierung oder Falsifizierung der Hypothesen zu veranstalten, wie es die Naturwissenschaftler mit den nichtlebenden Systemen machen, die sie zum Zweck ihrer Forschung zerstören.

Da das Neugeborene nicht einmal seine Extremitäten zielgerichtet bewegen kann, nicht laufen, nicht einmal Krabbeln kann, ist es darauf angewiesen, körperexterne Effektoren zu haben, die es bedienen. Es benötigt zur Fortbewegung die Beine seiner Eltern. Mit seinen Armen kann es lediglich zappeln. Selbst zur Aufnahme fester Nahrung ist es nicht in der Lage, so dass ihm die Milch in den Mund geführt werden, später als Brei zubereitet werden muss. Der Säugling kann seine Nahrung lediglich schlucken (und verdauen). Der Mensch wird als Krüppel geboren. Er kann nicht gezielt handeln. Seine Hand ist ihm fremder als seine Mutter. Die

Steuerung seiner Eltern ist zunächst leichter als die Steuerung seiner Arme.

Der erste Mensch seiner Umgebung, der Zubereiter seiner Nahrung, seine Mutter (als Metapher gemeint) ist Effektor des hilflosen Säuglings. In den Beziehungen zu seinen Eltern und zu anderen Personen ist der Säugling in der Rolle des Befehlsgebers, des Chefs, der zentralen Steuerungsstelle des Regelkreises. Und dies, obwohl dieser Säugling noch weit entfernt davon ist, seine Bedürfnisse verbalisieren zu können.

Er kann nicht sprechen.

Intrauterin musste er gar nichts tun. Über die Nabelschnur gab ihm seine Mutter alles für sein Überleben. Seine Sollwerte wurden reguliert, ohne dass er selbst etwas dafür tat, die Mutter war sein Effektor.

Nach der Geburt muss er nur zwei Dinge können: schreien und saugen. Mit Hilfe des Schreiens dirigiert er die Personen seiner Umgebung so lange, bis er etwas in den Mund bekommt, was seinen Saugreflex auslöst. Er degradiert seine Eltern zu seinen Sklaven, sie sind seine natürlichen Effektoren.

Es gibt Eltern, Mütter aber auch Väter, die mit dieser Rolle des Effektors nicht klar kommen. Bei Müttern wird dies als Wochenbettdepression, je nachdem auch als Wochenbettpsychose, bezeichnet. Die Übernahme dieser natürlichen Sklavenrolle fällt natürlich gerade solchen Elternindividuen schwer, die im Leben selbst eine Chefrolle, wie die Mutter häufig im Haushalt, haben, eine Leitungsfunktion, oder die andere Eigeninteressen haben, die unter dieser Sklavenrolle leiden.

Die Herrscherrolle des Säuglings ist ebenfalls nicht frei gewählt, sondern schicksalhaft gegeben.

Die körpereigenen natürlichen Effektoren des Säuglings, seine Muskeln, hier insbesondere die Muskeln seiner Extremitäten, funktionieren noch nicht. Deshalb ist er nach seiner Geburt auf körperexterne Effektoren angewiesen. Ich möchte es noch härter ausdrücken:

Seine Mutter ist ihm näher als sein Arm.

Seinen Vater und seine Mutter und andere lebenden Effektoren seiner Umgebung, beherrscht der Säugling besser als die Motorik seiner Extremitäten.

Bereits bei der Geburt ist klar: der Mensch ist als Individuum nicht lebensfähig. Nach der Geburt gehören noch nicht einmal seine Extremitäten zu ihm, sie sind noch nicht seine. Er muss sie erst noch zu den seinen machen. Seine Eltern in ihrer Effektorenrolle sind sein erstes körperexternes Eigentum. Bereits seit seiner Geburt besteht der Mensch aus mehr als aus seinem Körper. Schon nach seiner Geburt kann man ihn daher auch als "System Mensch" beschreiben.

Ich habe hier die Funktion des Säuglings mit einer Chefrolle beschrieben. Es handelt sich hier ja genau um die Rolle, die im Regelkreis des Systems Mensch irgendwo im Zentralnervensystem angesiedelt wird. Aber auch bei Einzellern muss diese Funktion irgendwo angesiedelt sein, wahrscheinlich übernimmt sie hier ein Gen. Und wahrscheinlich ist es auch bei höheren Tieren und beim Menschen so, dass sich diese Cheffunktion auf eine genetische Struktur zurückverfolgen lässt. Diese Lokalisierung spielt jedoch für die Regelkreisbetrachtungsweise keine Rolle. Hier ist lediglich diese Funktion entscheidend, die sozusagen das Gegenteil des Effektors ist. Man kann diese Funktion mit "Urteilsbildung" charakterisieren oder so beschreiben, dass diese Institution Entscheidungen trifft. Die Psychoanalyse spricht von dem Ich, einer psychischen Instanz, die zwischen dem Es (den Triebwünschen) und den Ansprüchen der Außenwelt vermittelt. Aber beim Neugeborenen gibt es gar nichts zu vermitteln, weil diesem zunächst Ansprüche der Außenwelt noch völlig unbekannt sind. Hier gibt es nur das, was man auch mit "bestimmen" bezeichnen könnte. Einer muss bestimmen, was gemacht wird. Der Befehlsgeber ist der oder das, was den Effektoren vorgibt, was sie im Ergebnis zu tun haben. Was im Einzelnen unternommen werden muss, wird hierbei gar nicht formuliert. Formuliert wird nur das Defizit, das auszugleichen ist, das Bedürfnis, das zu befriedigen ist. Wie der Effektor diesen Effekt erreicht, wird ihm überlassen. Wo die Mutter die Milch hernimmt, ob sie diese selbst in ihren Brustdrüsen produziert, oder ob sie diese im Einkaufsladen käuflich erwirbt, ist dem Bestimmer egal. Er will seine Milch und bekommt sie auch vom Effektor. Diese Beziehung von Bestimmer (Säugling) und Effektor (Mutter) ist die erste Beziehung im Leben des Systems Mensch. Es ist eine Beziehung von Herrscher und Diener, von Dominator und Effektor. Und in dieser Beziehung hat der Säugling die Rolle des Herrschers, des Dominators[26]. Dies ist eine schicksalhafte Notwendigkeit, eine Gesetzmäßigkeit. Deshalb bleibt diese Rolle auch im späteren Leben seine wichtigste und liebste. Und deshalb hängt sein psychisches Wohlbefinden im Erwachsenenleben auch sehr davon ab, wie seine Eltern auf seine Bestimmerrolle als Neugeborenes und Säugling reagiert haben und ob und wie er diese Funktion im Erwachsenenalter übernehmen kann.

Ich kann hier natürlich immer nur das durchschnittliche Verhältnis zugrunde legen, die sogenannte "Normalsituation". Übernehmen die Eltern nicht ihre natürliche Effektorrolle und vernachlässigen ihren Säugling, so wird er ein schwaches Selbstwertgefühl entwickeln und zu seelischen Erkrankungen neigen, die mit depressiver Symptomatik einhergehen. Dies nur als Beispiel dafür, das die Philosophie lebender Systeme besonders der Psychologie Anregungen geben kann.

4.3. Der narzisstische Regelkreis

Das Neugeborene ist in einer schwierigen Situation, weil es seinen Eltern nicht sagen kann, was es will. Es muss das Problem lösen, seine Eltern ohne Beherrschung deren Sprache zu dirigieren. Es hat ja nicht nur Durst und Hunger oder unangenehme Gefühle im Analbereich, die durch das Wechseln einer Windel beseitigt werden müssen, es will mit der Zeit auch etwas sehen und herumkommen. Es will also umhergetragen werden. Es will Körperkontakt, Wärme, Zärtlichkeit. Bisweilen hat es auch immer wieder ein Ruhebedürfnis und will in den Schlaf geschaukelt werden. Wie teilt es also seine Bedürfnisse mit? Dies kann es auf eine sehr einfache und

---

[26] Watzlawick, Menschliche Kommunikation. Dominanz-Subdominanz

effektive Weise. Der Säugling kann zwar nicht seine Bedürfnisse verbal mitteilen, aber er kann seinem Effektor dennoch sehr effektiv mitteilen, ob er ihn richtig verstanden hat! Mehr ist gar nicht nötig. Er beherrscht bereits seine Gesichtsmotorik - zumindest so weit, dass er lächeln kann. Er kann nach relativ kurzer Lebenszeit Blickkontakt herstellen und Lächeln erwidern. Andererseits sind die Eltern äußerst empfänglich für dieses Lächeln und freuen sich über jeden noch so geringen Fortschritt ihres Kindes. Besonders die Mutter, aber auch der Vater, betrachten ihr Kind gewissermaßen als Teil ihres Körpers. Es bereitet ihnen narzisstische Befriedigung, ihr Kind zu betrachten, Kontakt mit ihm aufzunehmen und Entwicklungsfortschritte bei ihm zu registrieren. Vermutlich liegt hier überhaupt die Quelle des narzisstischen Befriedigungserlebens. Die Bedeutung der narzisstischen Befriedigung hatte ich bereits in meinem ersten Buch "Philosophie lebender Systeme" erläutert und betont.

Der Säugling dirigiert seine Eltern praktisch über einen Regelkreis narzisstischer Befriedigung. So tut es im übrigen auch die Gesellschaft mit dem Individuum. Davon später.

Konkret: tut die Mutter etwas "falsches", also nicht das, was der Säugling will, schreit er weiter, reagiert die Mutter jedoch wie gewünscht, wird sie mit Ruhe und mit Lächeln belohnt.

Diese Belohnung verschafft ihr narzisstische Befriedigung. Auf die gleiche Art wird auch der Vater belohnt. Dieser Regelkreis funktioniert jedoch auch in der anderen Richtung: Entwicklungsfortschritte des Nachwuchses werden mit jubelnden Blicken, mit Freude und Hurra seitens der Eltern belohnt. Diese Belohnung registriert der Säugling. Die Freude seiner Eltern verschafft ihm ebenso eine narzisstische Befriedigung. Diese Verstärkung des gewünschten Verhaltens durch narzisstische Belohnung gibt dem Kind seine Entwicklungsrichtung vor. Es findet also eine gegenseitige narzisstische Belohnung statt, wenn der Kommunikationspartner das tut, was erwünscht ist. Auf diese Weise lenkt der Säugling seine Eltern in die von ihm gewünschte Richtung und die Eltern ihrerseits ihren Säugling.

Es findet auf diese Weise eine Kommunikation statt. Natürlich eine nonverbale Kommunikation. Je mehr der Säugling seine Gesichtsmotorik zu beherrschen lernt, desto mehr Gefühlsäußerungen kann er zeigen: Enttäuschung, Ärger, Zorn, Freude, Genugtuung, Zufriedenheit usw. usw., sein Repertoire an nonverbalen Kommunikationsmöglichkeiten nimmt ständig zu, so dass die Kommunikation immer differenzierter werden kann. Das Verständnis auf einer nonverbalen Kommunikationsebene nimmt weiter zu und damit auch die Möglichkeiten, das Verhalten gegenseitig durch affektive Äußerungen zu steuern.

Selbstverständlich laufen alle diese affektiven Äußerungen nicht stumm ab, sondern sind von unterschiedlichen akustischen Signalen begleitet. Im Lauf der Zeit begreift das Kind, welche affektiven Äußerungen seiner Eltern zu welchen Lauten gehören, stellt einen Zusammenhang her und kann später akustische Lautäußerungen den gemeinten Gefühlszuständen seiner Eltern zuordnen. Auf diese Weise lernt es seine ersten Worte.

Da die Mutter häufig vom Papa spricht und der Papa von der Mama, sind dies in der Regel seine ersten Worte. Sie werden am häufigsten wahrgenommen. Das hat sich auch geändert. Inzwischen ist das Auto oder der Bildschirm des Fernsehapparates oder anderer Medien beeindruckender geworden, so dass die Mama mehr und mehr mit dem Auto zu konkurrieren hat.

Welches Wort auch immer das erste Wort sein mag, es wird von den Eltern gefeiert. Die narzisstische Freude der Eltern ist für das Kind der Ansporn, dieses Wort zu wiederholen. Der Spracherwerb erfolgt über einen sich verstärkenden Regelkreis, in dem Freude, das Lob der Eltern, die Belohnung darstellt, die das Kind zu immer weiterer Sprachbeherrschung anspornt.

Mit anderen Lernfortschritten ist es natürlich ebenso: die ersten Schritte des Kindes werden freudig begrüßt, so dass die Freude der Eltern das Kind zu weiteren Schritten bewegt.

Ich habe mich hier auf die Bedeutung der nonverbalen Kommunikation zwischen Kind und Eltern konzentriert, was aber nicht bedeuten soll, dass dies der einzige Mechanismus ist, der über einen sich verstärkenden Regelkreis zu weiteren Fortschritten in der gewünschten Richtung führt. Ich betone dies deshalb, weil es mir in der Regel zu kurz kommt. Es gibt selbstverständlich weitere "Verstärker". Die Freude am Laufen, an der Bewegung, die durch das Laufen gewonnene Unabhängigkeit, wirkt selbstverständlich ebenfalls verstärkend auf die Lauffähigkeit.

Bevor ich zum nächsten Gedanken komme, möchte ich noch einen Punkt betonen, damit er nicht in Vergessenheit gerät:

Die Natur hat den Menschen offensichtlich mit einem besonderen Befriedigungserleben ausgestattet, nämlich mit der narzisstischen Befriedigung. Der Mensch freut sich über das Lob und die Bestätigung von seinem Mitmenschen. Dieser narzisstische Regelkreis wird hier von beiden Seiten, nämlich vom nichtsprechenden Säugling und von seinen Eltern wechselseitig benutzt:
der Säugling lobt seine Eltern, wenn sie ihre Effektorenrolle ausfüllen, mit Lächeln.

Die Eltern loben ihren Säugling, wenn er seine Beine in ihrem Sinn benutzt oder bestimmte Laute von sch gibt, durch Freude.

Diese Lobreaktionen sind die positive Rückkopplung, die zur Verstärkung des gewünschten Verhaltens führt.

Nun komme ich nebenbei an einen anderen wichtigen Punkt:

Die Situation des Säuglings ist eine Notsituation. Er dirigiert seine Eltern durch Schreien und Lächeln nicht, weil ihm das Herrschen Freude bereitet, sondern weil er seine Eltern als seine Effektoren zum Überleben benötigt. Der Säugling ist ein Herrscher aus Not. Die andere Seite der Benutzung von körperexternen Effektoren ist nämlich die Seite der Abhängigkeit. Der Säugling ist davon abhängig, dass er Effektoren benutzt, die nicht zu seinem Körper gehören (körperexterne oder körperunabhängige Effektoren), weil ihm seine eigenen natürlichen Effektoren noch nicht gehorchen. Er beherrscht eben anfangs noch nicht die Muskulatur seiner Arme und Beine. Er ist abhängig von anderen Menschen, die für ihn die Effektorenrolle übernehmen. Offenbar kennt er auch das Gefühl der Abhängigkeit und das gegenteilige Gefühl, nämlich das Gefühl der Freiheit.

Abhängig sein bedeutet, sich anpassen zu müssen. Dies ist ein weiterer Gesichtspunkt, der zu dieser Situation des Säuglings gehört. Da er von seinen körperexternen Effektoren abhängig ist, kann er auch in die Situation kommen, dass diese eben nicht das tun, was er will. Das Dirigieren mittels Schreien und Lächeln funktioniert nicht immer. Die Eltern gehören eben doch nicht zu ihm, wie sein Arm oder seine Beine. Manchmal bleibt es nicht aus, dass sie anders wollen, dass sie keine Zeit haben, oder aus irgendwelchen Gründen nicht verfügbar sind. Daraus resultiert ein Ohnmachtsgefühl, eine narzisstischen Wut, oder auch eine Kränkung oder Enttäuschung in Situationen, in denen der Effektor einen Auftrag nicht ausführt.

Das Ohnmachtsgefühl gehört zu dem Erleben der Abhängigkeit.

Das Erlernen der Kontrolle über die eigene Muskulatur gibt also das Gefühl der Unabhängigkeit, der Freiheit. Und auch dieses Freiheitsgefühl wirkt verstärkend auf den Erwerb der Gehfähigkeit und auch der Sprachfähigkeit.

Das Größenwachstum des Säuglings läuft also – abgesehen von seinem körperlichen Größenwachstum – so ab, dass er notwendiger Weise zunächst körperexterne Effektoren verwendet, und sich erst später verkleinert, indem er mit der Reifung seiner körpereigenen Effektoren auf diese zurückgreift und sie den körperexternen Effektoren vorzieht. Mit der Reifung seiner Organe, also mit seinem körperlichen Größenwachstum, geht eine Verkleinerung des Systems Mensch einher. Das Individuum zieht sich, wenn es die Kontrolle über seine Motorik erlangt, auf seinen Körper zurück. Warum? Weil dies einen Vorteil mit sich bringt.

Um diesen zu erkennen und zu erläutern, gehe ich noch einmal einen Schritt zurück und betrachte die Situation aus der Sicht der Bedürfnisse des Säuglings.

Es ist ja nicht nur so, dass der Säugling hinsichtlich der Beherrschung seiner Motorik ein Krüppel ist, sondern er hat ja bereits Gefühle.

Die "normalen" Gefühle sind die subjektiv erlebten Abweichungen des Istwertes von einem Sollmittelwert innerhalb eines Sollbereiches. So möchte ich dies einmal etwas umständlich und genau formulieren. Wird die Sollbereichsgrenze überschritten, treten Extremgefühle auf, "unnormale" Gefühle, wie Panik, starke Angstgefühle usw.. Man könnte dies auch als ungenaue Definition bezeichnen. Ich will jedoch die natürliche Ungenauigkeit nicht durch eine künstliche Genauigkeit ersetzen, deshalb sind Definitionen von etwas Natürlichem selbstverständlich nie genauer als die Natur selbst, und diese ist aus bestimmten Gründen ungenau (siehe auch Kapitel 3).

Die Gefühle des Säuglings sind DurstHunger, Schmerz u.a. als Abweichungen des Istwerts in Richtung Sollwertgrenze sowie Sättigung, Zufriedenheit und Glücksgefühl bei Rückkehr des Istwerts in Richtung Sollmittelwert. Also: negative Gefühle bei Istwertabweichung vom Sollmittelwert und positive Gefühle bei Rückkehr des Istwertes zum Sollmittelwert.

Betrachtet man das Verhalten des Säuglings aus dieser Sicht, so wird das eben erwähnte "ICH" oder die Befehlsinstanz völlig überflüssig. Der Säugling benötigt so etwas gar nicht, da sein Verhalten von seinen Gefühlen gesteuert wird. Die Regelkreise sehen ganz einfach so aus: negatives Gefühl bewirkt Schreien und damit Aktivierung des körperexternen Effektors. Dieser führt Milch zu oder wechselt die Windeln. Damit werden positive Gefühle und Lächeln ausgelöst. Der Säugling lebt zufrieden weiter, sein Effektor ist entlassen.

Wenn man als Mensch diese positiven und negativen Gefühle nicht kennen würde, würde man auch diese weglassen können. Aber sie sind nun einmal jedem Menschen bekannt, und wegen dieser Gefühle meint er ja auch, Bewusstsein zu haben.

Nun hat die Natur dafür gesorgt, dass der Mensch die meisten Istwertabweichungen gar nicht erst bewusst empfindet. Dies wäre einfach zu viel. Beispielsweise empfindet er Istwertabweichungen seines Blutdrucks und die Rückkehr zum Sollbereichsmittelwert überhaupt nie, Abweichung seiner Sauerstoffkonzentration im Blut registriert er erst in Notsituationen, ansonsten funktioniert die Atmung automatisch, ohne jegliche Gefühlsempfindungen. Derartige Regelkreise werden in Hirnteilen erledigt bzw. kurzgeschlossen, deren Tätigkeit gar nicht erst über Nervenverbindungen zum Großhirn vermittelt wird. Für so etwas haben wir ein Mittelhirn, ein Zwischenhirn, ein Stammhirn und ein Rückenmark, auf dessen Tätigkeit wir uns in der Regel verlassen können. "Bewusstsein" verlangen derartige Tätigkeiten zum Glück nicht.

Der "Chef" in uns, unser "Regulator", der die körperexternen Effektoren und später die körpereigenen Effektoren steuert, ist also erst einmal total überflüssig.

Nun habe ich schon beschrieben, dass die körpereigenen Effektoren langsam reifen und die Eltern ihrerseits ihre Effektorenrolle auch nicht ständig spielen wollen. Die Notwendigkeit des Rückgriffs auf körperexterne Effektoren schwindet und die Möglichkeiten eigener Aktionen vergrößert sich. Damit treten weitere Gefühle auf: Unbotmäßigkeiten der externen Effektoren lösen Enttäuschungsgefühle oder Wutgefühle aus, also negative Gefühle. Aktionen der körpereigenen Effektoren, das Laufen usw., sind einerseits mit positiven Gefühlen verbunden und werden von den Eltern freudig begrüßt. Diese positiven Gefühle habe ich bereits als narzisstische Glücksgefühle charakterisiert. Hinzu kommt - auch das habe ich bereits erwähnt - das unangenehme Gefühl der Abhängigkeit von körperunabhängigen Effektoren und das angenehme Freiheitsgefühl bei Benutzung der eigenen Effektoren. Dies gibt wohl den Ausschlag dafür, dass sich der Säugling wieder verkleinert. Mit Hilfe seiner körpereigenen Effektoren kann er agieren, wann er will. Es geht also nicht nur darum, dass ein Bedürfnis befriedigt wird, dass also Befriedigung erlebt wird, sondern um die Steuerung des Zeitpunktes, wann die Befriedigung erlebt wird. Damit kann auch das Ausmaß der Istwertabweichung vom Sollmittelwert, also der Grad der Missempfindung und der anschließenden Lustempfindung gesteuert werden. Dieser Gewinn an Steuerungsmöglichkeit ist ein Freiheitszugewinn. Und dieser Freiheitszugewinn wird höher bewertet als die Kontrolle über körperfremde Effektoren oder die Ausdehnung des ICH, also die Größe des Systems Mensch.

Es gibt also offensichtlich mehr als nur Wachstum. Ständiges Wachstum ist ein explosiver Prozess, den das System Mensch nicht durchführt. Das Wachstum nach außen wird gebremst mit Hilfe eines anderen Befriedigungsgefühls, nämlich durch das Freiheitsgefühl. Lieber kleiner, unabhängiger und freier, als groß und abhängig.

Dies aber nur nebenbei. Auch diese Entwicklung im Sinne eines Rückzugs auf den eigenen Körper kann man als Resultat einer Rechnung auffassen. Die Summe der positiven Gefühle ist größer als die Summe der negativen Gefühle, deshalb diese "Entscheidung", die so gesehen keiner übergeordneten Entscheidungsinstanz bedarf. Im übrigen habe ich hier nur die subjektive Seite, die Gefühle des Säuglings, betrachtet. Objektiv betrachtet fungieren die Eltern selbstverständlich weiterhin als Effektoren ihres Kindes, auch wenn dies dem Kind nicht bewusst wird. Das Kind muss weiterhin ernährt werden. Auch wenn es sich bereits die Milch selbst aus dem Kühlschrank holen kann, muss die Milch erst einmal in den Kühlschrank hineinkommen. Das bedeutet: der Vater (dieser ist hier traditionell eher gefragt) muss weiterhin Geld verdienen und dafür arbeiten gehen, die Mutter (auch hier bleibe ich mal bei der traditionellen Rollenaufteilung) muss die Milch aus dem Supermarkt besorgen, muss einkaufen gehen. Bei allen diesen Tätigkeiten, also der Berufstätigkeit und der Einkauftsätigkeit, erfüllen die Eltern Effektorfunktionen für ihr Kind. Objektiv betrachtet hat das Kind lediglich einen ganz geringen Teil der zum Überleben erforderlichen Tätigkeiten selbst übernommen, wenn es Herr über seine Motorik geworden ist.

Aber noch eine Überlegung zur Entscheidungsinstanz des Kindes. Diese übergeordnete Entscheidungsinstanz ist kein Muss, keine Notwendigkeit. Wo sie herkommt, kann auch ich nicht sagen. Ich kann aber genauer sagen, wofür diese Entscheidungsinstanz "gut" ist. Zum Überleben wird sie nicht benötigt. Zur Selbsterhaltung ist sie nicht erforderlich.

Ihr Nutzen liegt woanders: die Steuerungsinstanz kann den Zeitpunkt und damit das Ausmaß des Befriedigungsgefühls regeln.

Diese Steuerungsinstanz kann innerhalb bestimmter Grenzen, die nicht von ihr gesetzt sind, regeln, wann ein Bedürfnis befriedigt wird. Diese Steuerung wird vom Individuum als "Freiheit" empfunden. Mit der Steigerung der Spannung vor der Befriedigung und der Bestimmung des Befriedigungszeitpunkts kann das Lustgefühl bei der Befriedigung gesteigert werden. Unlust wird durch sie länger toleriert und der Genuss bei der Befriedigung gesteigert. Diese Steuerung eröffnet auch die Möglichkeit, das Objekt, mit dessen Hilfe Befriedigung erreicht wird, auszuwählen, es zu variieren und das Befriedigungserlebnis an selbst gewählte Objekte zu koppeln. Der Befriedigungsregelkreis kann nach "eigenem" Ermessen modifiziert werden. Dies schafft eine Befriedigung, die über die reine Lust hinausgeht und daher mit einem anderen Begriff bezeichnet wird, nämlich dem des Genusses. Während das Lustempfinden an sich biologisch festgelegt ist, hat das System Mensch die Möglichkeit, hier modifizierend einzugreifen und sich Genuss zu verschaffen. Das "eigene" Ermessen habe ich in diesem Zusammenhang in Anführungsstriche gesetzt, weil es eine riesige Werbeindustrie gibt, die dem Individuum die unterschiedlichsten Objekte zur Genusssteigerung anbietet und ich keine Entscheidung darüber treffen kann, ob die Auswahl tatsächlich nach eigenem Ermessen erfolgt oder sich lediglich aus der Summe der Werbeangebote und der zur Verfügung stehenden finanziellen Mittel mathematisch errechnen ließe.

4.4. Die Schulzeit

Die Schule ist eine Einrichtung, in der das Individuum lernt, sich in eine Gemeinschaft einzuordnen.

Zu Hause war das Kind der Herrscher und seine Eltern (und Großeltern) waren seine Effektoren. Nun kehren sich die Verhältnisse langsam um. Einerseits erlernt das Kind nun die grundsätzlichen Kulturtechniken, nämlich das Rechnen und die Schriftsprache. Die Schriftsprache erlaubt ja nicht nur die Kommunikation mit den lebenden Mitmenschen, sondern auch die Aneignung des Wissens der Menschheit, also aller Menschen, die bisher gelebt haben und ihre Gedanken hirnextern gespeichert haben, und auch die Kommunikation mit allen gleichzeitig, aber weit entfernt lebenden Menschen.[27]

Damit wird das Individuum auf seine zukünftige Effektorenrolle vorbereitet. Die genannten Kulturtechniken sind die Voraussetzung dafür, dass anschließend ein Beruf erlernt werden kann, und Berufsausübung ist Effektorentätigkeit.

Diese Kulturtechniken eröffnen ihm zwei neue Entfaltungsmöglichkeiten:
erstens die Möglichkeit der erweiterten Kommunikation und des erweiterten Datenaustausches, sie fördern also seine geistige Unabhängigkeit und sein geistiges Wachstum, andererseits bedeutet die zukünftige Effektorenrolle auch die Möglichkeit des Gelderwerbs und des materiellen Wachstums.

Die Schule bereitet den Menschen also auf sein Wachstum nach Beendigung des körperlichen Größenwachstums vor.

Andererseits muss das Kind nun jedoch eine erhebliche Einschränkung seiner Freizügigkeit und seiner Genusszeiten hinnehmen. Es muss Verzicht üben und seine Wunschbefriedigung einschränken. Insofern stellt die Schule für das Kind bereits eine "Arbeit" dar, wenn man das Einüben von Verzicht auf Befriedigung berücksichtigt. Dies ist die andere Seite der Vorbereitung auf das Berufsleben.

Die Schule selektiert die wachsenden Menschen. Bei dieser Selektion wird jedoch nur der Leistungsteil dieser Schüleraufgaben bewertet. Nicht die Fähigkeit, auf Lustbefriedigung zu verzichten, wird bewertet (zensiert), sondern die Übernahme der Effektorenrolle, das Erlernen der Kulturtechniken, wird benotet.

Diese Benotungen dessen, was als Leistung definiert wird, selektiert im Effekt die Kinder nach ihrer Fähigkeit oder Bereitschaft, ihre Spiellust einzuschränken, auf Spaß zu verzichten. Die steuerungsfähigen Kinder, also die, die auf Spaß verzichten und "viel lernen", werden damit "belohnt", dass sie auf weiterführende Schulen geschickt werden und später studieren können. Selbstverständlich natürlich auch die Schüler, die ohne derartige Einschrän-

---

[27] siehe mein Buch "Die Datentransformation"

kungen und Zeitopfer den Stoff beherrschen, die man also als besonders intelligent bezeichnen könnte.

Worin besteht eigentlich die Belohnung durch Noten?

Die guten Noten geben dem Kind narzisstische Befriedigung. Sie stellen das Lob der Lehrer und das Lob der Gesellschaft dar und verstärken damit das gewünschte Verhalten, nämlich die Anpassung des Kindes an seine spätere Effektorenrolle. Die narzisstische Befriedigung spornt das Kind zu weiterer Anpassung an, sofern es nach seinen Fähigkeiten auch dazu in der Lage ist, weitere Anpassung leisten zu können. Es handelt sich um einen Regelkreis mit positiver Rückkopplung, der zu ständiger Verstärkung des gewünschten Verhaltens führt. Nebenbei bemerkt endet dieser Regelkreis bisweilen auch in einer Katastrophe, nämlich beispielsweise in einem Herzinfarkt durch Überbelastung.

Die schlechten Noten sind für das Kind eine narzisstische Kränkung. Sie deprimieren das Kind, was auch immer häufiger zu selbstmörderischen Aktivitäten der betroffenen Kinder führt, wenn sie trotz Anstrengung keine bessere Anpassung an das gewünschte Leistungsverhalten erzielen können. Dies ist natürlich nicht beabsichtigt. Der Effekt dieser Lob- und Kränkungsaktionen der Lehrer und der Gesellschaft ist der, dass die Individuen, die weniger in der Lage sind, sich an die intellektuellen Leistungsanforderungen anzupassen, selektiert werden und anderen Befriedigungsregelkreisen zugeführt werden.

Die Kinder, die keine Zeitopfer erbringen, die nicht "lernen", oder die weniger intelligent sind, werden damit belohnt, dass sie schneller die Schule verlassen können und arbeiten müssen. Dies kommt ihnen auch entgegen, da sie nämlich früher in den Genuss kommen, über Geld zu verfügen und damit ihr materielles Wachstum und ihre Selbständigkeit früher beginnt. Sie kommen früher in den Genuss, ihre Konsumwünsche befriedigen zu können.

Die Schule dient also der Trennung der Menschen in die Gruppe derjenigen, die auf Spaß verzichten können. Bei diesen werden die Weichen auf weiteren Spaßverzicht gestellt. Das andere Extrem wäre die Gruppe, der Spaß bzw. Genuss wichtiger ist als die Erlernung der so bezeichneten Kulturtechniken. Diesen wird die Möglichkeit gegeben, diesen Weg weiter zu gehen. Das Problem, das im Berufsleben und im Erwachsenenalter zu lösen ist, kommt also schneller auf diese Gruppe zu. Es ist das Problem, sich zwischen materiellem Wachstum und Genuss zu entscheiden.

Damit habe ich diese Lebensphase des Rollenwechsels kurz umrissen und möchte später auf die Berufstätigkeit des Systems Mensch kommen. Zunächst wird das Individuum während seiner Schulzeit jedoch mit einer ganz besonders schönen Lustbefriedigung konfrontiert, nämlich es tritt in der Regel während der Schulzeit in die sogenannte "Pubertät" ein. Daher möchte ich mich zunächst mit diesem Lustregelkreis beschäftigen.

4.5. Die Pubertät

Schicksalhaft reift ausgerechnet in der Zeit, in der das Kind auf Berufstätigkeit, Verzicht auf Spieltätigkeit und auf die Entfaltung seiner geistigen Fähigkeiten, also darauf vorbereitet wird, sich in die Gesellschaft einzuordnen und einmal eine Funktion innerhalb dieser Gesellschaft einzunehmen, in dieser Zeit, in der die oben geschilderte Auslese stattfindet, ausgerechnet in dieser reift der Sexualtrieb und bietet dem Individuum eine Lustbefriedigungsmöglichkeit an, die das Individuum bis dahin nicht kannte. Der sexuelle Orgasmus ist eine positive Rückkopplung sexueller, natürlich auch autoerotischer, Handlungen. Er verstärkt die Tätigkeiten, die zum Orgasmus führen, seien es selbstbefriedigende Handlungen oder auch hetero- oder homosexuelle Handlungen, die möglicherweise in Ermangelung eines Partners zunächst seltener sind.

Sich sexuelle Orgasmen zu verschaffen, ist allemal lustvoller, als Enthaltsamkeit zu üben und in der Schule konzentriert mitzuarbeiten. Die Kinder, die sich nicht dem sexuellen Lusterleben hingeben, sondern die Befriedigung ihrer geistigen Interessen und die in der Schule angebotene narzisstische Befriedigung vorziehen, sind wohl eher selten.

Die Selektion, welche Individuen den langen Weg einer (geistigen) Ausbildung oder sogar eines Studiums einschlagen und welche Individuen die baldige Berufstätigkeit und die finanzielle Vergütung ihrer Effektorenrolle vorziehen, um schneller einem Sexualpartner imponieren zu können und sich heterosexuelle Lust zu verschaffen, wird also viel mehr vom Sexualtrieb vorgenommen als von erzieherischen Angeboten narzisstischer Befriedigung.

An sich ist es eher weltfremd, anzunehmen, dass es irgendein Kind geben sollte, dass sich bei der Wahl zwischen sexueller Befriedigung und Befriedigung geistiger Interessen für letztere entscheiden würde. In der Regel sind es die erzieherischen Einflüsse der Eltern, deren sexuelle Gehemmtheit, die bereits zu sexuellen Hemmungen des Kindes geführt haben und dazu, dass es doch Kinder gibt, die an ihrer geistigen Entfaltung Interesse haben. Die Quote neurotischer Symptomatik dürfte daher bei Personen, die durch Geistestätigkeit Geld verdienen, bedeutend höher sein. Aber es gibt auch andere Faktoren. Die Neugier ist ein Verlangen, dessen Befriedigung ebenfalls Freude bereiten kann. Es könnte auch Individuen geben, denen im Lauf der Zeit doch klar wird, dass es vorteilhafter sein könnte, die Vorteile der Schulzeit, nämlich das ungezwungene Zusammensein mit Individuen des anderen Geschlechts, länger zu nutzen und die bereits den Nachteil antizipieren, dass Partnerschaft auch in einer Elternschaft enden kann, die die oben geschilderte Effektorenrolle mit sich bringt. Für die eine oder andere Entscheidung sind selbstverständlich die Eltern ein besonderes Vorbild.

Entscheidend sind in vielen Fällen natürlich auch die finanziellen Möglichkeiten der Eltern. Können sie ihrem Nachwuchs die teuren Kleidungsstücke kaufen, die es benötigt, um im Konkurrenzkampf um die attraktivsten Geschlechtspartner mitzuhalten, so kann sich das Kind eine längere Schulzeit leisten, während die anderen die Schule verlassen müssen, um arbeiten zu gehen, also um sich mit Effektorentätigkeiten Geld zum Erwerb dieser Bekleidung zu beschaffen.

Auch hier treffen wir wieder auf die Frage, wie das Individuum seinen Wunsch nach Unabhängigkeit (Freiheit) steuern kann. Ist ihm seine Autonomie, seine Unabhängigkeit von den Eltern wichtiger und nimmt es dafür in Kauf, sich den Regeln des Berufslebens zu unterwerfen.

In der Kleinkindzeit zog das Individuum es in der Regel vor, sich auf sich zurückzuziehen und die Kontrolle über seine Motorik, also die gewonnene Freiheit, der elterlichen Effektorentätigkeit vorzuziehen.

Ich denke, ich habe die Rolle der Sexualität bei der Selektion verschiedener Menschentypen oder Lebenswege deutlich genug beschrieben, deshalb zuletzt eine kleine Einschränkung. Der Sexualtrieb bringt zwar das schönste Befriedigungserlebnis mit sich, aber die Natur hat es so eingerichtet, dass die Befriedigung dieses Triebes einen gewissen Zeitraum von Trieblosigkeit nach sich zieht. Den Zustand eines permanenten Orgasmus gibt es nicht, oder anders ausgedrückt: nach einem Orgasmus hat der Organismus zunächst Ruhe. Diese Ruhezeiten sind natürlich individuell unterschiedlich lang. Und dies hat wohl auch einen Einfluss darauf, welchen Lebensweg das Individuum einschlägt.

Dies ist auch der entscheidende Unterschied zwischen dem sexuellen Lusterleben und der narzisstischen Befriedigung. Der Regelkreis "Verschaffung sexuelle Lust" ist von Ruhephasen unterbrochen, während der Regelkreis "Verschaffung narzisstischer Befriedigung" unersättlich ist. Er verlangt ständig nach neuer Zufuhr neuer Befriedigungserlebnisse. Der narzisstische Befriedigungshaushalt ist wie ein Topf mit einem großen Loch, der stets nach Mehr oder nach Abwechslung verlangt, während der Sexualhaushalt ein natürliches Ziel hat, nämlich die Elternschaft, die Verbreitung genetisch gespeicherter Daten. Das habe ich in meinen Büchern "Philosophie lebender Systeme" und "Die Datentransformation" bereits ausgiebig geschildert.

4.6. Die Aggressivität des Jugendlichen

Die Zeit als Jugendlicher, in der die männlichen Exemplare in Deutschland auch mal die "Halbstarken" bezeichnet wurden, ist von einer besonderen Neigung zu Aggressivität geprägt. Die Effektorenrolle für andere Menschen oder für das System Staat zu übernehmen, ist zunächst gar nicht attraktiv. Darum geht es aber in dieser Zeit. Das Individuum soll sich in das System Staat einordnen, es soll arbeiten. Arbeiten bedeutet dem Jugendlichen zunächst, Zeit mit Tätigkeiten zu verplempern, zu denen es keine Lust hat. Lust hat der Jugendliche auf Sex, nicht auf Arbeit. Er hat auch keine Lust, jeden Morgen früh aufzustehen.

Der einzige Reiz, den eine derart ätzende Sache wie die Berufstätigkeit ihm bietet, ist das Geld. Der Mensch arbeitet im Grunde nur deshalb, weil er Geld benötigt. Mit Geld wird er erpresst, eine Effektorenrolle zu übernehmen. Oder positiv ausgedrückt: Geld ist die Belohnung dafür, dass er Dinge tut, die er eigentlich gar nicht tun will. Geld ist das wichtigste Erziehungsmittel der modernen Gesellschaft. Des Geldes wegen ordnet er sich in das Berufsleben ein. Deshalb kann man auch sagen: Geld schafft Ordnung. Ordnung im System Staat.

Eigentlich sind wir ja beim Jugendlichen und damit beim Sex. Und Sex kostet in der Regel kein Geld. Zum Glück ist Sex das einzige, was kein Geld kostet. Oder auch zum Unglück. Denn die Kostenlosigkeit des Geschlechtsverkehrs ist der Grund für die Überbevölkerung des Systems Erde. Nun braucht der Jugendliche zum Sex einen Partner, und um den zu bekommen, muss er Verführungskünste anwenden, muss konkurrieren. Bereits dieses Konkurrieren ist ein Grund für seine aggressive Haltung (beim männlichen Jugendlichen), aber hinzu kommt der finanzielle Aufwand für das Balzverhalten. "Starke" Klamotten oder ein "cooles" "Outfit" kosten unheimlich Knete. Gerade die Kleidung, die "in" ist, ist auch besonders teuer. Weil der Jugendliche und der Mensch auf Partnersuche so viel Geld benötigt, ist auch der Anreiz besonders groß, sich zu "verkaufen", zu "entfremdem", wie Marx[28] meinte, und sich einen Job zu suchen, um Geld zu verdienen.

Wenn das alles gut läuft, gibt es natürlich keinen Grund für eine gesteigerte Aggressivität. Aber einerseits macht es natürlich aggressiv, seine Zeit mit Berufstätigkeit zu verbringen statt mit

[28] ich denke an die Entfremdungstheorie des Philosophen Karl Marx

Partnersuche, andererseits läuft es eben häufig nicht so gut: man findet keinen Job, oder der Job bringt nicht so viel Einkünfte wie man benötigt, um konkurrieren zu können. Oder auf seinem Arbeitsplatz muss man sich mit Idioten herumärgern. Es gibt in dieser Zeit viel Gründe um sauer zu sein, nicht zuletzt den, dass der begehrte Partner einen anderen vorzieht. Die Frustration, die man in dieser Zeit erleben muss, liefert tausend Gründe für Aggressivität. Deshalb ist es nicht verwunderlich, wenn Jugendliche in besonderer Weise zu aggressiven Handlungen neigen. Viele Jugendliche versauen sich in dieser Zeit der Frustrationen und Aggressivität ihr ganzes Erwachsenenleben.

Manchen gelingt eine besondere Steuerung ihrer Aggressivität, die sehr beliebt zu sein scheint: sie benutzen das Auto. Das Auto ist in dieser Lebensperiode zunächst kein Fortbewegungsmittel, sondern ein Imponiermittel. Ein Instrument der Partnersuche. Der Regelkreis: Arbeiten, Geld verdienen, teure Klamotten und Auto kaufen, um sexuelle Befriedigung zu bekommen, funktioniert nicht immer. Der Suchende kommt zu spät, oder das Objekt der Begierde wählt einen anderen Partner usw.. Resultat ist dann nicht das Schließen des Regelkreises im sexuellen Orgasmus, sondern der offen bleibende Regelkreis. Der (sexuelle) Regelkreis, der nicht geschlossen werden kann, führt zu einem Stau an Energie, die sich anderweitig entladen muss. Resultat ist nicht die (sexuelle) Befriedigung, sondern das frei werden von Energie, die sich in aggressiven Aktionen äußert. Das sind nun nicht nur Prügeleien oder Gewalttaten, sondern oft werden gerade die Vehikel, die eigentlich zum Imponieren angeschafft wurden, zum Entladen der Aggressivität missbraucht. Das Auto wird dabei gern wiederum nicht als Fortbewegungsmittel, sondern nun zum Werkzeug missbraucht, das der Aggressionsabfuhr dient. Es wird auf die Tube gedrückt, Gas gegeben. Was ursprünglich dem Imponieren diente, dient nun der Aggressionsabfuhr. Bisweilen wird zur Beruhigung auch gern Alkohol konsumiert. Im Resultat kommt es zu auffälliger Fahrweise unter Alkoholeinfluss, zum Führerscheinverlust, zum Fahren ohne Fahrerlaubnis und endet nach mehreren Geldstrafen in einer Haftanstalt.

Denkbar sind auch ganz andere Karrieren, die von dem Nichtschließen des sexuellen Regelkreises ihren Ausgangspunkt nehmen. Wir sehen zum Einen exemplarisch, dass besonders der Jugendliche das Problem hat, dass ein Regelkreis sich nicht immer automatisch schließt, wie normalerweise bei der Atmung oder bei der Nahrungszufuhr. Gerade der sexuelle Regelkreis, in noch stärkerem Ausmaß die narzisstischen Regelkreise, schließen sich nicht "automatisch". Der Mensch muss hart daran arbeiten, die narzisstischen Regelkreise und den sexuellen Regelkreis zu schließen, also narzisstische und sexuelle Befriedigung zu erlangen. Zum Anderen sehen wir, dass offen bleibende Regelkreise zu Ersatzhandlungen, die als Fehlhandlungen auffallen können, führen. Das so hervorgerufene aggressive Verhalten des Jugendlichen sei hier nur ein Beispiel. Abgemildert werden die geschilderten Fehlsteuerungen jedoch durch die Möglichkeit der Selbstbefriedigung, die ich oben ausführlich geschildert habe.

4.7. Der Erwachsene

Der erwachsene Mensch wird biologisch betrachtet an seiner Fortpflanzungsfähigkeit definiert. Deshalb schließt sich diese Zeit an die Pubertät an. Tatsächlich befindet er sich zu dieser Zeit in der Regel noch in schulischer oder beruflicher Ausbildung und verfügt noch nicht über die geistige Reife des Erwachsenen. Vor allem verfügt er noch nicht über Geld.

Die Philosophie lebender Systeme definiert das Erwachsensein an letzterem, nämlich daran, dass das System Mensch die Verfügungsgewalt über ein eigenes regelmäßiges Geldeinkommen hat. Der Akademiker wird daher erst in bedeutend höherem Alter erwachsen als der Arbeiter.

Man könnte also auch sagen: je dümmer der Mensch ist, desto schneller wird er erwachsen. Oder: je klüger er ist, desto später wird er erwachsen.

Tatsächlich ist es natürlich einfach so: je früher der Mensch sein geistiges und körperliches Wachstum abschließt, desto früher beginnt sein Geldwachstum.

Da es in der entwickelten Gesellschaft nicht die Geschlechtsreife ist, die zu Elternschaft befähigt, sondern die Verfügung über ein ausreichendes Einkommen, beginnt zu diesem Zeitpunkt das Erwachsenendasein.

Das geistige Wachstum setzt sich während des gesamten Lebens fort, so dass es ungeeignet ist, diesen Übergang zu markieren.

Das Leben des erwachsenen Menschen möchte ich unter folgenden Gesichtspunkten betrachten:

1. Die Berufstätigkeit
2. Das Einkaufen
3. Der Konsum und Genuss

Über die Elternschaft habe ich bereits im Abschnitt über die Säuglingszeit und Kindheit alles wichtige gesagt. Die Eltern fungieren hier als Effektoren Ihres Kindes. Solange der Nachwuchs klein ist und grob sichtbare körperliche Entwicklungsfortschritte macht, ist diese Tätigkeit mit narzisstischer Befriedigung verbunden, bringt einen Gewinn für den narzisstischen Befriedigungshaushalt. Werden die Kinder größer, so gerät der Kostenfaktor immer mehr in das Blickfeld, so dass sie Konkurrenten werden können. Bei knapper Kasse stellt sich dann die Frage: befriedige ich lieber meine Konsum- und Genusswünsche oder die der Kinder? Letztere Ansprüche können mit Unterstützung der Werbung für die entsprechenden Produkte, die sich natürlich auf die Wünsche von Kindern, Jugendlichen und Heranwachsenden eingestellt hat, ein ganz erhebliches finanzielles Ausmaß haben.

Zu den noch zu behandelnden Themen aber noch einige Vorbemerkungen.

Berufstätigkeit ist Effektorentätigkeit.

Der Mensch stellt seine Arbeitskraft zur Verfügung und überlässt es seinem Chef, von dieser Arbeitskraft Gebrauch zu machen. Der Berufstätige ist der Effektor, das Ausführungsorgan, der Vorgesetzte ist der Dominator, der darüber entscheidet, welcher Sollbereich eingehalten werden muss. Das ist die Stückzahl eines Produktes in einer Fabrik oder die Herstellung eines Zustandes von Funktionsfähigkeit (Reparatur) im handwerklichen Bereich oder eine sonstige Leistung. Der Dominator definiert die Leistung oder das Produkt und macht damit dem Effektor Vorgaben. Der Effektor handelt nicht nach eigener Vorgabe.

Im Berufsleben ist es im Grunde ähnlich wie bei der genetischen Evolution. Die genetisch festgelegten Verhaltensmöglichkeiten sind der Rahmen, die genetisch festgelegten Ziele geben die Vorgaben. Das Individuum kann innerhalb dieser Grenzen den Weg wählen, wie es mit seinen Möglichkeiten die Zielvorgaben (Selbsterhaltung und Selbstentfaltung bzw. Überleben und Fortpflanzung) erreicht. So unterschiedlich die Möglichkeiten bei den verschienen Pflanzen- und Tierarten sind, so unterschiedlich sind auch die Möglichkeiten unter den Menschen. Da gibt es einfache Tätigkeiten, zu deren Ausführung das Individuum nicht sehr spezialisiert zu sein braucht, Effektortätigkeiten, zu deren Ausführung keine geistigen Fähigkeiten erforderlich sind, das andere Extrem sind hochanspruchsvolle handwerkliche oder geistige Fähigkeiten, die erforderlich sind. Auch die Rahmenbedingungen lassen mehr oder weniger Spielraum für eigenständige Lösungswege der Effektoren zur Erreichung der Vorgaben. Der Auftrag an einen Spitzenmanager, den Gewinn eines Unternehmens zu verdoppeln, lässt ihm völlig offen, ob er dies durch Entlassung von Mitarbeitern, durch Qualitätssteigerung des Produktes oder durch Verbesserung der Werbung oder sonst wie erreicht. Ähnlich sind die Möglichkeiten des Systems Mensch, seine Selbstentfaltung zu gestalten, im Vergleich zu den Möglichkeiten eines Systems Fliege weitaus größer.

Dies ändert nichts daran, dass die Vorgaben Sache des Dominators sind und die Berufstätigkeit Effektorentätigkeit ist.

Interessant ist die Frage, wer nun eigentlich dieser Dominator ist.

Um es kurz zu machen: der Dominator ist nicht der Fabrikbesitzer oder der Chef, sondern Dominator ist der Kunde, der Käufer, der Konsument, der Wähler. Der Wähler im allgemeinen Sinn, nämlich der Mensch, der sich ein Produkt oder eine Dienstleistung auswählt. Letzteres betrifft natürlich auch die oberste Dienstleistung im System Staat. Der Regierungschef eines Systems Staat ist sozusagen der Obereffektor. Er wird im Auftrag des Wählers tätig, Dominator ist der Wähler. Seltsamerweise wird auch dies allgemein völlig falsch empfunden. Der Leiter eines Systems Staat wird von der Bevölkerung weiterhin als Oberdominator erlebt, als Oberbefehlsgeber. Tatsächlich hat sich jedoch in demokratisch regierten Staaten ein Wechsel vollzogen: der Staatschef ist in derartigen Systemen Staat nicht der Oberdominator, sondern der Obereffektor. Da auch das Geld entsprechend dem Qualifizierungsgrad für Effektorentätigkeit verteilt wird, erhält der Obereffektor eines Staates natürlich auch eine gute Honorierung. Effektorentätigkeiten in Führungsetagen großer Firmen oder Konzerne werden allerdings noch besser bezahlt.

Effektorentätigkeit ist traditionell Sache der männlichen Exemplare menschlicher Individuen. In den letzten Jahren drängen jedoch mehr und mehr auch die weiblichen Menschen in diese Effektorentätigkeiten. Dies eben deshalb, weil diese Tätigkeiten mit Geld honoriert werden.

Die Dominatortätigkeiten hingegen werden nicht bezahlt. Der Dominator hat ja bereits den narzisstischen Gewinn, benötigt also keinen finanziellen Gewinn mehr. Der Dominator trifft die Entscheidungen. Er wählt. Er wählt ein Produkt oder eine Dienstleistung. Er wählt und bezahlt. Er kauft. Er verfügt über Geld. Mit Hilfe des Geldes gewinnt er Verfügungsgewalt. Aber eben nicht dadurch, dass er Geld hat, sondern dadurch, dass er es ausgibt.

Dominatortätigkeit, also das Geldausgeben, ist traditionell Sache der weiblichen Menschen. Aber auch dies hat sich in modernen Gesellschaften geändert.

In der modernen Partnerschaft, die früher meist als "Ehe" geführt wurde, ist die Rollenverteilung nicht mehr so eindeutig. Es ist nicht mehr so, dass sich die junge Frau einen Effektor sucht, der für sie und ihre Kinder das Geld heranschafft, und dass sich der junge Mann eine attraktive Geschlechtspartnerin zur optimalen Befriedigung seines Geschlechtstriebes sucht. Letzteres hat sich wenig verändert, da hier bei der Partnerwahl weiterhin die sexuelle Befriedigung im Vordergrund steht, also der Vermehrungsregelkreis mit seinem Lustangebot bestimmend ist. Die Verhaltensänderungen gehen mehr vom weiblichen Geschlecht aus. Hier scheint jedoch nicht der Wunsch nach Effektorentätigkeit den Ausschlag zu geben, sondern der Wunsch nach Verfügung über eigenes Geld, der Wunsch nach dem Dominieren. Betrachtet man dies biologisch, so scheint der Mann der geborene Effektor zu sein. Er neigt anscheinend mehr zu Unterordnung und Befehlsgehorsam. Dies ist wohl auch der Grund dafür, dass er sich im Kriegsfall als Soldat zur Verfügung stellt.

Soldatenfunktion ist natürlich der Höhepunkt der Effektortätigkeit, ist man doch in dieser Rolle Effektor für eine ganze Nation. Sonst hat nur ein Regierungschef diese Bedeutung. Allerdings ist natürlich die Soldatentätigkeit im Gegensatz zur Leitung einer Regierung lebensgefährlich. Auch das hat sich in Demokratien entscheidend geändert. Während in totalitär regierten Staaten die Staatsleitung lebensgefährlich war und immer noch ist, bietet die Möglichkeit der Abwahl in Demokratien einen gewissen Schutz vor einer gewaltsamen Entfernung aus dem Amt.

Aber zurück zur Dominatortätigkeit. War es in früheren Zeiten so, dass in einer Partnerschaft der Mann durch seine Effektortätigkeit das Geld verdient hat und es die Frau ausgegeben hat, so beteiligt sie sich in der modernen Gesellschaft auch am Geldverdienen. Dies alles ist eigentlich uninteressant. Der springende Punkt ist vielmehr, dass Effektor- und Dominatortätigkeit in einer Person ausgeübt wird.

Das System Mensch ist Dominator und Effektor in einer Person.

Als Effektor verdient es das Geld und als Dominator gibt es das Geld aus.

An dieser Stelle werden zwei Gesichtspunkte deutlich.

Das System Mensch ist nicht weiblich oder männlich, sondern geschlechtslos. Das Geschlecht spielt keine Rolle. Es ist für die Betrachtung des Menschen als System unwichtig, ob es sich um ein männliches oder ein weibliches Exemplar handelt.

Das System Mensch handelt zeitweilig als Effektor und zeitweilig als Dominator. In der Regel übt es im Berufsleben eine Effektorfunktion aus. In seiner Freizeit ist es Dominator, entscheidet mit seiner Geldvergabe darüber, welche Produkte gefragt sind und dementsprechend produziert werden müssen und vor allem: es ist

Konsument. Es ist Mensch. Es ist es selbst. Es benutzt das Geld für seine Selbstentfaltung. Es spielt, treibt Sport, es genießt das Leben.

Das sind die Themen des Erwachsenen.

4.8. Das Berufsleben

Das Berufsleben des Systems Mensch ist dadurch charakterisiert, dass es hier gegen Bezahlung eine Effektorrolle für andere lebende Systeme übernimmt. Es wird quasi selbst zu einer Maschine[29].

Ich spreche hier vom System Mensch, weil der Mensch inzwischen körperlich erwachsen ist und nunmehr geistig weiterwächst, seine Fähigkeiten erweitern und vervollkommnen kann und sein Wachstum im materiellen Bereich erfolgt.

Nach Abschluss des körperlichen Größenwachstums und nach Ende seiner beruflichen Ausbildung, die seine Fähigkeiten vervollkommnet, kann es selbstverständlich auch im Berufsleben Fähigkeiten verfeinern, sich spezialisieren. Hauptsächlich ist es deshalb berufstätig, weil er Geld benötigt.

Die Erfindung des Geldes ist eine der größten Leistungen der Menschen. Das Geld hat das Wachstum des Systems Mensch enorm beschleunigt. Es ermöglicht dem Individuum, das Verhalten seiner Mitmenschen zu steuern. Das, was der Säugling mit seinem Schreien und seinem Lächeln gemacht hat, nämlich das Verhalten seiner Eltern zu steuern, das macht der Erwachsene mit Hilfe des Geldes. Mit Geldentzug kann er seinen Mitmenschen für Fehlverhalten bestrafen und erwünschtes Verhalten mit Geldzuwendung belohnen. Ersteres wird so im Strafrecht praktiziert. Im Berufsleben geht es um die Belohnung erwünschten Verhaltens. Der "Arbeitgeber", der Firmenchef, die Betriebsleitung oder wer auch immer benötigt "Personal", das während eines definierten Zeitraums eine definierte Tätigkeit ausübt und bietet dafür Geld. Wer damit einverstanden ist, diese Tätigkeit für das gebotene Geld auszuüben,

---

[29] "Da der Arbeiter zur Maschine herabgesunken ist, ..." Karl Marx, Ökonomisch-philosophische Manuskripte (1844)

kann dort arbeiten und sich dieses Geld verdienen. Die andere Seite ist: das Individuum, das etwas kann, eine besondere Fähigkeit erworben hat, kann seinerseits die Ausübung dieser Fähigkeit anbieten und einen bestimmten Geldbetrag verlangen, wenn es diese Tätigkeit für jemand anderen ausübt. Das Angebot an Arbeitsplätzen, die Anzahl der Individuen, die sich für diese Tätigkeit interessiert, das Angebot an individueller Leistung und die Nachfrage nach dieser Leistung bestimmen die Höhe der Geldbeträge, die für die jeweilige Leistung bezahlt wird. Da gibt es Stücklohn, Zeitlohn, Entgelt für die Herstellung einer bestimmten Leistung (Werkvertrag) oder einer Dienstleistung. Das ganze ist in Gesetze und Vereinbarungen gegossen, so dass es selten noch individuell vereinbart wird zwischen dem, der eine Leistung anbietet und dem, der eine Leistung nachfragt. Da gibt es Leistungen, die hoch bezahlt werden, weil zum Beispiel wenig Individuen in der Lage sind, diese Leistung zu erbringen oder weil eine besondere Ausbildung oder Erfahrung erforderlich ist, die Leistung zu erbringen.

Es gibt diese oder jene Modelle für die Bezahlung. Grundsätzlich ist es jedoch stets so, dass das Individuum für einen Mitmenschen oder auch für alle Mitmenschen bzw. für unbekannte Mitmenschen zeitweilig eine Arbeit ausführt und dafür in Geld bezahlt wird, entweder direkt oder aber von einem "Arbeitgeber", der die hergestellten Waren dann an Mitmenschen verkauft, die dem herstellenden Individuum unbekannt sind.

Arbeit stellt also eine Beziehung zwischen den Menschen her. Und diese Beziehung ist grundsätzlich die Beziehung eines Effektors zu seinem Herrscher, zum Dominator, zu demjenigen, der diese Tätigkeit benötigt. Benötigt wird die Effektorentätigkeit vom Konsumenten.

Vor den Konsum ist das Arbeitengehen geschaltet. Natürlich. Die Arbeit ist also nicht nur Effektorentätigkeit für andere Systeme Mensch, sondern auch Effektorentätigkeit zum Zweck der Nahrungssuche für das eigene körperliche System. Die Berufstätigkeit ist eine Modifizierung der früheren Sammel- und Jagdtätigkeit. Der Körper muss hier seine Muskeln in Bewegung setzen, um etwas Essbares zu bekommen. Das kann er damals wie heute mehr oder weniger effektiv machen. Effektiver ist dies natürlich immer schon dann gewesen, wenn nicht nur der Körper und seine Muskeln in Bewegung gesetzt wurden, sondern das Gehirn, die Hirnzellen, das Nervengewebe. Der größte Teil des Nervengewebes ist nämlich, genau wie das Muskelgewebe, mit Effektorentätigkeit beschäftigt und viel weniger als allgemein angenommen mit Direktionstätigkeiten.

Das Hirn hat nun – nicht nur beim Menschen -, eine besondere Fähigkeit, die ihm bei der Nahrungssuche zugute kommt, nämlich die Fähigkeit der Antizipation, oder anders ausgedrückt: die Gedächtnisfähigkeit. Möglicherweise sitzt auch diese Fähigkeit nicht im Nervengewebe oder in der Nervenzelle, sondern grundsätzlich in jeder Körperzelle. Wie dem auch immer sei. Es ist diese Fähigkeit, die auch den Menschen in die Lage versetzt, die Fülle seines Kühlschrankes oder seines Beerensammelkorbes in Beziehung zu setzen mit der Lebensdauer, die ihm die vorhandene Nahrung garantiert. Der Affe als Menschvorgänger weiß, wie lange er sich mit den Bananen, die am Baum hängen, ernähren kann. Der moderne Mensch stellt eine Beziehung her zwischen einer Zahl auf seinem Kontoauszug und seiner Lebensdauer. Eine bestimmte Menge Geld garantiert die Nahrungszufuhr für einen bestimmten Zeitraum. Im Prinzip hat sich an dieser Fähigkeit nichts geändert. Diese Fähigkeit, zwei Datenarten miteinander in Beziehung zu setzen, nämlich Daten über einen Nahrungsvorrat, also ein materielles "Eigentum" (im Sinne einer Verfügungsgewalt) und Daten über eine Zeit, nämlich eine zu erwartende Lebenszeit, ist eine eigentlich sehr primitive Fähigkeit, die bereits lange vor der Entstehung des Menschen entstanden ist. Aber das nur nebenbei.

Das System Mensch ist also u.a. eine Datenverarbeitungsmaschine, ein Rechner. Es vergleicht Daten. Es kann sich ausrechen, wie viel Geld es benötigt, um seine Nahrungszufuhr für einen Tag oder einen Monat zu gewährleisten und wie viel Zeit mit Effektorentätigkeit es investieren muss, um an dieses Geld zu kommen. Dies ist bereits seit der "Erfindung" des Geldes so. Neu ist lediglich, dass es nicht mehr nur die Nahrung ist, die das System Mensch benötigt, sondern dass es darüber hinaus weit mehr

Konsumgüter benötigt, oder anders gesagt: dass es weit mehr Bedürfnisse hat, als die schnöde Zufuhr von Flüssigkeit und fester Nahrung zur Vermeidung des Verdurstens oder Verhungerns.

Ursprünglich bestand Effektorentätigkeit darin, sich eine Banane vom Baum zu pflücken, nunmehr muss der Körper regelmäßig an einen Arbeitsplatz bewegt werden, um Geld in die Hand zu bekommen. Die Hand allein reicht nicht mehr zum Pflücken. Sie muss Geld bereit halten. Dieses muss das Individuum vorher durch Effektorentätigkeit erwerben. Der Dominator im Hirn ist jedoch nicht mehr mit Bananen zufrieden. Er hat mit Unterstützung der Werbung noch ganz andere Ansprüche entwickelt, neue Sollwerteinstellungen geschaffen. Diese manifestieren sich in den Kaufentscheidungen.

4.9. Die Herrschertätigkeit

Das Einkaufen, das Geldausgeben: das ist Dominatortätigkeit!

Der Dominator bestimmt, was zu tun ist. Genau das tut der Konsument, indem er sich etwas auswählt und bezahlt. Er wandelt damit das Geld zurück in Leistung, die er sich damit aneignet, in Fähigkeiten, die er benötigt. Letzteres tut er direkt, indem er einen Handwerker oder eine Putzfrau beschäftigt. Er steuert mit dem Einsatz seines Geldes das Verhalten der Effektoren. Seiner persönlichen körperexternen lebenden Systeme Effektor.

Das Einkaufen scheint mir eine Tätigkeit zu sein, die in der Philosophie bisher vernachlässigt wurde. Deshalb möchte ich diese übersehene Tätigkeit eingehender betrachten.

Was wird beim Einkaufen eigentlich gekauft?

Es wird nicht nur das Brot eingekauft, sondern es werden auch die Fähigkeiten erworben, die zur Herstellung der Brotes erforderlich sind. Der einkaufende Mensch eignet sich die Fähigkeiten anderer Menschen an. Für sein Geld erhält er Millionen von Leistungsquanten unterschiedlichster Art und unterschiedlichster Mitmenschen.

Das Einkaufen gehen, bzw. das Geld ausgeben, ist Herrschertätigkeit. Daran sollte man besonders dann denken, wenn man an der Kassenschlange steht und wartet. Die leidigen Wartezeiten, die einem das Leben versauern, rechne ich dem Zeitabschnitt des Menschentages zu, der durch Ruhe und Schlaf genutzt wird und empfehle daher, auch Wartezeiten in Kassenschlangen zum Träumen zu benutzen. Aber das nur nebenbei.

Der Wechsel zwischen der Herrscherzeit beim Aussuchen von Waren und der Unfreiheit- und Strammstehzeit beim Warten in Kassenschlangen kann einem dermaßen brutal die Freude am Herrschen vermiesen, dass Viele auf die Einkaufsfreude freiwillig verzichten oder Manche das Bezahlen nur deshalb umgehen, weil sie nicht warten können. Inzwischen ist auch dieses Problem durch die Online-Einkaufsmöglichkeiten des Internets beseitigt worden. Das Internet ist jedoch ein eigenes Thema.

Nun zu dem Thema und der Frage, was das Einkaufen eigentlich ist.

Das Einkaufen gehen dient in den meisten Fällen der Beschaffung von Flüssigkeit und Nahrung. Es hat sich also aus der steinzeitlichen Sammel- und Jagdtätigkeit entwickelt.

Der einfache Regelkreis der Aufrechterhaltung des inneren Milieus, der Homöostase im materiellen Körper des Systems Mensch, hat sich im Lauf der Geschichte immer mehr verkompliziert.

Am Anfang steht der Regelkreis (am Beispiel der Flüssigkeitszufuhr): die Sensoren registrieren ein Flüssigkeitsdefizit im Körper, die Effektoren erhalten den Befehl, Flüssigkeit zuzuführen. Der Mensch setzt sich in Bewegung, geht zur Wasserquelle oder bereits zum Brunnen des Dorfes und trinkt. Das Defizit wird ausgeglichen, der Durst ist gelöscht. Ähnlich ist es bei der Nahrungszufuhr. Bei auftretendem Hunger wird ein Apfel vom Baum abgepflückt und verspeist.

Heute ist dies einerseits einfacher, andererseits äußerst verkompliziert. Die Vereinfachung besteht darin, dass in der Küche ein Kühlschrank steht und der Weg zum Kühlschrank kürzer ist als der Weg in den Wald, um Beeren zu sammeln oder der Weg zum Brunnen.

Aber das Problem ist: wie kommt der Kühlschrank in die Küche, wie kommt die Küche in die Wohnung, wie kommt die Wohnung zustande und wie kommt die Milch in den Kühlschrank?

Es ist ein Heer von Effektoren, die das moderne System Mensch benutzt hat, um die Wohnung und den Kühlschrank und alles was da dran hängt zu bekommen. Ein gewaltiger Aufwand an Effektorentätigkeit war erforderlich zur Herstellung der Milch oder der anderer Nahrungsmittel im Kühlschrank.

Hier möchte ich nur über das Besorgen der Milch oder eines Hemds reden. Und zwar fange ich am Ende der Verkomplizierung des Einholvorgangs an. Früher musste gesammelt oder gejagt werden, um etwas Essbares zwischen die Zähne zu bekommen – und heute?

Ich gehe mit Geld in der Tasche in ein Geschäft und kaufe mir ein Hemd. Mit der Entrichtung des Kaufpreises entlohne ich die Tätigkeit des Bauern, der das Baumwollfeld bestellt, des Baumwollpflückers, der die Baumwolle erntet, die Tätigkeit des Spinners, der die Fäden spinnt und des Webers, der daraus Stoff webt, des Schneiders, der das Hemd näht, des Händlers, der das Hemd in den Laden bringt, und des Einzelhändlers, der in Laden steht und auf Kundschaft wartet. Die Baumwollplantagen in Übersee und die Baumwollpflücker habe ich nie gesehen und ich werde sie auch nie sehen, desgleichen den Spinner oder die Spinnerin, die Weberin, den Schneider und den Zwischenhändler. Sehen tue ich nur den Verkäufer. Nun wird es aber noch komplizierter. Die eben geschilderten Verhältnisse sind ja antiquiert. Inzwischen gibt es für alle die aufgezählten Tätigkeiten, und für die in der Aufzählung vergessenen Tätigkeiten Maschinen. Ich bezahle mit meinem Kaufpreis auch noch die Erfinder der landwirtschaftlichen Maschinen, der Spinnmaschinen und Webmaschinen und der Schneidemaschinen und natürlich die Arbeiter, die an diesen Maschinen gesessen haben. Ich bezahle nicht nur die Erfinder, sondern auch die Ingenieure, die die Maschinen entwickelt haben und natürlich die Arbeiter, die diese Maschinen gebaut haben. Ich bezahle auch die Personen, die diese Maschinen warten. Natürlich basiert die Erfindung der Maschinen auf anderen Erfindungen. Das geht zurück zur Erfindung des Rades usw. usw. usw.. Ich bezahle also auch alle Erfinder vorher bis zurück in die Steinzeit. Durch den Erwerb des Hemdes stelle ich also eine Beziehung zu lebenden und nicht mehr lebenden Menschen her, die mir völlig unbekannt sind, und entrichte ein Entgelt für die Effektorentätigkeit einer Vielzahl von Menschen, die unbekannter weise für mich tätig waren. Mit dem Kauf einer komplizierter hergestellten Sache wird das Beziehungsgeflecht, das ich mit dem Kauf herstelle, noch komplizierter. Der Phantasie des Lesers sind praktisch keine Grenzen gesetzt. Der Einkauf in einem Supermarkt, in dem ich Lebensmittel, verschiedene Getränke und vielleicht noch ein Zeitschrift oder etwas zum Rauchen erstehe, wird zu einem nicht mehr überschaubaren Gewimmel von Personen, die ich für Tätigkeiten bezahle, die sie für mich ausgeübt haben.

Ich habe also mit einem derartigen Einkauf Hunderte oder Tausende von Effektoren bezahlt! Das Geld, das ich bezahle, macht mich zu ihrem Dominator.

Es kommt mir hier nicht darauf an, Effektoren zu zählen, sondern den Blick zu schärfen. Den Blick dafür, was ich mit dem Kauf einer Ware tue, was der Kauf einer Ware impliziert. Der Kauf einer Ware stellt Beziehungen zwischen dem Käufer und seinen Effektoren her. Mit dem Kauf nutzt der Käufer seine Mitmenschen als Effektoren! Der Dominator bin im übrigen ich, und nicht die Fabrikbesitzer. Dies ist den meisten Menschen nicht bewusst. Sie machen sich keine Gedanken darüber oder wollen es nicht wissen, verdrängen es. Warum eigentlich? Ist es dem Durchschnittsmenschen unangenehm, andere Menschen für sich arbeiten zu lassen? Anscheinend hält er es für unmoralisch. Wo könnte denn ein derartiges Gefühl der Unmoral herkommen?

Einerseits könnte es ein real begründetes schlechtes Gewissen sein. Möglicherweise stammt das bereits aus der Zeit, als Sklaven gehalten wurden. Es gab ja mal eine Zeit, in der Effektoren nicht bezahlt wurden, sondern Eigentum der Herrscher waren. Rückblickend betrachtet eine nur anfangs und zeitweilig vorteilhafte Beziehung. So lange der Sklave Leistung erbringt, ist die Sklavenhaltung vorteilhaft, ansonsten ist der Sklave ein Klotz am Bein seines Eigentümers. Der moderne Mensch, den ich als System Mensch bezeichne, muss sich mit derartigen Anhängseln zum Glück nicht mehr herumplagen. Wenn er eine Leistung benötigt, wie beispielsweise die Reparatur einer Waschmaschine, bezahlt er einen Effektor, ein anderes System Mensch das vorübergehend für ihn tätig wird. Hat dieser seine Arbeit getan, ist die Beziehung beendet. Hat dieser Effektor keine Zeit, nimmt es sich einen anderen. Hat er seine Tätigkeit nicht zur Zufriedenheit des Käufers seiner Leistung erbracht, beschäftigt dieser das nächste mal einen anderen Effektor. Der Austausch nur vorübergehender Effektoren ist weitaus effektiver als der Besitz eines Effektors, der bei unzureichender Leistung erst umständlich verkauft werden muss, möglicherweise auch noch mit Verlust. Die Abschaffung des Sklaventums hat die Freiheit des Individuums, das die Effektorenleistung eines Mitmenschen benötigt, enorm gesteigert. Sie lag in erster Linie im Interesse des Freiheitsgewinns des Sklaveneigentümers und weniger im Überlebensinteresse der Sklaven.

Die Abschaffung des Sklaventums hat die Flexibilität des Systems Mensch gesteigert. Dies auf beiden Seiten. Der Sklave wurde frei und verantwortlich und flexibler, aber auch der Sklavenbesitzer wurde freier und flexibler in der Wahl seiner Effektoren.

Aus dieser Ecke kann eigentlich kein schlechtes Gewissen kommen, das dem Individuum den Blick dafür versperrt, dass es mit einem Einkauf in Supermarkt Tausende von Menschen als Effektoren für sich bezahlt. Dass es Leute in Übersee, überall auf der Welt beschäftigt und dafür bezahlt, dass sie alle für ihn tätig sind, für den kleinen Käufer im Supermarkt.

Nein. Es ist seine Unfähigkeit zu teilen. Der Mensch kann nicht teilen. Er ist unfähig, die eins zu teilen. Der Mensch denkt immer: eins ist eins. Und er will nicht teilen.

Der Mensch will den Baumwollpflücker ganz für sich. Er kann sich nicht einen Tausendstel oder einen Millionstel Baumwollpflücker vorstellen. Dass der Baumwollpflücker noch für Millionen anderer Menschen pflückt, kränkt den Menschen. Er will den Baumwollpflücker, den Arbeiter am Webstuhl und alle anderen, die an der Erfindung, der Konstruktion und der Herstellung der Ware beteiligt waren, für sich haben und nicht teilen. Er will diese so für sich haben, wie der Sklavenbesitzer seinen Sklaven für sich hatte und der Mann seine Frau noch heute fast überall in der Welt ganz für sich hat. Es ist die Eifersucht. Die Besitzgier. Sie macht den Menschen unfähig, zu rechnen. Könnte er rechnen, würde ihm klar werden, dass nicht nur der jeweils Millionste Teil der hundert Erfinder des 18. Jahrhunderts für ihn tätig waren, wenn er sich eine Bahnkarte kauft, sondern auch noch Tausende von Arbeitern, die die Bahn gebaut haben, die Schienen, die Bahnhöfe usw. usw., dass er den Fahrer, dessen Ausbilder, den Schaffner, den Fahrkartenverkäufer usw. mitbezahlt. Dass alle diese Personen seine Effektoren waren, wenn auch nur jeweils zum kleinen Teil. Dass er, wenn er alles dieses zusammenrechnet, über ein Heer von Effektoren verfügt, Herr über Fähigkeiten ist, die er sich selbst allein für sich nie und nimmer hätte aneignen können.

Könnte der Mensch richtig rechnen, würde ihm klar werden, dass sein Leben nicht ausreicht, ja dass er hundert oder tausend Leben haben müsste, um sich alle die Fähigkeiten anzueignen, die er durch den Kauf einer Bahnkarte erwirbt. Es würde ihm klar werden, dass er sich mit seinem Geld überall auf der Welt Fähigkeiten "besorgt", sie nutzt, sie sich aneignet, überall über kleine Sklaven verfügt, über ein Heer von Heinzelmännchen. Aber der Mensch hat noch nicht richtig rechnen gelernt. Er rechnet immer noch falsch. Er rechnet immer noch eins gleich eins, statt Millionen Millionstel gleich er selbst zum Quadrat. Dem Menschen wird in der Schule immer noch das Steinzeitrechnen beigebracht. Das heißt: ich bin ich; ich bin, was ich kann; wenn ich was haben will, muss ich es machen usw..

Das ist die eine Seite: der mangelnde Blick auf seine tausend kleinen Sklaven. Der Mensch denkt immer noch, er sei von seinen Sklaven abhängig. Deshalb schaut er nicht hin. So ein Unsinn. Dabei sind seine Sklaven austauschbar. Wenn der eine es nicht macht, macht es der andere. Der Mensch will unabhängig sein. Er will lieber alles selbst machen. Er schämt sich, wenn er andere für sich arbeiten lässt, Deshalb nimmt er nicht wahr, dass er inzwischen der Herrscher über ein Heer von Arbeiteranteilen ist, und dass er diese wechseln kann wie sein Hemd. Natürlich wird hier der Mensch entmenschlicht. Der Mitmensch wird zum Effektor, zum Werkzeug, zum Sklaven, zum Ding, zur lebenden Maschine. Da kommen wir zum eigentlichen Kern des Wegsehens. Der Mensch nimmt seine Macht über seine Mitmenschen nicht wahr, weil er damit seine Mitmenschen zu Maschinenteilen degradiert, zu Anhängseln von Maschinen, die den Takt vorgeben, zu Robotern. Deshalb schämt er sich, hinzuschauen.

Aber das Wegsehen ändert nichts an den Tatsachen!

Also: der Mensch sollte rechnen lernen, und er sollte sehen lernen. Dann würde er erkennen, dass er der "Übermensch" ist, den Nietzsche gepredigt hat. Das, was ich hier als "System Mensch" bezeichne, ist doch nichts weiter als die Konkretisierung dieses so etwas ungeschickt genannten "Übermenschen". Nietzsche hat diese Seite leider überbetont. Sie ist nämlich nicht denkbar ohne die andere Seite.

Aber was ist die andere Seite?

Die andere Seite ist die Angst vor der Selbsterkenntnis.

Der Mensch weiß natürlich, dass er selbst Effektor für die anderen ist. Da schließt sich der Kreis. Wir sind wieder beim Berufsleben, bei der Arbeit. In der Arbeit gibt er sich auf, er wird zum Funktionsträger, er macht sich zum Sklaven für seine Mitmenschen. Hier wird er selbst zum Roboter. Er verkauft sich, er verliert seine Freiheit, er erniedrigt sich. Hier wird er zum Hund seines Herrchens und macht Männchen. Da fühlt er sich als Wurm, der zertreten wird. Da wird er zum Untermenschen!

Aber auch hier sollte der Mensch rechnen lernen!

Hätte er in der Schule richtig rechnen gelernt, statt nur eins und eins zusammenzuzählen, dann könnte er auch dividieren, nämlich sich selbst teilen. Aber da hat er zu viel Angst vor dem Schmerz. Er kann seinen Geist nicht von seinem Körper trennen und er kann nicht einmal seine Sklavenrolle von seiner Herrscherrolle trennen. Er traut sich nicht, die Zeit zu zerschneiden!

Wenn er das einmal versuchen würde, würde er bemerken, dass das Eine nur die andere Seite des Anderen ist. Er würde sehen, dass er nur zeitweilig der Sklave ist. Er würde auch bemerken, dass er nicht der Sklave seines "Arbeitgebers" ist, sondern der Sklave seiner Mitmenschen. Er würde bemerken, dass der geistige Schmerz, die Kränkung, gar nicht so weh tut. Denn sein Wurmdasein und sein Herrscherdasein sind erstens nur zwei notwendige Seiten des Gleichen und beide Seiten verbinden ihn zweitens mit allen anderen Schicksalsgenossen. Auch seine Effektoren in aller Welt sind nicht nur Effektoren, sondern auch Herrscher. So wie der Tag aus einer Hälfte Helligkeit und einer Hälfte Dunkelheit besteht, so besteht der Tag des Menschen aus einer Hälfte Effektorentätigkeit und einer Hälfte Herrschertum.

Oder genauer und vollständig gesagt: der Tag besteht aus drei Zeitteilen: einem Zeitteil, das mit Arbeit (Effektorentätigkeit, Fremdbestimmung, Selbstaufgabe) gefüllt wird, einem Zeitteil Herrschertätigkeit (Selbstbestimmung, Selbstentfaltung) und einem Zeitteil, das mit Schlaf, Ruhe und Traumtätigkeit gefüllt wird.

4.10. Der Verbraucher

Der Begriff des Verbrauchers ist hier angebracht. Genau so, wie wir einen Regelkreis zwischen Dominator und Effektor konstruieren können, können wir auch einen Regelkreis zwischen Verbraucher und Produzenten von Waren konstruieren. Ich möchte hier aber von einer Interaktion[30] sprechen. So nennt man das in der Kommunikationstheorie oder in der Familientherapie. Der Verbraucher ist natürlich nicht der Kühlschrank, der den Strom verbraucht, sondern das System Mensch, das den Kühlschrank benutzt. Der Mensch verbraucht den Strom und produziert dabei gleichzeitig den Dreck, den das Kraftwerk in den Planeten Erde abgibt. Der Regelkreis oder die Interaktion zwischen Produzent und Verbraucher ist einfach: der Verbraucher braucht etwas, und dieses Etwas produziert der Produzent, der Unternehmer, das Unternehmen, die Fabrik. Ein beliebter Abwehrmechanismus ist

---

[30] Paul Watzlawick (1969): Menschliche Kommunikation.
ISBN 3-456-30610-5

der der Depersonalisierung, der Entpersonifizierung. Es ist dann eben kein Mensch, der das Produkt und den Abfall produziert, sondern eine Fabrik. Ich als Verbraucher will natürlich nur das Produkt und lasse den Abfall auf der Erde. Auch wieder eine häufige Verdrängung: den Abfall produziere ich ja nicht, sondern die Maschine. Der böse Fabrikant. Nein, nein und nochmals Nein! So einfach können wir uns nicht aus der Verantwortung stehlen. Wenn ich mir Strom kaufe, bezahle ich dabei nicht nur den Strom und alles, was an der Idee "Strom" und der Umsetzung dieser Idee dranhängt, sondern ich bezahle auch den Abfall, der bei der Stromproduktion entsteht und der meine Umwelt verpestet.

Also fangen wir an: Ich kaufe als "Verbraucher" eine Strickjacke mit allem, was an deren Produktion dran hängt an handwerklichen- und Denktätigkeiten. Das "Produkt" Strickjacke wird irgendwo produziert. Einige Teile hier, andere da, und irgendwo werden sie zu einer Strickjacke zusammengesetzt. Mein Punkt ist wie immer: der Käufer. Der Verbraucher trifft die Entscheidung darüber, welches Produkt er erwirbt. Der Produzent ist sein Effektor.

Aber, und jetzt kommt ein großes Aber: diese Betrachtung enthält einen Willkürakt. Ich appelliere an die Verantwortung des Verbrauchers. Ich vollziehe eine Interpunktion, indem ich sage: der Verbraucher entscheidet. So sollte es sein, so kann es sein und so muss es werden. Das sage ich in Anbetracht folgender Fakten: das sich entscheidende System Mensch ist einerseits (von innerhalb seines materiellen Körpers) bestimmten biologischen Bedürfnissen ausgesetzt und andererseits (von außerhalb seiner Grenzen) einem Bombardement von Angeboten, um die geworben wird. Bei dieser Werbung ist der niedrige Preis das eine Argument, das andere sollte die Qualität sein. Da sich diese in der Regel erst nach längerem Gebrauch eines Produktes zeigt, ist sie beim Kauf selten überprüfbar. Deshalb muss das Individuum sich bei seiner Entscheidung auf irgend etwas verlassen. Und worauf verlässt es sich? Es verlässt sich auf die Masse. Wenn die Masse etwas kauft, muss das gut sein. Die Unterwerfung unter das "Urteil" der Masse ist ein Verhalten, das wahrscheinlich auch biologische Wurzeln hat. Das Sichanpassen, das Sichunterwerfen unter das Urteil der

Allgemeinheit ist eine Verhaltensstrategie, die Überlebensvorteile hat und die deshalb genetisch gespeichert ist.

Mit anderen Worten: die Interaktion kann man auch anders denken, nämlich: der Produzent stellt eine Ware her und der Verbraucher kauft sie. Der Produzent kurbelt die Herstellung an und der Käufer den Verbrauch. So handelt es sich um einen sich selbst verstärkenden Regelkreis. Je stärker die Nachfrage, desto größer die Produktion. Oder: je höher die Produktion, desto mehr steigt die Nachfrage. Überall hängt diese Strickjacke im Schaufenster, immer mehr Menschen tragen sie, also muss ich sie auch haben. Dieser Regelkreis wird allerdings irgendwann vom Individualitätsgesetz eingeholt. Jeder Mensch will einmalig sein und trägt deshalb irgendwann diese Strickjacke nicht mehr.

Das aber auch nur nebenbei. Hier möchte ich klären: die Produzenten und die Werbung nutzen zur Erzielung eines Gewinns biologisch festgelegte Handlungsstrategien der Menschen aus, um die Kaufentscheidung des Menschen zu beeinflussen. Das sollte das Individuum wissen und bedenken. Und: das Individuum sollte auch wissen, dass es nicht nur die Herstellung des Produkts bezahlt, sondern gleichzeitig auch die Produktion von Müll. Der Mensch als Verbraucher ist gleichzeitig Müllproduzent.

Aber nebenbei ein anderes Problem: Der Produzent und der Verbraucher konkurrieren um die Interpunktion. Es sieht derzeit so aus, als ob der Verbraucher der Schwache ist. Zwischen seinen Wünschen nach Besitz, Konsum und Genuss und den drängenden und schmackhaften Angeboten der Werbung schmilzt sein Wille dahin. Er wird zum passiven Verbraucher. Er vergisst seine Steuerungsmöglichkeit. Er verdrängt sie. Er verdrängt sie, weil sie auch Verantwortung mit sich bringt. Er mag die Verantwortung nicht. Er schiebt die Verantwortung für die Vernichtung der Umwelt gern ab, projiziert sie auf den Bösen. Zum Beispiel auf den bösen Kapitalisten.

In Wahrheit ist der "Kapitalist" genetisch genauso programmiert wie jeder Mensch. Der Mensch ist wie jedes lebende System auf Wachstum programmiert, und wenn das körperliche Größenwachstum abgeschlossen ist, wächst das Bankkonto des

Menschen weiter und sein Geist. Auf diesen drei Ebenen kann das System Mensch wachsen. Die Menschen sind natürlich unterschiedlich. Einer wächst besonders geistig, ein anderer legt seinen Schwerpunkt auf das Wachstum seines Kapitals. Ein Dritter sieht sein Glück im Genuss. Das wären Formen der persönlichen Selbstentfaltung. Sehr viele Menschen ziehen die Vermehrung dem persönlichen Wachstum vor und zeugen viele Kinder. Das belohnen die Gene mit Lustgefühlen. Der "Kapitalist" erfüllt lediglich die Wünsche der Menschen. Aber der "Kapitalist" rechnet nicht mit dem Individuum, sondern mit der Masse. Mit der Menschmasse. Er will die Wünsche des Masse erfüllen. Deshalb ist sein Bestreben, die Wünsche der Masse zu definieren, zu manipulieren, zu kontrollieren. Er will die Interpunktion bestimmen und muss durch seine Werbemaßnahmen das Wünschen der Menschen entsprechend seiner Produktion steuern. Das scheint ihm auch zu gelingen. Er kann sich dabei auf das Anpassungsstreben der Masse verlassen. Aber: das muss nicht so bleiben. Das System Mensch wird stärker, der neue und ganze Mensch übernimmt zunehmend die Verantwortung und die Definitionsmacht über die Interpunktion der Interaktion zwischen Produktion und Verbrauch.

Das Märchen vom bösen Kapitalisten ist überwunden. Auch die Realität der Diktatur des Proletariats, in der sich eine Partei anmaßte, die Verbraucherwünsche einem Plan zu unterwerfen, ist überwunden. Die Verantwortung für die Produktion trägt der Konsument, der Verbraucher, der Käufer. Jeder Mensch, der Geld ausgibt, übernimmt mit diesem Akt die Verantwortung für die Produktion von Waren und von Abfallprodukten, die Verantwortung für die Zukunft der Menschheit. Damit bestimmt das System Mensch nicht nur die gegenwärtige Produktion, sondern auch die Zukunft. Die Zukunft der nachfolgenden Generationen von Menschen.

4.11. Die neue künstliche Welt

Das System Mensch zeichnet sich dadurch aus, dass sein Verhalten nicht nur von Regelkreisen, die bei Abweichungen des Istwertes vom Sollwert Missempfindungen bereiten und bei Erreichen des Sollbereiches verschiedene Befriedigungs- und Lusterlebnisse bereiten, gesteuert wird. Das Verhalten des Systems Mensch ist nicht nur passiv, sondern auch aktiv: der moderne Mensch ist in der Lage, das ursprüngliche Objekt, dessen Einverleibung Befriedigung verschafft, durch andere, selbst geschaffene Objekte zu ersetzen, und sich dadurch künstlich neue Befriedigungsmöglichkeiten zu erschließen.

Nehmen wir den Regelkreis Nahrungszufuhr, bei dem Abbau des Hungers mit positivem Sättigungsgefühl belohnt wird. Hier ist der moderne Mensch in der Lage, sich ohne auf ein Hungergefühl zu warten dadurch Befriedigung zu verschaffen, dass er die Nahrung besonders zubereitet und neue, in der Natur nicht vorhandene Geschmackskombinationen oder Kreationen entdeckt, deren Konsum ein besonderes neues Geschmackserlebnis verschafft. Er erschließt sich dadurch neue Genussmöglichkeiten "oraler" Art. Ebenso ist es mit Getränken, die besonders gut schmecken oder besonders erfrischend sind.

Der Vielfalt sind hier keine Grenzen gesetzt.

Ebenso ist es mit Geruchsempfindungen. Das Geruchsvermögen, das beim Menschen nicht besonders gut entwickelt ist, dient natürlicherweise dem Auffinden von Geschlechtspartnern, der Einhaltung von Reviergrenzen, dem Auffinden von Nahrung und der Witterung von Feinden oder der Beute. Dieses Geruchsvermögen benutzt der moderne Mensch dazu, sich besondere Genüsse von Wohlbefinden zu verschaffen und u.a. auch dazu, mit besonders reizvollen künstlichen bzw. neuen bisher unbekannten Gerüchen Geschlechtspartner anzulocken. Diese Duftherstellung ist ein eigener Industriezweig. Ebenso ist es mit Wohlempfindungen auf der Haut durch Cremes oder Badezusätze. Der Mensch benutzt also sogar verkümmerte Sinneswahrnehmungen, um sich neue Genüsse zu verschaffen. In den letzten Jahrzehnten hat der moderne Mensch besonders sein optisches Wahrnehmungsvermögen zu einem Sinnesorgan für immer neue Befriedigungen ausgebildet. Seit der Erfindung des Fernsehapparates hat sich ihm eine neue Welt erschlossen, die ihm nicht nur besonders gruselige, aufregende und spannende Erlebnisstunden verschafft, die er in der Realität nie hätte erleben können, sondern auch Zukunftsabenteuererlebnisse bietet, ihm eine neue Welt eröffnet, in der es außerirdische oder überirdische Gestalten und Monster gibt, die er kennen lernen kann. Auch die akustischen Wahrnehmungsmöglichkeiten haben sich durch elektronische Musik und künstliche Klänge erweitert. Ganz abgesehen von der konventionellen Musik, die das akustische Wahrnehmungsvermögen zur Erzeugung von Stimmungen nutzt und dem Menschen einen neuen Kulturbereich erschlossen hat. Ebenso die Kunst des Malens, die das optische Wahrnehmungsvermögen zu einem eigenen Kunstbereich kultiviert hat.

Die Entwicklung der Maschinen hat es mit sich gebracht, dass der Mensch immer weniger Zeit aufwenden muss, um sich als Effektor für seine Mitmenschen zu betätigen. Er hat dadurch mehr Zeit "für sich". Die Arbeitszeit ist der Zeitabschnitt des Tages, den er für Tätigkeiten für seine Mitmenschen erbringt, einen zweiten Teil verbringt er mit Schlaf und den dritten Teil seiner Zeit nennt er "Freizeit". Diese Zeit nutzt er zum Konsum und zu Aktivitäten, die nur ihm nützen, die ihm in erster Linie Genuss verschaffen. Er treibt beispielsweise Sport, weil er sich dabei wohl fühlt oder seinem Körper größere Attraktivität verleiht, was ihm narzisstische Befriedigung verschafft, er bewegt sich fort, um die Fortbewegung als solche zu genießen, bisweilen auch, um einen sogenannten Geschwindigkeitsrausch zu erleben, oder, wenn ihm mehrere arbeitsfreie Tage oder Wochen zur Verfügung stehen, unternimmt er Reisen, um einfach das Nichtstun zu genießen oder um neues, bisher Unbekanntes zu erleben oder kennenzulernen. Der Leser benötigt sicher nicht noch mehr Anregungen, um seine Phantasien spielen zu lassen und an angenehme Freizeitgestaltung zu denken. Ein besonderer Bereich ist hierbei selbstverständlich der der Sexualität. Bei diesem geht es beim modernen Menschen selbstverständlich nicht um die Fortpflanzung, sondern darum, entweder mit seinem Partner oder mit anderen Partnern neue sexuelle Befriedigungsmöglichkeiten zu entdecken, oder sich auch allein für sich einer genussvollen sexuellen Selbstbefriedigung hinzugeben, indem er sich lebende Objekte anschaut, die sich sexuell betätigen, oder

Filme oder Bilder dieser Art betrachtet. Zuletzt möchte ich auf die sogenannte Unterhaltungsindustrie hinweisen, die sich damit beschäftigt, dem Spieltrieb des Menschen ständig neue Betätigungsfelder zu eröffnen. Hierbei sind natürlich bereits die Kinder lohnende Konsumenten immer neuer Spiele, die einen bisher ungekannten "Kick" verschaffen.

Kurz und gut: der Mensch der industrialisierten Welt hat sich nicht nur Maschinen geschaffen, die ihm seine Effektorentätigkeit abnehmen oder erleichtern, sondern er hat sich auch Vergnügungsmaschinen geschaffen und eine neue Welt künstlicher Genussmöglichkeiten.

Er hat sich damit Wahlmöglichkeiten geschaffen, hat sich Freiheit geschaffen, hat sich Unabhängigkeit von der Natur geschaffen. Er hat damit auch Seine Grenzen erweitert. Das, was zu seinem Ich gehört, was zu seinen Verfügungsmöglichkeiten gehört, von denen er Gebrauch machen kann, hat sich enorm erweitert. Das System Mensch hat sich explosionsartig vergrößert.

Das Berufsleben und die Freizeitgestaltung des Systems Mensch ist dadurch charakterisiert, dass die Zahl der vorhandenen künstlichen oder maschinellen Effektoren zugenommen hat.

Über Industrieroboter, die einfache und auch immer kompliziertere Zusammenbautätigkeiten übernehmen, brauche ich nicht groß zu sprechen. Auch die Vergnügungsmöglichkeiten werden durch Maschinen, also künstliche Effektoren immer mehr erweitert. Hierbei denke ich schon kaum noch an die Rummelplatzmaschinen, sondern an die Möglichkeiten moderner Rechenmaschinen, deren Software es dem Menschen immer realistischer gestattet, selbst tabuisierte aggressive Wünsche zu befriedigen und auf vielfältige Weise das Spielerische mit der Befriedigung sexueller und aggressiver Wünsche zu kombinieren.

Ich habe bisher von neuen Befriedigungs- und Genussmöglichkeiten gesprochen und möchte nur kurz erwähnen, dass natürlich auch neue Kombinationen verschiedener Genüsse auf verschiedenen Sinnesgebieten neu entwickelt werden.

Der moderne Mensch entwickelt sich durch die ständige Zunahme maschineller Effektoren und neuer Genussmöglichkeiten immer mehr vom arbeitenden zum genießenden Menschen.

Die körperunabhängigen Maschinen übernehmen nicht nur Effektorentätigkeit, sondern sie erweitern auch die Sinnenfähigkeiten des Systems Mensch.

Festzuhalten ist, dass der Mensch also nicht nur Effektor-Maschinen geschaffen hat, die seine ehemalige Effektorentätigkeit übernehmen, sondern auch Maschinen, die für ihn sozusagen Spielzeug darstellen, also im eigentlichen Sinn nicht dem Überleben dienen, sondern seinem Vergnügen.

Insofern kann man sagen, dass die Selbstentfaltungsmöglichkeiten des Systems Mensch durch die Entwicklung von Maschinen (und Rechenmaschinen) enorm zugenommen haben.

Die natürliche Welt ist dem Menschen nicht genug. Der Mensch hat sich eine neue künstliche Welt geschaffen, nur zu dem Zweck, seinen Selbstentfaltungsregelkreisen neue Möglichkeiten des Genusses zu eröffnen.

Selbstverständlich hängt die Verfügungsgewalt über die vielfältigen Genussmöglichkeiten davon ab, über wie viel Geld er verfügt.

Dies machen sich wiederum Geldverleihinstitute, also beispielsweise Banken, zu nutze. Das System Mensch hat durch sie die Möglichkeit, sich die gewünschten Genüsse sofort zu verschaffen, und nicht erst nach mühseliger Effektorentätigkeit. Geld ist, wie gesagt, nicht nur kondensierte Fähigkeit und kondensierte Zeit, die dann später abgearbeitet werden muss, sondern erlaubt es dem System Mensch auch, sich Genüsse zu verschaffen, und nicht nur Effektoren zu kaufen.

Dass zum System Mensch nicht nur sein Geld und andere materielle Dinge gehören, wurde bereits mehrfach betont. Hier weise ich lediglich darauf hin, dass das System Mensch sich auch neue Genussmöglichkeiten verschafft hat, indem es natürliche Regelkreise verwendet und diese verfeinert, indem es neue Dinge konsumiert oder neue körperliche Aktivitäten ausprobiert, um ständig neue Erlebnisse kennenzulernen oder bekannte zu modifizieren.

Über diesen Ausbau des Empfindungsvermögens des Menschen ist von anderer Seite schon viel gesagt worden. Die Sensoren gehören naturgemäß zum Körper des Menschen. Ihre Funktion besteht darin, Effektoren in Gang zu setzen. Die Verfeinerung dieser Regelkreise macht dann Kunstgenuss möglich. Die Philosophie lebender Systeme beschäftigt sich jedoch mit dem, was über den Körper hinausgeht, mit den körperexternen Erweiterungen des Menschen, die ihn zu einem System Mensch machen. Deshalb ist die Genusssteigerung durch Konsum und Kunstwahrnehmung nicht ihr eigentliches philosophisches Thema.

Der Sehsinn und der Hörsinn ist im Lauf der Entwicklung des Menschen zum System Mensch umfunktioniert worden. Die Sinne sind ihrer natürlichen Aufgabe beraubt worden. Dies ist ein aktiver Vorgang, ein Akt des Menschen, der ihn aus dem Tierreich heraushebt. Von der Natur sind die Sinne geschaffen, Istwertabweichungen vom Mittelwert eines Sollwertbereichs zu signalisieren. Mit negativen Gefühlen werden Abweichungen in Richtung Sollwertbereichsrand, mit positiven Gefühlen die Rückkehr zur Sollbereichsmitte signalisiert. Wobei es ursprünglich um Gefahren geht, die mit negativen Gefühlen signalisiert werden und um Beute- oder Partnersuche, die mit positiven Signalen belohnt wird.

Die eigentliche Leistung des Menschen besteht jedoch darin, die optische und akustische Wahrnehmung von dieser Aufgabe völlig getrennt zu haben. Dem Menschen dient seine akustische und optische Wahrnehmung nicht mehr nur der Erzeugung von Gefühlen, deren Funktion darin besteht, Effektoren in Gang zu setzen, sondern der Übermittlung von Daten!

Der Hörsinn, der ursprünglich der Aufnahme akustischer Signale diente, ist umgedreht worden und dient der Aussendung von Signalen. Die Lautbildung, deren Funktion in dem Erschrecken von Feinden und der Anlockung von Sexualpartnern besteht, also in Überlebensregelkreise und Sexualitätsregelkreise eingebaut ist, wird als Effektor von diesen Regelkreisen abgetrennt und als Effektor von einem Regelkreis benutzt, der den Mitmenschen als

Effektor nutzt, der das Verhalten des Mitmenschen beeinflusst, es zu steuern versucht.

Vom Hörvermögen aus betrachtet: der Mensch hört nicht mehr nur, ob ein Feind oder ein Sexualpartner in der Nähe und bereit ist, sondern er hört nun auch, was der Mitmensch zu sagen hat, welche feineren Bedürfnisse und Wünsche der Mitmensch hat, welche Sorgen er hat und welche Gedanken er hat. Das Hören und die Lautbildung des modernen Menschen dient nicht mehr dem Überleben und nicht mehr nur der Partnersuche, sondern der Kommunikation. Diesen längeren Übergang können Sprachwissenschaftler genauer beschreiben (hoffe ich). Hier kommt es nicht darauf an, wie sich Sprache entwickelt hat, sondern dass Sprache da ist und dass Sprache eine neue Funktion hat. Sprache dient der Kommunikation, der Koordinierung des Verhaltens mehrerer Menschen, und vor allem, und das ist hier das Thema:
Sprache dient der Steuerung des Verhaltens des Mitmenschen. Mittels seiner Sprache kann der Mensch einen Mitmenschen zu seinem Effektor machen. Er kann ihm Befehle erteilen, er kann ihn um etwas bitten usw. usw.

Es geht aber selbstverständlich nicht nur darum, das Verhalten des Mitmenschen zu steuern, sondern es geht inzwischen besonders darum, Ideen in Sprache zu fassen und Ideen auszutauschen. Und hier hat der Sehsinn eine besondere Funktion erhalten. Ideen, die zunächst als akustisches Signal entstanden sind, können inzwischen auch als optisches Signal konserviert werden, nämlich in Form von Sprache. Die Akustik erreicht nur wenige Mitmenschen, die sich in Hörweite befinden. Die Akustik verschwindet sofort wieder. Das akustische Signal bleibt nicht. Es ist nach kurzer Zeit verschwunden (oft zum Glück). Die Umwandlung in ein optisches Signal, also in Schriftzeichen, bringt die Konservierung des Signals in der Zeit mit sich. Deshalb haben hier auch Befehle oder Bitten keine Bedeutung.

Ideen sind daher nicht mit der Lautsprache, sondern mit der Schriftsprache entstanden, weil Ideen und Schrift etwas zeitüberdauerndes sind.

Der eigentlich wesentliche Umwandlungsprozess, den der Mensch vollzogen hat, ist daher die Umwandlung von kurzzeitigen Gefühlsempfindungen und kurzzeitigen Hörerlebnissen in langfristige Zeichensprache, die optisch erkennbar ist.

Die Schriftsprache, oder ursprünglich die Konservierung eines Gedanken auf einem Stein oder einer Höhlenwand, gestattet eine neue Form der Kommunikation und der Erbschaft.

Die Schriftsprache gestattet die Ideenweitergabe an die nächste Generation, also die Datenweitergabe in die Zukunft.

Und sie gestattet räumlichen Ideentransport, die Kommunikation mit akustisch nicht erreichbaren Kommunikationspartnern.

4.12. Der geistige Sabber

Jeder Mensch in der modernen Welt kennt den Pawlow-Hund. Das ist der Hund, der so konditioniert wurde, dass ihm nicht erst beim Anblick des Futters der Speichel lief, sondern dass seine Speichelproduktion durch das Ertönen einer Glocke ausgelöst wurde.

"Bedingter Reflex" nennt sich dies.

Auf diese Weise ist der normale Durchschnittsmensch ebenfalls konditioniert.

Der Sabber läuft ihm, wenn das Geld lockt. Zunächst der nach außen nicht sichtbare Sabber im Gehirn. Nicht erst beim Anblick des Essens, sondern bei der Aussicht auf Geld, von dem man sich dann Essen kaufen kann, läuft ihm der Geifer und er tut, was man von ihm verlangt.

Dieser "bedingten Reflex" lässt sich auch als Regelkreis beschreiben:
Der ursprüngliche Reflex besteht darin, dass der Hund das Essen wahrnimmt, z.B. durch seinen Geruch (Rezeptorseite des Regelkreises), damit wird die Fressbegierde im Zentralorgan geweckt und die Effektoren werden in Gang gesetzt. Auf der Effektorseite des Regelkreises finden wir nun nicht nur die Motorik, das Fressen, sondern auch die Speichelproduktion, mit der die Verdauung beginnt. Im Zentralorgan können nun offensichtlich Verbindungen zu

anderen als den ursprünglich auslösenden Reizen hergestellt werden. Das zeigt der Versuch Pawlows. Wird der Anblick des Fressens mit einem Klingelton kombiniert, wird die Fressreaktion als "Lernerfolg" bereits beim Klingelton ausgelöst, auch ohne Fressensanblick.

Der Mensch muss sich ebenfalls Nahrung zuführen. Auch bei ihm wird die Essreaktion durch den Anblick von Nahrung ausgelöst. Er muss das Essen nicht riechen, es genügt, wenn er es sieht, optisch wahrnimmt. Im Schaufenster, im Werbefernsehen. Dann läuft ihm der Geifer und er kauft sich das angebotene Essen. Da der Mensch nicht nur Nahrung konsumiert, sondern auch Wissen, Bildung, Information, Unterhaltung usw., löst auch der Anblick derartiger Konsumangebote den Reiz aus, sich das Dargebotene einzuverleiben. Alles, was ihm Lust verschaffen könnte, wird ihm offeriert, um seine Wünsche anzuregen, seinen geistigen Speichelfluss, sein Verlangen. Die Effektorseite, das Einverleiben des Gewünschten, ist allerdings etwas komplizierter, umständlicher. Das im Werbefernsehen Wahrgenommene kann ja nicht direkt aus dem Fernseher entnommen werden. Das wäre natürlich nur ein technisches Problem, das in baldiger Zukunft dadurch beseitigt wird, dass die dargebotene Ware sofort via Internet bestellt werden kann und geliefert wird. Wie auch immer der Mensch an das Objekt herankommt, das seine Begierde befriedigt, er benötigt dafür stets eins: das Geld. Ob er nur zum Kühlschrank zu gehen braucht, um das Essen dort zu entnehmen, oder ob er vorher noch einkaufen gehen muss, egal. Er benötigt Geld. Die Muskelkraft genügt nicht, die Kauwerkzeuge bekommen nichts zu beißen, wenn er nicht über eins verfügt: über Geld. So ist es nicht nur mit der Einverleibung durch Kauen, sondern mit allen anderen künstlichen Freuden und Genüssen. Wer frische Luft genießen und durch den Wald rennen will, der benötigt zunächst ein Transportmittel, um zum Wald zu kommen und die entsprechende Ausrüstung (besondere Schuhe usw.), um sein Verlangen zu befriedigen. Selbst wenn er Sex möchte, spendiert er dem Objekt seiner Begierde erst einmal etwas und macht sich fein: alles kostet Geld. Das Geschick des Menschen in der zivilisierten Welt besteht darin, selbst die Befriedigung der

Bedürfnisse, die natürlicherweise kein Geld kosten, an Bedingungen zu knüpfen, die Geld kosten. Das ist der "bedingte Reflex" beim System Mensch. Geld ist die Bedingung für jeglichen Konsum. Deshalb aktiviert die Aussicht auf Geld die Summe der unerfüllten Wünsche und löst den geistigen Speichelfluss aus.

Geld ist wunderbar. Man kann sich mit ihm Effektoren aus überall auf der Erde dienstbar machen. Indem man ein Brot kauft, erwirbt man die im Geld kondensierte Arbeitskraft des Bauern, des Müllers, des Bäckers und der Verkäuferin im Laden. Verkürzt gesagt. Jeder kann dies gedanklich weiter ausbauen und zusätzlich an den Erfinder des Stroms und die Mitarbeiter des Kraftwerkes und an weitere Beteiligte denken, die beispielsweise an der Herstellung des Stromes und des Ofens beteiligt waren, mit dessen Hilfe das Brot gebacken wurde. Man kann sich auch noch den Aufwand für den Transport des Getreides, des Mehls und der Brote denken usw. usw..

Was ich mit dem Kauf des Brotes erwerbe, ist eben nicht nur das Brot, sondern seine Geschichte und seine Herstellung. So ist es mit allem, was ich kaufen kann. Aber zum Kaufen benötige ich Geld und in dem Geld steckt alles das drin, was ich mit seiner Hilfe erwerben kann. Alle Fähigkeiten der an seiner Herstellung beteiligten Individuen. Je nachdem, was ich kaufe, kaufe ich damit andere Fähigkeiten.

Weil im Geld alle Fähigkeiten der Menschen drinstecken, deshalb ist Geld so geil. Deshalb wollen alle Geld. Deshalb läuft den Menschen der Sabber, wenn sie Geld kriegen können.

Und deshalb machen die Menschen alles für Geld.

Sie arbeiten, sie verkaufen sich für Geld, sie klauen Geld, sie bringen ihre Mitmenschen für Geld um, sie strengen sich an, sie wetteifern, sie belügen sich, sie hauen sich übers Ohr. Sie passen sich an.

Der Kampf um Geld ist für das Individuum wichtiger als der Kampf um einen Geschlechtspartner. Hier wie dort wird mit unterschiedlichen Mitteln gekämpft.

Wie ich bereits angedeutet habe, werden die Weichen bereits in der Schulzeit gestellt. Dort zeigt sich, dass die Siege in diesen Kämpfen quasi "gerecht" verteilt sind. Die Pubertät wirkt als Selektor in diesen Kämpfen. Wer sich in frühem Alter dem Wunsch nach sexueller Entfaltung nicht entziehen kann und dadurch seine Kraft von den Anforderungen der Schule abzieht, erreicht einen schlechteren Schulabschluss und verliert den Kampf um leichteres Geldverdienen.

Denn das Geld wird nicht nur nach der Zeit verteilt, die man für Tätigkeiten für seine Mitmenschen opfert, sondern auch nach dem Grad der Spezialisierung, die man durch Lernen, Ausbildung und weitere Fachtätigkeit erwirbt.

In einem Betrieb als Arbeiter tätig sein, im Verwaltungsdienst einer Firma oder eines Staates zu arbeiten oder im Dienstleistungsbereich tätig zu sein, alles, was sich arbeiten nennt, ist Tätigkeit für die Mitmenschen. Das Produkt dieser Tätigkeiten kann sich der Mitmensch mit Geld kaufen.

Dabei wird Geld immer weniger anfassbar.

Sein Wert ist sowieso etwas Immaterielles. Es wird darüber hinaus immer mehr zu einer Zahl auf einem Kontoauszug.

Der Regelkreis mit negativer Rückkopplung des Systems Mensch ist nach dem Muster konstruiert: es erblickt ein Objekt (Futter, ein schönes Bekleidungsstück, ein benötigtes Möbelstück oder sonst etwas), oder aber ein Sexualobjekt (im Sinne der Psychoanalyse), das Verarbeitungsorgan Gehirn sagt ihm, dass es sich dieses Objekt aneignen will, die entsprechende Motorik wird in Gang gesetzt, das Objekt wird in das System Mensch überführt, der Durst, das Begehren usw. ist gestillt. Nun hat das System Mensch nicht immer genügend Geld in der Tasche oder – bei größeren Wünschen, wie z.B. einem Auto oder einem Einfamilienhaus – nicht ausreichend große Zahlen auf seinem Kontoauszug. Der Wunsch muss dann unbefriedigt bleiben, aber er wird nicht vergessen. So schlummern im Gedächtnis des Individuums ständig ein Anzahl unbefriedigter Wünsche. Die Energien unbefriedigter Wünsche summieren sich im Gedächtnis und führen dann angesichts der Möglichkeit, an Geld zu kommen, zu dem erwähnten Speichelfluss im Hirn. Je größer die Summe der unbefriedigten Wünsche ist, je größer deren Energiemenge ist, desto größer ist die Gesamtabweichung des Istwertes vom Sollwert und der damit verbundene Unlustzustand des Individuums. Je größer dieser Unlustzustand ist, der mit der Gesamtabweichung vom Sollwert korreliert, desto größer ist der Strom des Geifers, des Speichelflusses im Hirn, wenn sich das Individuum Geld aneignen kann.

Im Normalfall muss sich das Individuum beherrschen und erst einmal auf legalem Weg an Geld kommen. Das bedeutet: arbeiten, lernen, sich weiterbilden, Fähigkeiten erwerben, also: sich anpassen, seine Zeit für Tätigkeiten opfern, die anderen nützen, die dem Individuum eventuell keinen Spaß machen, ja Unlust bereiten. Dies fängt in der Schule an und setzt sich das ganze Leben lang fort. Das Individuum wartet auf seine Freizeit, auf das Ende seines Berufslebens, um endlich das machen zu können, was ihm Spaß macht. Leider ist es nach erledigter Tagesarbeit oder Lebensarbeit oft zu geschwächt oder zu ausgelaugt oder gar krank, so dass es seine Selbstentfaltungswünsche gar nicht mehr befriedigen kann - oder weiß gar nicht mehr, was ihm Spaß macht.

Das wäre so etwa der Normalfall.

Im Ausnahmefall kann die Berufstätigkeit natürlich als solche befriedigend sein. Im Ausnahmefall ist es dem Individuum auch möglich, irgendwann im Leben, meist im höheren Alter, besonders teure Wünsche zu befriedigen.

Der Regelfall ist jedoch der, dass größere Wünsche, zum Beispiel der Wunsch nach einem Eigenheim, nie befriedigt werden können.

Diesen Umstand machen sich Geldverleiher zu nutze.

Dies sind Institute, die dem, der etwas begehrt, aber nicht genug Geld hat, um das Begehrte zu erwerben, den benötigten Geldbetrag geben und nach einem vereinbarten Zeitraum mehr Geld zurückbekommen.

Die Institute heißen Banken und das Mehrgeld sind die Zinsen.

Dieses Mehrgeld hat eine derartige Höhe, dass davon wiederum eine Armee von Menschen, die in diesen Instituten arbeiten, leben können. Außerdem können von diesem Mehrgeld riesige Paläste gebaut werden und einige Spitzenleute dieser Banken werden steinreich.

Dieses Mehrgeld entspringt der Ungeduld der Individuen.

Die Kunst, die das Individuum daher am nötigsten hat, ist die Kunst der Selbstbeherrschung.

4.13. Die Selbstbeherrschung

Das lebende System erhält seine Energie aus zwei Antrieben: aus der Selbsterhaltung und der aus der Selbstentfaltung. Dies gilt allgemein. Selbsterhaltung und Selbstentfaltung sind die beiden Motore, die in jedem lebenden System wirken. Sie sind genetisch festgelegt.

Das lebende System will leben (oder muss leben, beziehungsweise: das Leben ist seine Daseinsweise), auch wenn klar ist, dass dies nur vorübergehend möglich ist. Trotz dieser von vornherein nur zeitbefristeten Möglichkeit des Lebens tut das (gesunde) lebende System Mensch alles, um sich am Leben zu erhalten. Es atmet, trinkt und isst und tut alles dafür, Getränke und Essbares zu bekommen. Diese Selbsterhaltungsaktivitäten, diesen Wunsch nach Aufrechterhaltung eines Homöostasezustandes, nenne ich Selbsterhaltung. Selbsterhaltung ist eine Kraft, die auf den Menschen, auf jedes lebende System von innen einwirkt. Es ist eine Kraft, die das lebende System zu Aktivitäten antreibt. Diese Kraft ist genetisch gespeichert. Die im eingeschlechtlich oder zweigeschlechtlich existierenden lebenden System genetisch gespeicherten Daten benötigen zu ihrer Fortexistenz die Aktivität ihres Trägers, des Individuums, des Menschen oder des Pantoffeltierchens oder des Baumes oder irgendeines lebenden Systems, ob beweglich oder scheinbar unbeweglich. Die Erhaltung der genetisch gespeicherten Daten benötigt eine ständige Energiezufuhr. Der Träger dieser Daten, das Individuum, verbraucht zur Aufrechterhaltung seines Zustand, des Lebens, ständig Energie und muss diese Energie irgendwoher nehmen. Die Pflanzen auf der Erde nehmen diese Energie aus der Sonne (mittels der Photosynthese) und benötigen dazu Kohlenstoff aus der Luft und Wasser, die Tiere nehmen diese Energie aus dem

Verzehr von Pflanzen oder Tieren (den Wasserstoff) und dem Sauerstoff der Luft. Damit wäre das Gesamtsystem aus Pflanzen und Tierwelt stabil. Aber: die Erde ist Schwankungen unterworfen, zum Beispiel Temperaturschwankungen. Deshalb müssen lebende Systeme die Fähigkeit besitzen, sich anzupassen. Blieben sie gleich, wären sich starr und könnten sich nicht anpassen, müssten sterben.

Sie gehen sozusagen einen Kompromiss ein: das Leben ist ihnen so wichtig, dass sie sich ändern. Das geht bis zur Selbstaufgabe. Es werden völlig neue Lebensformen gebildet. Die alten Lebensformen sterben, es entstehen neue. Pflanzen- und Tierarten entstehen und vergehen, dafür entstehen neue, die mit den neuen Umweltverhältnissen besser klar kommen.

Der Mensch zeichnet sich nun dadurch aus, dass seine Art nicht aussterben muss, denn das Individuum ist so flexibel, dass es sich ohne genetische Anpassung an veränderte Umweltbedingungen anpassen kann.

Ja es hat die Verhältnisse umgekehrt und verändert seinerseits die Umwelt. Allerdings bisher in einer Weise, die in ihrer Extrapolation die Erde zu einem Planeten macht, auf dem menschliches Leben irgendwann nicht mehr existieren kann. Im Falle einer nuklearen Verseuchung könnte dieser Fall sogar sehr schnell eintreten.

Nun gut. Das ist hier nicht das Thema.

Selbsterhaltung ist die eine Kraft, die auf lebende Systeme und den Menschen von innen wirkt.

Selbstentfaltung ist die zweite innere Kraft. Der zweite Motor jedes lebenden Systems.

Jedes lebende System will sich vergrößern, will sich ausbreiten.

Der Einzeller teilt sich fortwährend. Damit legt er ständig Kopien der in ihm gespeicherten genetischen Daten an. Das ist seine Möglichkeit der Selbstentfaltung. Damit entfaltet sich seine Art auch innerhalb kurzer Zeit über den gesamten Raum, in dem dieses lebende System existieren kann.

Im Falle zweigeschlechtlicher Vermehrung muss sich das lebende System einen Partner suchen und diesen befruchten. Diese Art der

Selbstentfaltung nennt der Mensch den Sexualtrieb. Er dient im übrigen der Selbsterhaltung der Gene. Aber das nur nebenbei.

Zur Selbstentfaltung gehört auch die Entfaltung des Individuums, des Systems Mensch. Seine ständige Vergrößerung. Auch der Konsum, der über die Selbsterhaltung hinausgeht.

Zurück zur Selbstbeherrschung. Der Mensch zeichnet sich dadurch aus, dass er die Kunst der Selbstbeherrschung beherrscht. Mehr oder weniger. Wer sie besser beherrscht, kann sich besser entfalten. Dies ist das Paradoxon von Selbstbeherrschung und Selbstentfaltung: mehr Selbstbeherrschung führt zu mehr Selbstentfaltung.

Da sind wir wieder zurück beim Geifer, beim Sabber. Bei der Geldgier.

Grund für dieses Paradoxon ist das Negativgeld. Die Möglichkeit, Geld auszuleihen. Die Möglichkeit, erst das Geld zu kriegen und dann dafür zu arbeiten. Damit muss man dann mehr für die gleiche Geldmenge arbeiten. Die Möglichkeit, sich zum Sklaven zu machen. Zum Sklaven seiner Begierden, seiner Wünsche, seiner Selbstentfaltung. Die sofortige Selbstentfaltung wird dann zur Fessel. Die mangelnde Selbstbeherrschung macht das Individuum zum Sklaven. Zum Sklaven seiner Bank. Der Unbeherrschte zahlt für die sofortige Befriedigung seiner Wünsche den doppelten Preis. Manch einer kann sich das leisten. Aber das ist die Ausnahme.

Die Regel ist: die Selbstbeherrschung selektiert das moderne System Mensch vom Tiermenschen. Mit Tiermensch meine ich: der Mensch, der von seinen Begierden getrieben wird, der sich zur Sofortbefriedigung Geld leiht und doppelt zahlt, der sich zum Sklaven macht, handelt wie das Tier. Wie gesagt: die Selbstbeherrschung ist eine Kunst, die den Menschen vom Tier unterscheidet, den Menschen zum Menschen macht. Zum System Mensch. Zum Menschen, der sich bewusst verhält, der sich ausbreitet, sich entfaltet.

Zur Erinnerung: zum System Mensch gehört nicht nur der materielle Körper des Individuums, sondern auch seine Fähigkeiten, sein Eigentum, sein Geld und sein geistiges Eigentum.

Diese Definition des Menschen als ein System, das den Gesetzen und den Verhaltensgesetzen lebender Systeme entspricht, erscheint zunächst als alte Kamelle, da jeder weiß, dass der moderne Mensch vom Geld abhängt. Natürlich ist ein lebendes System begrenzt, wie jedes System, und seine Grenzen sind offen, im Unterschied zu nichtlebenden Systemen, natürlich werden seine Bewegungen von Kräften gespeist, von der Selbsterhaltung und der Selbstentfaltung.

Aber die Bewegungen der Individuen, der lebenden Systeme Mensch sind unterschiedlich. Die auf es wirkenden Kräfte kann das System Mensch nicht ändern. Auf den Körper des Menschen wirkt nicht nur die Gravitation und die Fliehkraft, sonders es wirken die Kräfte lebender Systeme, die Selbsterhaltung und die Selbstentfaltung. Die Selbsterhaltung ist so gut wie nicht beeinflussbar. Jeder Mensch muss atmen, jeder muss trinken und essen.

Der Umgang mit der Selbstentfaltung trennt die Spreu vom Weizen. Selbstentfaltung hat der Mensch an das Geld gekoppelt.

Das Wachstum des Systems Mensch hängt vom Geld ab wie das Wachstum einer Pflanze vom Sonnenlicht, das ihr zur Verfügung steht. Oder von der Menge des Zuckers, den sie mittels Sonnenlicht, Chlorophyll und Kohlenstoff herstellen kann.

Es beginnt mit der Erbschaft. Das Individuum erbt von seinen Eltern nicht nur seine Gene und damit seine Fähigkeiten, sondern auch Geld. Je mehr Geld es erbt, desto besser sind die Voraussetzungen für seine Selbstentfaltung. Es folgt seine Ausbildung. Je besser seine Ausbildung, desto weniger Zeit muss es später zum Gelderwerb durch Arbeit einsetzen, oder anders gesagt: desto mehr Geld erhält es für den gleichen Zeiteinsatz. Der nächste Faktor ist dann die Befriedigung seiner Wünsche: je früher es seine Wünsche befriedigen will, je schlechter es seine Wunschbefriedigung herauszuschieben vermag, desto mehr Geld benötigt es dann auch noch im Nachhinein, wenn es die Wünsche sofort befriedigt und das Geld später aufbringt.

4.14. Die Freiheit

Die Philosophie lebender Systeme hat Ihren Ausgangspunkt nicht in Begriffen, sondern im Beobachtbaren, nämlich der Bewegung. Sie geht davon aus, dass die beobachtbaren Bewegungen lebender Systeme, nämlich die des Systems Mensch und die des Systems Staat als Beispiel für ein lebendes System höherer Ordnung, naturgesetzlich ablaufen. Die Bewegungen des Systems Mensch können zunächst eingeteilt werden in solche, die der Selbsterhaltung dienen und solche, die der Selbstentfaltung nützen. Dabei ist zu beachten, dass eine Bewegung theoretisch mehreren Zielen nützen kann.

Die für die Selbsterhaltung wichtigste Bewegung ist die Atembewegung. Ohne Atmung ist das System innerhalb weniger Minuten kein lebendes mehr. Die Atembewegungen müssen daher auch im Zustand des Schlafs durchgeführt werden. Das System Mensch kann Sauerstoff nicht lange speichern, so dass sich in Abständen, die nach Sekunden messbar sind, neue Atembewegungen erforderlich sind, die im übrigen auch der Eliminierung gasförmiger Substanzen dienen, die das System nicht mehr benötigt. Der Freiheitsspielraum des Systems Mensch hinsichtlich seiner Atmung beträgt einige Minuten. Nur innerhalb einiger Minuten kann das System selbst bestimmen, ob und wann es atmet. Dann wird die Entscheidung zur Atembewegung von bewusst nicht mehr steuerbaren Regelkreisen übernommen. Diese Naturnotwendigkeit der nächsten Atembewegung innerhalb weniger Minuten ist dem System Mensch schicksalhaft gegeben, bisher unabänderbar. Aber es besteht auch keine Notwendigkeit, hier einzugreifen. Die automatische natürlich Steuerung der Atmung ist für das System eine Entlastung. Aber da das System Mensch nicht über körperinterne Sauerstoffspeicher verfügt, hat es diesen Mangel dadurch kompensiert, dass es sich körperexterne künstliche Sauerstoffspeicher geschaffen hat, sogenannte Sauerstoffflaschen, die es dann zum Tauchen benutzt. An diesem Beispiel ist eine allgemeine Erkenntnis deutlich: körperexterne künstliche Zusatzorgane des Systems Mensch vergrößern den Freiheitsspielraum des Systems. Also:

einerseits werden der Freiheit des Systems Mensch durch die Natur Grenzen gesetzt, andererseits ist das System in der Lage, seinen Freiheitsgrad durch künstliche körperexterne Organe zu vergrößern.

Ebenso wichtig zum Überleben sind die Bewegungen, die der Nahrungsaufnahme dienen, nämlich Essen und Trinken. Derartige Bewegungen sind dem Wachzustand vorbehalten.

Die erforderlichen Bewegungen können nun wiederum eingeteilt werden, in die eigentliche Nahrungsaufnahme, also das Essen und das Trinken, und solche Bewegungen, die der Beschaffung von Nahrung dienen.

Hinsichtlich des Trinkens hat das System Mensch einen Zeitraum von einigen Stunden bis zu etwa einem Tag zur Verfügung, innerhalb dessen es den Zeitpunkt der Flüssigkeitsaufnahme selbst bestimmen kann. Bei der Nahrungsaufnahme ist dieser Zeitraum der Selbstbestimmung etwas länger. Daneben geht es im Unterschied zur Sauerstoffaufnahme zusätzlich um die Frage, was getrunken und gegessen wird. Die Freiheit über die das, was das System isst und trinkt, ist unendlich. Es gibt derart viele Gerichte und Getränke, die kulturell unterschiedlich sind, aber selbst innerhalb eines derartigen kulturell begrenzten Systems höherer Ordnung sind die Auswahlmöglichkeiten des Systems Mensch über die Frage, was es essen und trinken möchte, unbegrenzt. Grenzen können hier lediglich durch die Umwelt gesetzt werden, durch das System Erde. Bereits hinsichtlich des Sauerstoffs ist die Konzentration dieses Gases in der Erdatmosphäre nicht sicher auf Ewigkeit in der erforderlichen Höhe. Schneller können jedoch Wassermangel und Dürrekatastrophen eintreten. Es ist also nicht selbstverständlich, dass das Angebot an Sauerstoff, Wasser und Nahrung im Nicht-System stets ausreichend ist.

Dies ist bekannt und daher uninteressant.

Interessant sind die Möglichkeiten der Beschaffung von Essen und Trinken. Diese sind erheblichen Wandlungen unterworfen gewesen. Früher waren es die Jagd und das Sammeln und heutzutage das Einkaufen gehen und das davor geschaltete Arbeiten gegen Geld.

Das habe ich bereits ausführlich geschildert. Die Wahlmöglichkeiten bezüglich der Art und Weise wie das System Mensch zu Geld kommt, sind ebenfalls sehr groß. Sie hängen einerseits von den Fähigkeiten des Individuums ab. Was dies anbetrifft, schränkt das Individuum im Lauf seines Lebens seine Fähigkeiten tendenziell durch das, was man Ausbildung und Weiterbildung nennt, ein, es spezialisiert sich und verringert damit die späteren Wahlmöglichkeiten. Abgesehen von Verbesserungen seiner Fähigkeiten durch Trainingsmaßnahmen (Ausbildung) kann man grundsätzlich festhalten, dass es sich hierbei um die körperlichen Voraussetzungen handelt, die Einfluss auf den Freiheitsgrad des Individuums haben. Dem stehen wieder die Gegebenheiten des Nichtsystems entgegen, die Angebote der Umwelt, hier die Angebote des Arbeitsmarktes. Diese sind laufend Veränderungen unterworfen. Sind Arbeitsstellen knapp, schränkt dies den Freiheitsgrad des Individuums eventuell sehr erheblich ein. Dies hängt natürlich von Einzelheiten ab, also von der Frage, sind Arbeitsstellen im Angebot, die meinen Fähigkeiten entsprechen.

Hinsichtlich der Wahl des Sexualpartners besteht ein großer Freiheitsgrad. Darüber wurde bereits gesprochen. Ergänzt sei, dass hier die Wahlmöglichkeit eventuell durch innere Gehemmtheiten eingeschränkt wird. Im Grunde gab es jedoch noch nie so viel Wahlmöglichkeiten wie heute. Während der Partner früher in den Grenzen des eigenen Systems Volk oder Staat gesucht werden musste, stehen heutzutage auch die Individuen fremder Systeme Staat zur Verfügung. Über derartige Begrenzungen der Freiheit bei der Wahl des Geschlechtspartners brauche ich nicht weiter zu reden.

Bisher waren es eigentlich Banalitäten. Vielleicht hat sich wegen dieser Banalität noch kein Philosoph daran gemacht, Freiheit vom Tatsächlichen her zu beschreiben und ihren jeweiligen Grad zu bestimmen.

Mein eigentliches Thema an dieser Stelle ist aber das Geld.

Denn über die eben erwähnten natürlichen Handlungsziele der Selbsterhaltung hinaus hat der Mensch sich eine Fülle von Möglichkeiten zusätzlicher Angebote an Handlungsmöglichkeiten geschaffen, deren Inanspruchnahme daran geknüpft ist, dass Geld bezahlt wird.

Das System Mensch hat etwas Neues geschaffen, das nicht nur den Warenaustausch erleichtert, sondern auch die Zeit einfängt. Das Geld.

Das Geld konserviert die Zeit. Das Geld, das ich heute beim Einkauf ausgebe, hat nicht nur meine Effektorentätigkeit in eine Zahl umgewandelt, sondern es hat auch das, was ich gestern oder letztes Jahr als Effektor geleistet habe, konserviert. In der Zahl auf meinem Kontoauszug stecken Daten über meine Handlungen des letzten Monats.

Geld hält die Zeit fest.

Indem ich mein Geld weggebe, gebe ich die von mir investierte Zeit weg und erhalte dafür ein Stück Lebenszeit meiner Mitmenschen. Dies ganz direkt, wenn ich einen konkreten Mitmenschen für eine Dienstleistung heranziehe, aber auch indirekt, wenn ich die Milch im Supermarkt erstehe. Bei der Bezahlung der Milch entlohne ich die Zeitquanten der Mitmenschen, die an der Produktion der Milch, dem Transport der Milch und an der Konstruktion und dem Bau der Milchfabriken beteiligt waren, und nebenbei auch die Zeit, die die Kuh zum Fressen des Grases und zur Milchherstellung und der Landwirt benötigt haben.

Die im Geld gespeicherten Zeiten und Fähigkeiten kann ich sogar an meine Nachkommen vererben und dadurch dieses Äquivalent der von mir investierten Fähigkeiten und Zeiten für eine Zeit nach meinem Tod konservieren.

Geld ist also nicht ein Äquivalent für verschiedene Waren, sondern:
Geld ist ein Äquivalent für Fähigkeiten und Zeit.

In einem Geldquantum steckt stets ein Quantum Menschenzeit und ein Quantum menschlicher Effektorenfähigkeit. Fähigkeitsquant mal Zeitquant gleich Geldquantum.

Das ist jedoch nicht alles. Und es ist wohl nicht einmal das wichtigste.

Das wichtigste für das Verständnis des Systems Mensch ist nämlich nicht das Geld, das es zur Sicherung seines Überlebens ausgibt, es ist nicht die Zeit und das Quantum von Fähigkeiten, das es zum Überleben investiert. Das, was den Menschen zum System Mensch macht, ist der Überschuss an Geld, den er durch seine Tätigkeit erzielt und das, was er durch diesen Überschuss gewinnt, nämlich die zusätzlich von ihm geschaffenen Genussmöglichkeiten.

Die Befriedigungen des Menschen kann man einteilen in solche, die Geld kosten und die, die es umsonst gibt.

Kostenlos ist in erster Linie die Befriedigung der aggressive Bedürfnisse, es sei denn, das Individuum verstößt bei deren Befriedigung gegen geltende Strafgesetze, was in den modernen Ländern zunächst mit Geldstrafen belegt wird. Diese wird nach Tagessätzen Freiheitsentzug berechnet.

Auch die Befriedigung sexueller Impulse ist "eigentlich" kostenfrei. Bereits hier ist aber die Beschaffung des Sexualpartners mit einem Kostenaufwand verbunden, der recht erheblich sein kann.

Was die Substanzen anbetrifft, die zur Selbsterhaltung benötigt werden, so ist bisher der Sauerstoff kostenfrei zu haben, die flüssigen und festen Nahrungsmittel sind allerdings zum Teil ebenfalls nur sehr kostenaufwändig zu erhalten.

In den reichen Staaten ist der finanzielle Aufwand für das Wohnen oft der größte Kostenfaktor. Entweder muss dafür Miete an den Wohnungseigentümer gezahlt werden, oder aber eine Steuer an das System Staat, dies natürlich zusätzlich zu den Kosten für die lebenden Effektoren, die Handwerker, die das Wohnungseigentum in einem benutzbaren Zustand halten. In vielen Fällen ist Wohneigentum durch ein Darlehen bei einer Bank finanziert worden, so dass ein mehr oder weniger erheblicher Geldbetrag an die Banken als sogenannte Zinsen zu zahlen ist.

Der Kostenaufwand für das Essen und das Wohnen ist ein unumgänglicher Geldaufwand, der für das Individuum anfällt. Es sei denn, es hat keine Einnahmen und kein Vermögen. Dann übernimmt das System Staat die Kosten dafür, also die Allgemeinheit derjenigen, die Einnahmen haben. Das System Mensch hat diesbezüglich jedoch eine gewisse Freiheit. Es kann sich mit billigen Nahrungsmitteln und einer preiswerten Wohnung begnügen. Nach oben sind natürlich keinerlei Grenzen gesetzt, so dass der Freiheitsgrad erheblich ist.

Zu diesen Fixkosten für den Lebensunterhalt kommen dann noch Kosten für den Genuss und für die Bequemlichkeit hinzu. Diese könnte man die Kosten für die künstlichen Effektoren nennen, die den Hauptteil dieser Kostengruppe ausmachen.

Künstliche Effektoren sind das Auto oder andere Fortbewegungsmittel und ähnliches. Es beginnt, um systematisch vorzugehen, mit der Bekleidung des Menschen, seinem Schmuck und anderen Verschönerungsmitteln, wobei die zur Verbesserung des Duftes eine große Rolle spielen. Die gehören zu den Kosmetika. Das Geruchsvermögen des Menschen ist zwar verkümmert, dennoch wirken Düfte gerade bei der Partnersuche. Im Alter wird der Eigenduft des menschlichen Körpers unangenehmer, so dass dann ein erheblicher Aufwand zur Duftverbesserung betrieben wird. Den Wahlmöglichkeiten sind hier praktisch keine Grenzen gesetzt, so dass der Freiheitsspielraum des Individuums enorm groß ist. Wie oben bereits erwähnt, ist es das Bestreben der Menschen, sich ständig neue Genüsse zu verschaffen. Der Bereich der Unterhaltung und Kunst, oder der Freizeitgestaltung und des Hobbys ist nahezu grenzenlos. Hier spielen sportliche Betätigungen, für die natürlich die entsprechenden Hilfsmittel benötigt werden, wie besondere Kleidung, Sportgeräte usw. eine besondere Rolle. Auch für Kunst und Unterhaltung, wie Kino, Theater, Fernsehen usw. gibt es eine reiche Auswahl. Dies schon allein bei der Wahl des Fernsehprogramms. Dies kann sich jeder selbst ausmalen, so dass ich darüber gar nicht viele Worte verlieren muss. Das Individuum, das System Mensch, befindet sich inmitten einer Welt von Angeboten, die ihm über verschiedene Medien angeboten werden.

Das System Mensch wird von innen von seinen Wünschen angetrieben. Dies ist die biologische Wurzel seines Verhaltens, seiner Aktionen oder Bewegungen. Auf der anderen Seite steht er in einer Umwelt, die ihm Reize bietet, natürliche und künstliche, die den Sinn haben, bei ihm Wünsche zu wecken. Dies sind die beiden

Bedingungen, die in seinem Körper zu Abweichungen der Istwerte vom Sollwertbereich führen. Dabei verändert das System Mensch auch seine Sollwerte. Allerdings oft unter dem Einfluss der Werbung.

Je mehr derartige Reize vorhanden sind, desto höher wird der Entscheidungsspielraum des Menschen. Denn das System Mensch kann sich und muss sich inmitten der unendlich vielen Istwertabweichungen entscheiden, welches Bedürfnis es im nächsten Moment befriedigt. Es muss unter anderem über die Reihenfolge der Befriedigungen entscheiden. Schon allein dieser Entscheidungszwang eröffnet ihm einen Freiheitsspielraum, den es nie hatte und der ständig steigt.

Dies hat aber nun noch eine andere Seite. Und diese wird als solche philosophisch selten berücksichtigt.

Die Befriedigung der verschiedenen Bedürfnisse und Wünsche ist daran geknüpft, dass das System Mensch über Geld verfügt. Und hier kann man sagen: Je mehr Geld es hat, desto größer ist seine Freiheit, desto mehr Befriedigungsmöglichkeiten könnte es in Anspruch nehmen.

Das Ergebnis ist also: Freiheit ist direkt proportional zur Höhe des Bankkontos.

Freiheit ist also kein Entweder-oder, sondern ein Mehr-oder-weniger.

Eigentlich weiß dies jeder. Nur die Philosophen scheinen das bisher nicht bemerkt zu haben. Ein Trauerspiel.

Da der Mensch nach mehr Lust, nach mehr Befriedigung, nach mehr Erlebnissen strebt, was wohl Folge seiner genetischen Determiniertheit ist, strebt er also nach immer mehr Wahlmöglichkeit, nach immer mehr Freiheit und deshalb nach mehr Geld.

Diesem Streben nach mehr Genuss setzt die Natur aber auch Grenzen. Nicht nur biologische Grenzen wie beim Sexualtrieb, nach dessen Befriedigung eine kurze Erholungsphase folgt, sondern äußere Grenzen. Zunächst die Zeitgrenze. Irgendwann ist an jedem Tag Schluss, wir müssen schlafen. Auch die Lebenszeit ist begrenzt. Vor allem: die Geldbeschaffung ist an Zeitgrenzen gebunden. In der Regel kann man nur nacheinander genießen, also erst das eine dann das andere. Dann kostet die Befriedigung der letztgenannten Wünsche Geld und für die Geldbeschaffung benötigt das System Mensch Zeit. In der Regel bekommt der Mensch einen Lohn, der daran geknüpft ist, dass er seine Zeit für Effektorentätigkeiten opfert und in sich seine Entlohnung nach der Zeitmenge bemisst, die er dafür opfert.

Der Mensch stellt anderen seine Zeit zur Verfügung, während der er unangenehme Bewegungen oder für ihn unnütze Aktionen vollzieht, die aber in Geld umgerechnet wird, und dieses Geld kann er dafür verwenden, einen Teil der anderen Zeit mit angenehmen Tätigkeiten auszufüllen, für die er Geld bezahlt.

Marx meinte, der Arbeiter erhält einen Lohn, der gerade ausreicht, seine Arbeitskraft zu reproduzieren. Den Rest des von ihm geschaffenen Mehrwertes eignet sich der Produktionsmittelbesitzer als Mehrwert an. Das ist Vergangenheit, falls es überhaupt mal so war. Außerdem entsteht der Mehrwert nicht durch die Arbeit des Arbeiters, die er stundenweise ausführt, sondern er entspringt aus den Ideen der Erfinder der Maschinen. Oder eben aus diesen Maschinen, den körperexternen Effektoren der Menschen.

Ideen schaffen den Mehrwert. Nicht die Effektorentätigkeit der Lohnarbeiter.

Nun gut. Heutzutage dient dieser Lohn jedenfalls nicht nur der Erhaltung oder der Reproduktion der Arbeitskraft, sondern darüber hinaus dem Vergnügen, dem Genuss. Es dient der Vergrößerung der Freiheit des Individuums. Es vermehrt die Wahlmöglichkeiten oder die Bewegungsmöglichkeiten des Systems Mensch und dient der Vergrößerung des Systems Mensch. Ganz allgemein gesagt. Andererseits begrenzt es jedoch seine Genussmöglichkeiten und seine Ausdehnung dann, wenn die Bedürfnisse des Individuums größer sind als die zu ihrer Befriedigung erforderliche Geldmenge. Wenn das System Mensch weniger Geld zur Verfügung hat, als es zur Befriedigung seiner Bedürfnisse benötigt, spreche ich von relativem Geldmangel.

Kennzeichen der modernen Gesellschaft ist inzwischen, dass das System Mensch nicht hungert oder dass seine Selbsterhaltung bedroht wäre, sondern dass ein Teil der Mitglieder eines Systems höherer Ordnung, eines modernen Staates, an einem relativen Geldmangel leidet. Das System Staat stellt den innerhalb seiner Grenzen lebenden Systemen Mensch im Notfall sogar soviel Geld zur Verfügung, wie es zu seiner Selbsterhaltung benötigt und garantiert ihm darüber hinaus sogar je nachdem, über wieviel Mittel es verfügt, auch noch viele Genüsse. Dieser Überschuss an Zuwendung des Systems Staat an seine Systeme Mensch, die kein Einkommen haben, reicht in manchen Fällen sogar, um noch viele weitere Menschen, die in anderen Systemen Staat leben, anzulocken und am Leben zu erhalten. Das Problem ist inzwischen also nicht der geringe Lohn für Arbeit, sondern die hohe Vergütung des Nichtstuns und die unterschiedlich Umrechnung von Geld in Befriedigungsmöglichkeiten in den verschiedenen Systemen Staat. Der Wert des Geldes ist nämlich in den verschiedenen Systemen Staat verschieden.

Aber das hier nur nebenbei.

Relativer Geldmangel kann nämlich grundsätzlich seine Ursache in zwei entgegengesetzten Polen haben. Der eine Pol liegt außerhalb des Systems Mensch, in seiner Umwelt, nämlich im Geldnachschub. Geld wird wie Luft ständig benötigt, da es ständig verbraucht wird.

Relativer Geldmangel tritt ein, wenn weniger Geld in das System Mensch hineinfließt als herausfließt. Geld fließt, wie gesagt, heraus, wenn das System Mensch etwas bezahlt. Seine Wohnung, seine Nahrungsmittel sind dabei fixe Kosten, die Befriedigung seiner Genuss- oder Befriedigungswünsche, kurz gesagt die Vergrößerung seiner Freiheit, kostet zusätzliches Geld. Sein Streben nach Genuss, nach Anerkennung, nach Statusvergrößerung und -symbolen, seine Selbstentfaltung, kostet Geld.

Relativer Geldmangel kann also durch Einschränkung seiner Wünsche beseitigt werden, oder durch Vermehrung des Inputs an Geld.

Hier kommen wir zum Thema "Ungerechtigkeit".

Die Natur verteilt die biologisch-genetisch festgelegten Eigenschaften der Individuen unterschiedlich.

Dass handwerkliche und geistige Fähigkeiten unterschiedlich verteilt sind, wirkt sich hier nicht wesentlich aus, da mit handwerklichen Fähigkeiten ebenso gut Geld verdient werden kann, wie mit geistigen Fähigkeiten. Die Disposition zu geistigen Tätigkeiten ist jedoch recht häufig gekoppelt mit einer besser ausgeprägten Fähigkeit zur Steuerung biologischer Triebe, zur Verschiebung der Befriedigung des Sexualtriebes und anderer biologisch im Körperlichen verwurzelter Antriebe, zu denen man auch den Wunsch nach Vergrößerung des Eigentums, der Vermehrung der körperexternen Bestandteile des Systems Mensch, hinzurechnen kann. Und dies hat nun erhebliche Auswirkungen.

Menschen mit der Fähigkeit zur Aufschiebung ihrer Bedürfnisbefriedigung gelingt es besser, in ihrer Jugend auf Gelderwerb durch Arbeit zu verzichten und eine längere Ausbildung (Studium) durchzuführen. Folge davon ist, dass sie später einen höheren Geldinput haben als die Individuen mit Neigung zu Sofortbefriedigung ihrer Wünsche. Dies ist deshalb "ungerecht" von der Natur, weil gerade die Systeme Mensch, die ihre Bedürfnisbefriedigung weniger gut steuern können, also einen höheren Geldbedarf haben, dann als Erwachsene Menschen weniger Geld verdienen. Zum höheren Geldbedarf gesellt sich also noch ein geringerer Geldnachschub. Dies wäre so, als ob bei Menschen mit höherem Sauerstoffverbrauch die Sauerstoffzufuhr zusätzlich gedrosselt werden würde.

Oder anders gesagt: gerade die Menschen, die aufgrund ihres naturgegebenen geringeren Steuerungsvermögens einen höheren Geldbedarf haben, haben in Konsequenz dieses Mangels zusätzlich einen geringeren Geldzufluss, so dass die Anforderung an eine Drosselung ihrer Bedürfnisse höher ist. Diejenigen, die sich nicht beherrschen können, müssen sich also mehr beherrschen.

Man könnte es auch noch anders formulieren: der Mangel an natürlicher Steuerungsschwäche wird durch eine stärkere Außensteuerung kompensiert. Diese Formulierung hat allerdings einen anderen Blickwinkel: sie unterstellt, dass hier das System höherer

Ordnung, der Betrieb, in dem das Individuum beschäftigt ist, die die Reduzierung der Geldzuwendung benutzt, um den Mangel an Eigensteuerung zu kompensieren. Wer seine Bedürfnisse nicht selbst steuern kann, der wird durch Geldmangel zur Steuerung seiner Bedürfnisse gezwungen. Der relative Geldmangel hilft dem Individuum, seine Bedürfnisse zu drosseln.

Was dieses System Mensch nicht aus innerer Steuerung vermag, muss es dann aufgrund eines äußeren Mangels mit Gewalt vollziehen. Wer einen erhöhten Sauerstoffbedarf hat, muss diesen eben senken.

Oder noch anders betrachtet: im Frühkapitalismus lebte das Individuum an der Grenze der Selbsterhaltung, heute geht es um die Selbstentfaltung. Und hier haben wir das paradoxe Phänomen, dass die Fähigkeit zur Selbstbeherrschung zu einer Verbesserung der Selbstentfaltung führt, so dass wir formulieren können:

Die Fähigkeit zur Selbstbeherrschung vergrößert die Selbstentfaltungsmöglichkeiten. Oder kurz:

Je mehr Selbstbeherrschung, desto mehr Freiheit. Denn: Freiheit ist Selbstentfaltung. Je mehr Freiheit, desto mehr Selbstentfaltung. Und natürlich gilt auch der Satz: Freiheit ist Geld oder Geld ist Freiheit. Geldzufluss ist Freiheitsvergrößerung.

Dies weiß wohl jeder Mensch seit es Geld gibt, nur an einer kleinen Gruppe von Menschen, die sich mit den letzten Weißheiten und den Anfängen des Seins beschäftigt anstatt mit der Sicherung ihren Geldnachschubs, scheint diesen Wissen vorbeigegangen zu sein. Dieser Menschenschlag, der sich Philosoph nennt, scheint immer direkt an der profanen Realität vorbeizusehen. Wichtiger ist schon die Frage, warum die Individuen, die von der Natur benachteiligt sind, nicht gegen diese Benachteiligung protestieren. Da hat einerseits die Natur vorgesorgt, andererseits hilft das System Religionsgemeinschaft nach. Die Natur hat diese Individuen mit einer geringeren Intelligenz ausgestattet, so dass sie an Märchen glauben, anstatt sich auf ihren Verstand zu verlassen. Dieses Märchen besagt, dass es einen Gott gibt, der die Menschen nach ihrem Tod selektiert. Und nach dem Tod werden dann die belohnt, denen es auf der Erde schlecht ging. Und umgekehrt.

Aber das ist alles unwichtig, nebensächlich. Auch die unterschiedliche Verteilung der Selbstbeherrschungsfähigkeit der Individuen eines Systems Staat ist unwichtig. Das führt zwar innerhalb dieses Systems zu Konflikten, Spannungen und eventuell zu Revolution. Wichtig ist die ungleiche und deshalb ungerechte Geldverteilung auf dem System Erde.

Aber das ist ein anderes Thema. Dieses Wichtige ist allgemein bekannt. Ich könnte hierzu zwar aus der Sicht der Philosophie lebender Systeme etwas beitragen. Aber dies würde nichts ändern. Mein Ansatz ist das Verhalten des Individuums, nicht die Lösung globaler Probleme.

Das Gefühl, frei zu sein, entspricht der subjektiven Erfahrung. Das menschliche Individuum kann sich in jedem Augenblick entscheiden, was es im nächsten Augenblick tun wird.

Was dem Erleben verborgen bleibt, ist in der Regel das, was es nicht unterlassen kann. Es muss beispielsweise ständig atmen. Die Atembewegungen werden vom autonomen Nervensystem gesteuert und laufen automatisch ab. Das Individuum braucht sich darum nicht zu kümmern. Es kann die Atembewegungen sogar für 2 Minuten oder auch länger unterbrechen. Aber es kann die Atembewegungen nicht auf Dauer unterlassen. Sein Verhalten ist diesbezüglich also berechenbar. Das Individuum muss auch Trinken und Essen usw. Der Stoffwechsel bzw. die Aufrechterhaltung des Stoffwechsels sind Handlungen, die nicht auf Dauer unterlassen werden können. Nun ist das Individuum Mensch genau so wie andere Individuen Teil eines Systems höherer Ordnung und muss auch innerhalb dieses Systems Aufgaben übernehmen und erfüllen. Vor dem Nahrungserwerb durch Kauf im Supermarkt steht heutzutage die Berufstätigkeit zum Gelderwerb. Die Zeiten haben sich im Vergleich zur Steinzeit gewaltig geändert. Auch hier ist das Individuum in Zwänge eingebettet, die seine Freiheit einschränken: es muss arbeiten, Geld verdienen, Essen kaufen und Essen. Natürliche Verhaltensweisen wie Nahrungssuche (Sammeln und Jagen) und Nahrungsaufnahme (Essen) sind inzwischen deformiert oder –

neutral gesagt – umgeformt worden zu Arbeitstätigkeit in einem Betrieb oder als Selbständiger und Einkaufen gehen. Die Nahrungsaufnahme hat sich noch nicht sehr verändert, ist lediglich verfeinert worden.

Aber: der Freiheitsgrad des Individuums ist ständig gewachsen. Das Individuum ist nicht mehr darauf angewiesen, Tiere der Umgebung zu jagen oder fangen oder die Früchte der Umgebung zu sammeln. Es kann sich inzwischen entscheiden, ob es Bananen aus Südamerika, Tee aus Indien oder Schweinefleisch aus Großbritannien konsumiert oder aus anderen Regionen, oder sich zu anderer Kost entscheiden. Dies alles betrifft Handlungen, die dem Überleben dienen. Diese sind vielfältiger geworden und das Individuum verfügt über viele Entscheidungsfreiheiten, die es früher nicht hatte. Der Eindruck der Freiheit ist also berechtigt. Er beruht auf Erfahrung.

Ähnlich ist es mit dem Bereich der Fortpflanzung. Früher wurde der Partner im Nachbardorf gesucht, oft noch von den Eltern. In manchen Gegenden der Erde ist es heute noch so. In der entwickelten Welt jedoch hat jedes Individuum die Möglichkeit, sich seinen Partner überall in der Welt selbst zu suchen oder einen Partner zu wählen, der von sonst woher in seine Wohngegend gezogen ist. Die Auswahl hat enorm zugenommen, der Freiheitsgrad der Wahl ist ins Unermessliche gestiegen. Aber: dem Anreiz, sich sexuelle Befriedigung zu verschaffen, kann sich das Individuum trotz aller Entscheidungsfreiheit nicht entziehen. Seine Hormone, deren Produktion durch genetisch gespeicherte Daten gesteuert wird, drängen ihn nach wie vor, sich in gewissen Abständen einen Orgasmus zu verschaffen. Darauf verzichten kann das Individuum nicht und warum sollte es auch? Die Verhaltensweisen, die mit der Verschaffung sexueller Befriedigung verbunden sind, haben sich zwar verändert, sie sind jedoch ebenfalls kulturell umgeformte Verhaltensweisen, die ursprünglich der Vermehrung dienen und die das Individuum geflissentlich nicht unterdrücken sollte. Die Unterdrückung derartiger Verhaltensweise ist jedoch leichter möglich als die Unterdrückung der Sauerstoffzufuhr und des Essens und Trinkens. Die Unterdrückung sexueller Befriedigung führt lediglich zu neurotischen Erkrankungen, die die betroffenen Individuen als störend erleben und die der Berufsgruppe der Psychotherapeuten als Nahrungsquelle dient.

Die Entscheidung für eine Bewegungsrichtung wird zu bestimmten Zeiten zwar vom Bedürfnis nach sexueller Vereinigung mit einem Partner (vom Sexualtrieb) getroffen, meist jedoch vom Hunger, also vom Bedürfnis, die innere Homöostase aufrecht zu erhalten. Die Entscheidungen zur Normalisierung des einen oder anderen Sollwertes benötigen gar kein denkendes Gehirn und kein bewusstes Wissen. Frei ist vielleicht die Wahl für die Haarfarbe des Partners oder für Selterwasser oder Orangensaft.

Der Wille für eine Bewegungsrichtung eines lebenden Systems der Ordnungshöhe Individuum ist das Resultat zweier Kräfte, deren eine von innen als Bedürfnis kommt, deren andere als äußerer Reiz vorhanden ist. Das habe ich bereits beschrieben.

Die innere und die äußere Kraft kann man natürlich noch differenzieren, so gibt es häufig mehrere innere Bedürfnisse und mehrere äußere Reize. Darauf kommt es hier jedoch nicht an. Man kann natürlich argumentieren, dass diese Kräfte die Bewegungsrichtung determinieren, so dass nicht von einer Entscheidung gesprochen werden kann. Also gut, lassen wir diesen Begriff weg und sprechen nicht von Entscheidung oder Wahl einer Bewegungsrichtung. Das Resultat ist das wesentliche und das Resultat ist, das in jedem Moment der Bewegung des Individuums immer nur ein Ortswechsel vom gegenwärtigen Aufenthaltsort in nur einen benachbarten Aufenthaltsort vorgenommen werden kann. Von theoretisch unendlich vielen Richtungsmöglichkeiten wurde nur eine realisiert. Für den Menschen scheint typisch zu sein, dass er dabei anscheinend ein Bedürfnis hat, dies nicht als Resultat zweier Kräfte, die er nicht zu beeinflussen vermag, anzusehen, sondern als Resultat einer Entscheidung. Hier geht es ja nicht um eine Einbildung und die Frage, woher diese kommt, sondern darum, dass stets von unendlich vielen Möglichkeiten nur eine realisiert wird und damit die Freiheitsmöglichkeiten, die das Individuum vorher hatte, von unendlich vielen durch die Realisierung einer reduziert wurde und auf die anderen verzichtet wurde.

Beim Menschen sieht es nun aber doch etwas anders aus, da es hier nicht banal um Bewegungen geht, sondern um eine Entwicklung von Fähigkeiten. Damit meine ich jetzt nicht die Partnerwahl. Bei dieser geht es um die Evolution, also um die Vermischung genetisch gespeicherter Daten und damit um die Chance, neue Genkombinationen und dadurch neue Möglichkeit neuer Arten lebender Systeme zu finden, was inzwischen durch den menschlichen Geist überflüssig geworden ist. Der Mensch realisiert nicht nur irgendwelche Ortswechsel, die der Nahrungssuche oder der Befriedigung seiner Vergnügungssucht dienen, sondern seine Aktivitäten dienen sehr häufig der Realisierung noch nicht entwickelter handwerklicher oder geistiger Fähigkeiten. Meist geht es bei diesen Realisierungen von Möglichkeiten letztlich darum, Fähigkeiten zu erlernen oder zu entwickeln, die bessere Verdienstmöglichkeiten gestatten. Sie dienen dem effektiveren Gelderwerb. Da mit Hilfe des Geldes dann Fähigkeiten anderer Systeme Mensch käuflich erworben werden können, dienen diese Verbesserungen von Gelderwerbsmöglichkeiten durch Ausbildung und Training der Erweiterung von Handlungsmöglichkeiten, sie dienen der Selbstentfaltung.

Was zunächst als eine Reduzierung von Freiheitsgraden imponiert, entpuppt sich als eine Erweiterung von Handlungsmöglichkeiten. Diese Umkehr ist möglich geworden durch das Geld. Das Geld hat es dem Menschen ermöglicht, eine schicksalhaft unabänderlich erscheinende Abnahme von Freiheitsgraden in eine Zunahme von Freiheitsmöglichkeiten umzuwandeln.

Nun ist es natürlich nicht so, dass Geld irgendwann von einem klugen Menschen erfunden worden wäre. Das Geld hat sich entwickelt. Zunächst waren Tauschgeschäfte da, später kam automatisch das Geld dazu als Mittel, realisierte und entäußerte Fertigkeiten, die sich in irgendwelchen Waren manifestiert hatten, zu konservieren. Der Tauschpartner, dem ich ein von mir produziertes Schwert gebe, gibt mir dafür keine Milch, und ich will auch keine Milch dafür, weil ich genug zu Essen und zu Trinken habe. Ich will gar nichts dafür, weil ich nichts brauche. Aber der Tauschpartner benötigt unbedingt mein Schwert. Da er es haben will, gibt er mir dafür eine Zahl, einen bestimmten Betrag von Geld. Diesen Betrag kann ich aufheben, er verschimmelt nicht, ich kann ihn meinen Kindern vererben, aber ich kann ihn auch wieder verwandeln in Waren und in Genussmöglichkeiten.

Geld ist kondensierte Selbstentfaltung, es lässt sich verwandeln in 1000 Genuss- oder Handlungsmöglichkeiten, es erlaubt auch schnellere Ortswechsel durch Kauf von Bewegungsmaschinen (Autos) oder Fahrscheinen. Aber genau so, wie ich mich nur von einem Moment zum anderen immer nur in eine Richtung bewegen kann und damit Bewegungsmöglichkeiten reduziere, kann ich Geld nur einmal ausgeben. Geld gestattet sozusagen Bewegung in eine neue Dimension und es gestattet ein Sammeln, ein Konservieren von Entfaltungsmöglichkeiten. Es ist ein Mittel, das die Zeit überwindet.

Es enthält Zeitquanten, Zeitoptionen. Ich kann entscheiden, ob ich mir die in einem Stuhl festgehaltenen Fertigkeiten eines Tischlers, die dieser vor einem Jahr in den Stuhl hineingesteckt hat, heute kaufe oder morgen, oder ab ich warte, mehr Geld ansammle und mir übermorgen einen bequemen Sessel kaufe. Im Geld ist nicht nur Zeit, Arbeitszeit konserviert und alle vorstellbaren Fähigkeiten, sondern auch die Freiheit, es nicht jetzt, sondern irgendwann oder auch nie auszugeben und Möglichkeiten zu realisieren.

Für das Individuum hat das Geld eine äußerst wichtige Funktion. Seltsam. Entstanden ist es als Äquivalent bei Warentauschgeschäften. In der Hand des Individuums mutiert dieses Symbol für einen Wert, diese Zahl, zu einer Steuerungshilfe. Die Befriedigungsregelkreise sind selbstverstärkend. Das Individuum will immer mehr Lust, hat auf Dauer nie genug. Es hat aber nun zwei Probleme: auch Lustbefriedigung und Genuss verbraucht Zeit, und natürlich auch Geld. Beides ist begrenzt. Zeit ist begrenzt und die Geldmenge ist begrenzt. Mehr Geld durch Effektorentätigkeit verdienen bedeutet, mehr Zeit zu investieren. Diese Zeit geht der Genusszeit verloren. Die Begrenzung der Geldmenge wird zu einem einschränkenden Faktor. Das Individuum braucht keinen Übervater, der ihm Lust verbietet. Es braucht keine äußere oder innere Instanz, die ihm sagt: hier ist deine Grenze, mehr geht nicht.

Diese Funktion übernimmt das Geld. Das Geld setzt ihm eine Grenze. Die begrenzte Geldmenge begrenzt seine unersättliche Genusssucht. Die Selbstentfaltung tritt in Konkurrenz zur Selbsterhaltung. Und da siegt die Selbsterhaltung. An erster Stelle kommt das Essen und Trinken, dann erst die Lust. Erst danach kann Geld in Lust verwandelt werden. Da setzt das übrig gebliebene Geld dann die Grenze. Damit hat es nicht nur für das System Mensch die Funktion einer Grenze oder eine Steuerungsfunktion, sondern auch global für das System Menschheit. Die Geldmenge begrenzt nämlich nicht nur die Genussmenge oder die Konsummenge, sondern damit auch die Abfallmenge. Allerdings darf ich in diesem Zusammenhang nicht über das Schuldenmachen nachdenken. Dieses hebt die Steuerungsfunktion des Geldes wieder auf und macht das Individuum zum Sklaven seiner Wünsche, zum Sklaven seiner Bank.

Im Grundsatz führt jegliches Wachstum zu Problemen. Wachstum, also die Summe der "Regelkreise Selbstentfaltung", führt zu einem ständigen Mehr des Erwünschten und Mehr des Unerwünschten. Wie oben gezeigt, führt auch geistiges Wachstum dann, wenn es sich in Produktion neuer Maschinen umsetzt, zur Produktion nichterwünschter Materie. Materielles Wachstum, also die Vergrößerung der Systeme Mensch in den modernen Industriestaaten, hat ebensolche Folgen, und natürlich auch die Vermehrung der Systeme Mensch, das Kinderkriegen.

Insgesamt stellen also die Regelkreise mit positiver Rückkopplung, stellt die Selbstentfaltung, ein Problem dar.

4.15. Alternative Methoden der Lebensführung

Bisher habe ich lediglich die gesellschaftlich erwünschten Methoden der Geldbeschaffung erwähnt, nämlich Anpassung und Arbeit in den unterschiedlichen Formen.

Diese erwünschten Methoden sind nicht nur gesetzeskonform, sondern sie werden in besonderer Weise belohnt. Wer arbeiten geht, wird für seine Mühe einerseits natürlich mit Geld belohnt, andererseits mit Anerkennung. Die Geldbelohnung bemisst sich an der Zeit, die das Individuum aufwendet, und an der Qualifikation, an den Fachkenntnissen des Individuums. So ganz grob.

Da für das Geld Dinge angeschafft werden können, also Geld eine Vergrößerung des Systems Mensch darstellt, kann man auch sagen, die Belohnung besteht in einer Vergrößerung des Systems oder auch in einer Vermehrung der Genussmöglichkeiten, denn mit Geld kann ja nicht nur Materielles angeschafft werden, materieller Besitz, sondern auch Lust, Genuss usw..

Die mit der Anerkennung verbundene Belohnung besteht in Lob, das das Individuum für seine Tätigkeit erntet. Anpassung an die Gesellschaft wird gelobt und mit Anerkennung belohnt. Wer arbeiten geht, oder unentgeltlich für die Allgemeinheit tätig ist, wie Mütter, Hausfrauen oder ehrenamtlich Tätige, ist ein gutes Mitglied der Gesellschaft. Er darf sich mit dem Erfolg seiner Firma oder seines Staates identifizieren. Diese Identifikation mit den Systemen höherer Ordnung verschafft eine ideelle Vergrößerung dessen, was man ICH oder Selbst nennen kann. Und derartige Selbstvergrößerungen, die auf der anderen Seite in der Regel mit einer Selbstaufgabe verbunden ist, verschafft narzisstische Befriedigung. Auch dies ist ein Regelkreis: Dieser Regelkreis besteht ganz einfach in der Aktion der Anpassung (Selbstaufgabe) und der Belohnung für diese Anpassung, der narzisstischen Befriedigung. Andersherum betrachtet, nämlich von der Sollwerteinstellung her: das Individuum benötigt zum Leben nicht nur Luft, Essen und Trinken, sondern auch narzisstische Befriedigung. Das Individuum hat nicht nur Hunger und Durst, sondern auch ein Verlangen nach Anerkennung. Anscheinend verbraucht das Individuum nicht nur materielle Energie und muss deshalb für Nachschub von Essen und Trinken sorgen, sondern es verbraucht auch ständig Anerkennungsquanten, so dass permanent ein Abweichung des Anerkennungsistwertes vom Sollwert droht. Diesen ständigen Nachschub von Anerkennungsquanten holt sich das Individuum durch seine Anpassung, durch seine bezahlte oder unbezahlte Tätigkeit für die Allgemeinheit, für die Gesellschaft, für die Systeme höherer Ordnung, in denen es lebt, eventuell sucht es auch nach Anerkennung von seiner Religionsgemeinschaft - auch ein derartiges System höherer Ordnung.

So weit kurz zur erwünschten Form der Geldbeschaffung und dem Nebeneffekt, dem ständig erforderlich Ausgleich des narzisstischen Befriedigungshaushaltes durch Anpassung und damit verbundener Anerkennung.

Nun gibt es aber auch immer Individuen, die auf derartige Anerkennung pfeifen. Oder diesen Kuhhandel ablehnen. Oft haben sie noch nie im Leben narzisstische Anerkennung erfahren. Ihre Eltern waren in ihrer Säuglingszeit keine Effektoren für sie, sondern haben ihre eigene Befriedigung in den Vordergrund gestellt.

Wie auch immer. Vielleicht gibt es auch angeborenerweise Menschen mit hohem Bedarf an Anerkennungsquanten und Menschen mit niedrigen Bedarf an Lob.

Es gibt jedenfalls im Endeffekt stets Menschen, die sich nicht anpassen und die sich auf gesellschaftlich nicht gewünschte Arten Geld beschaffen. Oder sie nehmen sich das, was sie benötigen, ohne dafür Geld zu bezahlen.

Dafür können sie "illegale" Methoden anwenden, stehlen, betrügen, rauben usw.. Das Nehmen (ohne Geld zu bezahlen) entspricht dem natürlichen Impuls. Der Regelkreis kann sich ohne künstliche Bedingungen, wie Arbeit und Geld, schließen.

Dagegen hat die Gesellschaft nun das Rechtssystem installiert, das derartige unerwünschte Verhaltensweise negativ rückkoppelt. Das unerwünschte Verhalten wird bestraft. Das soll zukünftig zum erwünschten Verhalten führen. Die ursprünglich vorhandene positive Rückkopplung wird durch die Gesellschaft negativ rückgekoppelt. Durch die Bestrafung erfährt das Individuum sekundär, "künstlich", Unlust.

Es gibt aber auch andere Strategien zur Umgehung der Anpassung. Die narzisstische Befriedigung holen sich diese Individuen zum Beispiel durch Konsum von Drogen, die nicht nur Lusterlebnisse verschaffen, sondern auch den Zufriedenheitszustand, der "normalerweise" das Resultat des ausgeglichenen narzisstischen Befriedigungshaushaltes ist. Dieser Weg der Vermeidung von Anpassung führt allerdings zu Abhängigkeit, zu Abhängigkeit von der ständigen Zufuhr der Droge, unter Umständen von einem ständig steigenden Bedarf an der Droge. Da wird die Anpassung an die Gesellschaft von der Anpassung an die Droge ersetzt.

Die einfachste Strategie ist die der Erniedrigung des Bedarfs. Die Methode der Selbstbeherrschung. Diese wird von Anhängern verschiedener Religionen praktiziert. Wer wenig Geld benötigt, kann heutzutage bereits von der sogenannten "Sozialhilfe" leben, die in reichen Staaten an Menschen bezahlt wird, die sonst keine Einkünfte haben. Dafür ist nicht einmal ein asketisches Leben erforderlich.

Es gibt aber zum Beispiel auch "Künstler". Dies ist eine Menschengruppe, die ihre narzisstische Befriedigung aus der Herstellung von Kunst zieht. Leider ist diese Methode dann unwirksam, wenn die Produkte der Kunsttätigkeit keine Anerkennung oder zumindest keine materielle, in Geld fassbare, Anerkennung finden.

Eine besondere Methode, seinen Geldbesitz zu vermehren, ist die, das Geld als solches für sich "arbeiten" zu lassen. Das ist die Methode der Spekulanten. Der persönliche Aufwand ist dabei sehr gering, praktisch gleich null, der Gewinn kann beträchtlich sein. Je höher dieser Gewinn sein kann, desto stärker ist allerdings die Gefahr, das aufgewendete Geld zu verlieren. Das Besondere ist, dass der Spekulant keinerlei Anpassungsleistung vollbringen muss. Er vermeidet Effektortätigkeit. Dennoch führt diese Methode, wenn sie erfolgreich ausgeübt wird, zu einer Geldanhäufung, die durch Arbeit niemals erreichbar wäre. Er profitiert von der Anerkennung eines Betriebes, die nicht immer in Beziehung zur Leistung dieses Systems höherer Ordnung steht. Die gesellschaftliche Belohnung dieser Geldvermehrungsmethode ohne Arbeit und andere legale Geldbeschaffungsmethoden ohne entsprechende Effektorleistungen stempelt den arbeitenden Teil der Menschen, also die überwiegende Mehrheit der Individuen, nebenbei zu Idioten. Die damit verbundene narzisstische Kränkung der Menschenmehrheit ist eine Ursache für bisweilen auftretende gewaltsame gesellschaftliche Veränderungen.

Auch diese grobe Aufzählung von Möglichkeiten, Geldbesitz außerhalb der normalen Berufstätigkeit zu vermehren, kann fast beliebig fortgesetzt werden, was jeder Leser für sich tun kann.

4.16. Die Arbeitslosigkeit

Arbeitstätigkeit ist Effektorentätigkeit. Es ist seltsam: unser Gefühl sagt uns, für einen anderen zu arbeiten ist Erniedrigung, Sklaventum, Selbstentfremdung. Dieses Sklaventum wird uns versüßt durch das Geld. Wer arbeitet, verkauft sich. Arbeit verletzt den Stolz. Ein stolzer Mensch arbeitet nicht.

Das ist das alte Denken. So dachten die "alten" Griechen. Deshalb hatte der Grieche Sklaven. So denken die Menschen immer noch in weiten Teilen der Welt. In den armen Ländern, den Ländern der Dritten Welt. Dieses Denken ist weit verbreitet bei den Unterprivilegierten. Vielleicht auch bei vielen Arbeitslosen in den reichen Ländern. Wahrscheinlich denken die aktiven Unterprivilegierten und die aktiven Arbeitslosen so. Dieses alte Denken wehrt jedoch den Fortschritt ab. Die Maschine ist fremd, nicht ins Ich integriert. Das alte Denken will den Fortschritt nicht wahr haben. Der Fortschritt besteht darin, dass der Mensch Maschinen geschaffen hat. Diese Maschinen, seine nicht-lebenden körperexternen Effektoren, sie gehorchen ihm. Sie erleichtern ihm seine Arbeit. Sie sind effektiver als die menschlichen Effektoren. Sie schaffen mehr. Sie sind besser als er. Ich sage: sie sind seine nichtlebenden Organe.

Gerade deshalb hasst der stolze Mensch die Maschinen. Die Maschinen kränken sein Selbstwertgefühl. Der Mensch hat sich selbst zum Anhängsel der Maschinen degradiert. Er ist weniger wert als sein Werkzeug. Die Maschine des Menschen diktiert ihm eintönige Handlungen und macht den Fabrikarbeiter zum Krüppel. Der Industrieroboter zerstört die Kreativität des Individuums.

Das ist wieder das alte Denken. Dieses alte Denken ist logisch richtig. Es fordert Protest. Es fordert Kampf. Es fordert Revolution. Die Revolution hat auch stattgefunden. Lenin, Stalin und andere haben die marxistische Philosophie in die Tat umzusetzen versucht. Die Revolution ist gescheitert. Das alte Denken hat nicht berücksichtigt, dass Effektorentätigkeit und Kreativität getrennt wurden. Der Mensch hat seine Kreativität in die "Freizeit" verlegt. Gegen Ende des zweiten Jahrtausends nach Christi Geburt hat sich die Welt grundlegend verändert. Die Diktatur des Proletariats hat sich friedlich aufgelöst. Ihr lag eine falsche Interpretation der Welt und des Menschen zugrunde. Geblieben ist jedoch der Widerspruch. Das alte Denken lebt weiter. Aber worin besteht der Widerspruch?

Zunächst die Antwort auf eine andere Frage. Auf die Frage: worin zeigt sich der Widerspruch?

Der Widerspruch zeigt sich einfach darin, dass die Realität des menschlichen Erlebens ganz anders aussieht, als das alte Denken erwarten lässt. Der arbeitende Mensch leidet nicht an einer Depression. Der Mensch, der von der Maschine unterdrückt wird, dessen Arbeitskraft ausgebeutet wird, fühlt sich wohl. Und umgekehrt: der Mensch, der vom Produktionsprozess ausgeschlossen ist, fühlt sich elend. Der Mensch, von dem niemand eine Dienstleistung in Anspruch nimmt, fühlt sich zu nichts nutze. Der Arbeitslose leidet. Das gilt für jeden, der nicht arbeitet: für den gesunden Erwachsenen, der keine Arbeit hat, für den arbeitsunfähigen Kranken, für den aus dem Berufsleben ausgeschiedenen Menschen ohne Beschäftigung. Der Mensch, der sich nicht verkauft, der stolze sich selbst treu bleibende griechisch denkende Mensch, dieser Mensch hat die "Arschkarte" gezogen! Er ist lebend tot. Ganz egal, ob er in einer Industrienation arbeitslos ist und Arbeitslosenhilfe bezieht, oder ob es sich um einen arbeitslosen Menschen in einem Land der Dritten Welt handelt, der hungert; völlig unabhängig davon, ob er also gut lebt oder schlecht lebt: der Arbeitslose ist unglücklich. Er hat im Vergleich zum Arbeitenden alle Zeit der Welt, um sich zu entwickeln, sich zu amüsieren, das Leben zu genießen; er hat den ganzen Tag Zeit, sich sexuelle Lust zu verschaffen. Dennoch fühlt er sich nicht wohl und hat Sehnsucht nach Effektorentätigkeit. Der von Arbeit befreite Mensch ist unglücklich. Die Theorie, dass der als Effektor tätige Mensch seine Menschlichkeit verliert, ist falsch. Diese alte Theorie berücksichtigt nicht die reale Wandlung des Menschen zum System Mensch.

Diese Entwicklung hat natürlich sehr viel mit der Einführung des Geldes zu tun. Geld ist nicht nur ein Zahlungsmittel, sondern auch ein Steuerungsmittel. Mit der Verteilung seines Geldes, seines materiellen Eigentums, also mit seinem Geldausgeben kann das

Geld verdienende Individuum dirigieren. Es betätigt sich als Dominator über andere Menschen. Aber auch dies ist nur eine Seite, die ins Auge springende profane Seite. Das wesentliche ist: Dem Arbeitslosen fehlt der Zusammenhang zu seinen Mitmenschen. Durch seine Effektorentätigkeit stellt das Individuum eine Verbindung zu seinen Mitmenschen her. Das Individuum geht in einem System höherer Ordnung auf. Es wird zu einem ganz kleinen Rädchen im Gefüge der Menschheit. Darin besteht seine Verkleinerung. Diese führt jedoch nicht zu Niedergeschlagenheit und Verzweiflung, weil das Individuum gleichzeitig Teil eines riesigen Apparates ist, der den Planeten Erde umspannt. Seine Effektorentätigkeit erlaubt es ihm, sich als Teil der Menschheit zu erleben. Sie verschafft ihm Größe. Sie gibt ihm Anerkennung. Und dies nicht etwa aufgrund einer "Einbildung". Nein. Es entspricht der Realität, dass die Berufstätigkeit das Individuum in die Menschheit integriert. Dies ist ein Aspekt der Globalisierung. Nebenbei sei mir ein Hinweis auf ein Grundaxiom der Philosophie lebender Systeme gestattet: "Globalisierung" erklärt natürlich nicht, warum sich der Mensch freut, wenn er durch eine Einordnung in ein System höherer Ordnung an dessen Größe teilhat. Er freut sich natürlich deshalb, weil seine genetisch festgelegte Programmierung dies vorsieht. Letztlich sorgen also seine Gene dafür, dass er sich einordnet und sich dabei wohl fühlt, narzisstische Befriedigung empfindet. Ich erinnere auch an den bereits breit getretenen Gesichtspunkt: Dominatortätigkeit ist bei weitem nicht so attraktiv wie zunächst geglaubt wird. Ihr haftet nämlich auch die Abhängigkeit an. Die Abhängigkeit von den Effektoren. Die Abhängigkeit des Säuglings von seinen Eltern. Nebenbei eine Allgemeinbemerkung: Die Philosophie lebender Systeme integriert Evolutionsbiologie, Gesellschaftswissenschaft und Psychologie. Hier vor allem Tiefenpsychologie, die Psychoanalyse.

Aber zum Arbeitslosen: Realität ist auch, dass Arbeit ungleichmäßig verteilt ist. Nicht nur national, sondern auch global wird Arbeit ungleichmäßig verteilt, wird damit auch Entlohnung ungleichmäßig verteilt. Geld wird ungleichmäßig verteilt. Effektorentätigkeit wird ungleichmäßig verteilt. Aber auch: Zeit wird ungleichmäßig verteilt. Der Arbeitende hat wenig Zeit für sich, der Arbeitslose hat viel Zeit. Diese ungleichmäßige Verteilung ist das Problem, das die Menschen und die Menschheit nach wie vor in zwei Lager teilt. Die ungleiche Verteilung des Geldes findet seinen Höhepunkt, wenn Nichtstun und Negativleistung belohnt wird, was im modernen Staat praktiziert wird. Ich spreche von der Belohnung von "Beratertätigkeit". Der Berater äußert lediglich eine Meinung. Er trifft keine Entscheidung und er produziert nichts, ist weder Dominator, noch Effektor. Er betätigt sich als Krücke für unfähige Dominatoren. Der Berater verdient an der Unfähigkeit der Entscheidungsträger. Dies ist eine Geldvernichtung. Geld ist der Sauerstoff des Systems Staat. Eine andere Verschwendung dieses wertvollen Stoffes ist die finanzielle Belohnung von Versagern. Versager werden für ihren Rücktritt von einem Amt mit Millionenbeträgen belohnt. Ein System höherer Ordnung, das seine Geldverteilung nicht an der Leistung seiner Individuen bemisst, destabilisiert sich damit.

Hier geht es natürlich nicht um die Frage, wer für diese Ungleichverteilung verantwortlich ist. Darüber kann sich jedes System Mensch eine eigene Meinung bilden. In einem Buch über das System Mensch kann es nur um die Frage gehen: was hindert das System Mensch daran, eine Gleichverteilung vorzunehmen?

Die Antwort der Philosophie lebender Systeme ist wie immer kurz: Seine biologischen Verhaltensregeln hindern ihn, das Selbstentfaltungsprogramm hindert ihn daran.

Das Verhalten lebender Systeme wird von zwei Motoren angetrieben. Vom Motor Selbsterhaltung und vom Motor Selbstentfaltung. Diese Motoren haben eine genetische Grundlage. Die Selbstentfaltung drängt das Individuum, sich weiter zu vergrößern, sich zu entfalten. Das bedeutet: seinen materiellen oder seinen geistigen Körper immer mehr zu vergrößern, also immer weiter zu wachsen. Geld verdienen bedeutet materielles Wachstum. Dieses materielle Wachstum schränkt das Individuum nicht freiwillig ein. Es verzichtet nicht freiwillig auf Arbeit oder auf Geldeinnahme. Es gibt nicht freiwillig Arbeit oder Geld ab. Es gibt jedoch einen alternativen Weg der Selbstentfaltung. Das ist der

Weg der geistigen Selbstentfaltung. Der Weg der Vergrößerung des immateriellen Körpers. Der geistige "Raum" ist unbegrenzt. In diesem "Raum" können sich alle Systeme Mensch entfalten, ohne in Konkurrenz zu treten. Allerdings lässt dieser Raum auch Platz für den Glauben, den Aberglauben und die Verbreitung von Märchen über ein Jenseits. Das wäre allerdings ein Missbrauch des geistigen "Raums" zur Verschleierung von Ungleichverteilung materieller Güter. Jeder Mensch ist anders, ist ein Individuum. Ich erinnere an das Gesetz der Individualität[31]. Jedes Individuum sollte sich aber darüber im klaren sein, dass es keine unbegrenzte Entfaltungsmöglichkeit für alle Individuen auf dem Planeten Erde gibt. Jedes Individuum muss wissen, dass es seine materielle Selbstentfaltung begrenzen muss, wenn die Menschheit überleben soll. Der Begriff "materiell" ist dabei in allen seinen Varianten zu verstehen: Geld, Besitz körperexterner nichtlebender Systeme, Zeugung und Aufzucht weiterer lebender Systeme. Letzteres direkt formuliert: Kinderkriegen.

Das Überleben des Systems Menschheit und eine unbegrenzte materielle Selbstentfaltung jedes Systems Mensch schließen sich gegenseitig aus. Entweder das Eine oder das Andere. Beides zusammen gibt es nicht.

Der durchschnittliche Mensch der europäischen Kultur – also auch der Nordamerikaner – leidet an einer kollektiven Krankheit. Diese Krankheit heißt Geldsucht. Ließe man ihn wählen zwischen viel Geld und wenig Zeit zum Konsum, zum Genuss einerseits und andererseits wenig Geld und viel Zeit: er würde auf Zeit und Genuss verzichten, er würde seine Zeit für Effektorentätigkeit und Gelderwerb verbrauchen. Das Geld ist der Gott des modernen Menschen. Würde man Arbeit und Arbeitszeit global gleichmäßig verteilen, hätte jeder Mensch Arbeit. Aber was ist in Wirklichkeit? Wer Arbeit hat, arbeitet noch mehr, macht Überstunden oder sucht sich einen Nebenjob. Der moderne Mensch erlebt nur sein Geldwachstum als Wachstum. Die Vergrößerung seines

---

[31] Kapitel 2.2. meiner Philosophie lebender Systeme (2000). ISBN 3-00-004282-2

anfassbaren materiellen Eigentums. Der moderne westliche Mensch ist immer noch ein Handmensch. Nur das, was er anfassen kann, begreift er. Er sieht nur mit seiner Hand. Er benutzt seine Augen noch nicht zum Sehen. Er könnte Zeit gewinnen. Zeit für sein geistiges Wachstum. Er erkennt nicht den Wert der Zeit. Zeit zum Nichtstun. Zeit für Entspannung. Zeit für Kontemplation. Zeit für Meditation. Zeit für sich. Zeit zur Reifung. Geistiges Wachstum ist ihm nur: lernen, lernen, lernen, auswendig lernen, Formeln lernen, Gesetze lernen, Fremdsprache lernen, Zahlen lernen usw. usw.. Der Mensch der europäischen Kultur meint, geistig wachsen können hat etwas mit Intelligenz zu tun. Das ist die westliche Vernebelung des Begriffs "Geist". In Wahrheit ist dieser abendländische Begriff des Geistigen eine Abwertung dessen, was geistiges Wachstum bedeutet. Geistiges Wachstum ist nicht das Lernen von Fakten oder Ergebnissen möglichst vieler wissenschaftlicher Disziplinen. Das kann ein Weg sein. Geistiges Wachstum ist das Erkennen von Zusammenhängen. Das immer tiefere Erleben und Erkennen der Einheit. Der Einheit der Menschen. Der Einheit alles Lebendigen. Der Einheit der lebenden und der nichtlebenden Systeme. Der Einheit des Existierenden. Der Einheit der Existenz mit der Nichtexistenz. Aber auch das Erkennen des Zusammenhangs zwischen meinem Handeln und dem Handeln meines Partners, oder des Zusammenhangs zwischen meinem Konsumverhalten und der Armut des Baumwollpflückers auf der anderen Seite des Erdballs, oder des Zusammenhangs zwischen meiner Bequemlichkeit und der Veränderung der Erdatmosphäre. Letztlich ist mein Verhalten eingebettet in Regelkreise kosmischen Ausmaßes. Oder auch das Erkennen meines Getrenntseins von der Welt. Das Erkennen von Unterschieden. Oder das Eindringen in einen Gegenstand oder ein Thema. Oder das Spielen. Oder oder oder. Es gibt unendlich viele Möglichkeiten geistigen Wachstums. Nur: geistiges Wachstum wird nicht vergütet. Es bringt kein Geld. Aber: der Arbeitslose hat sogar bessere Chancen auf geistiges Wachstum als der, der seine Grenze beim Arbeiten und Geldverdienen nicht findet.

4.17. Die vier Erbschaften des Menschen

Der Übergang vom Menschen zum System Mensch ist nicht nur durch eine aktuelle räumliche Vergrößerung des Menschen charakterisiert, durch eine Veränderung seiner Begrenzung während seiner Lebenszeit, durch die Nutzung körperunabhängiger lebender und maschineller Effektoren, sondern auch durch eine zeitliche Ausdehnung seines Einflusses über seine Lebenszeit hinaus, in die Zukunft.

Ich kann mich kurz fassen.

Unter "Erbschaft" wird die Vererbung des materiellen Eigentums inclusive des Geldes des Erblassers verstanden. Schon diese Erbschaft zeigt, dass der Mensch eben nicht nur seine Gene von seinen Eltern erbt, sondern auch deren Geld (eventuell auch deren negatives Geld, nämlich die Schulden). Die genetische Erbschaft stattet das Individuum mit bestimmten Dispositionen, Fähigkeiten usw. aus, nicht nur mit äußeren körperlichen Merkmalen, sondern auch mit charakterlichen Merkmalen.

Die Gelderbschaft (und die sonstige materiellen Erbschaft) hinterlässt dem Erben darüber hinaus noch Geld, also Fähigkeiten, die nicht genetisch gespeichert sind, sondern die durch Geld erworben, gekauft werden können. Die Nutzung körperexterner Effektoren in Form anderer Menschen (Dienstleistungen) oder menschlicher Produkte (Waren), in denen Fähigkeiten und Zeit konserviert ist, oder von Maschinen als nicht lebende aber bewegliche körperexterne Effektoren (z.B. ein Kühlschrank oder ein Auto) wurde bereits geschildert. Die Gelderbschaft stellt eine Erweiterung des Erbes dar, eine enorme Vergrößerung der natürlicherweise im Ei oder im Samen enthaltenen Nährstoffe für den Nachkommen.

Zu Genen und Geld gesellt sich ein drittes G, nämlich der Geist.

Die Gene erbt das Individuum von seinen Eltern, das Geld erbt es ebenfalls von seinen Eltern. Aber das Geld versetzt das menschliche Individuum in die Lage, sich körperunabhängige Effektoren anzueignen, also seine Grenzen nach eigenem Ermessen, nach eigenen Bedürfnissen und nach eigenen Entschlüssen zu erweitern.

Hinzu kommt die geistige Erbschaft. Hier sind nicht mehr die Eltern die Erblasser, sondern die gesamte Menschheit. Das menschliche Individuum erbt durch seine Sprach- und Lesefähigkeit, die es von seinen Eltern und in der Schule erlernt, das gesamte Wissen der Menschheit und auch der bereits verstorbenen Menschen. Dieses Erbe an Ideen, an Wissen, an Gedanken und Theorien, die auf Vervollkommnung harren, ist das eigentlich Menschliche, das aus dem Tier "Mensch" das "System Mensch" macht.

Oder um es genauer zu sagen: die Gen-Erbschaft und die Geld-Erbschaft machen aus dem Menschen zunächst ein Monster, das sich immer mehr vergrößert, ein explodierendes System, das durch sein exponentielles Größenwachstum in der Summe der Menschenmonster mit ihren ständig wachsenden Bedürfnissen zum Untergang der Menschheit führt.

Erst durch die Geist-Erbschaft gewinnt das System Mensch die Möglichkeit, sein exponentielles Größenwachstum im geistigen Raum auszuleben und sich wieder in das System Erde mit seinen vielfältigen lebenden Systemen einzuordnen, anstatt es mit seinen Abfällen zu verpesten.

Da sind wir bei der vierten Erbschaft.

Die natürlichen Ausscheidungen des Menschen im Kot, im Urin, im Schweiß und in der Ausatemluft kehren in die Umwelt (in das Nicht-ICH) zurück und werden von anderen Systemen verwendet. Alle natürlichen Systeme, lebende und nicht-lebende, bilden eine Einheit ineinander verschachtelter Regelkreise, in der sozusagen kein Rest übrig bleibt.

Mit Hilfe seines Geistes ist das System Mensch aber in der Lage, die Natur umzugestalten, die lebenden Systeme (Tier- und Pflanzenzüchtungen, Genmanipulation) und die nicht-lebenden Systeme. Bei der Produktion neuer nicht-lebender Systeme (die selbstverständlich beweglich aber auch unbeweglich sein können) in Fabriken usw. entstehen die erwünschten (die benötigten) aber auch nicht benötigte neue Systeme. Die benötigten neuen Systeme, die meist Effektorfunktion haben, gehen mit der Zeit kaputt, sie funktionieren nicht mehr, und werden dann ebenfalls nicht mehr benötigt. Alle diese niemals benötigten und nur vorübergehend benötigten künstlichen nicht-lebenden Systeme sammeln sich in der Umwelt, im Nicht-Ich der Systeme Mensch, an. Dieser sich ständig vermehrende Berg, der letztlich materiell greifbare Abfall der Geistestätigkeit der Menschen ist eine weitere Erbschaft.

Dieser materielle Schrott, der greifbare Kot des Geistes, gefährdet die Existenz der Menschheit. Er befindet sich sogar in Form nicht benötigter Gase in der Luft, so dass wir ständig unseren Geisteskot einatmen.

Die Menschheit befindet sich hinsichtlich dieses Abfalls in der gleichen Lage wie die Pflanzenwelt ohne die Tierwelt, die den Abfall der Pflanzenwelt, den Sauerstoff, verwertet und damit das Überleben der Pflanzenwelt sichert.

Das Problem bei diesem Abfall ist: er wird nicht nur an die Menschen vererbt, die mit den Produzenten dieses Mülls verwandt sind, sondern an alle Menschen. Oder anders gesagt:

Den Nutzen von der Produktion körperexterner nicht-lebender Effektoren hat nur ein Teil der Menschheit, den Schaden hat die gesamte Menschheit. Diese Ungleichverteilung von Nutzen und Schaden muss natürlich zu Konflikten führen.

4.18. Das ewige Leben in Raum und Zeit

Für das Thema dieses Buches interessiert sich der neue und ganze Mensch selbstverständlich überhaupt nicht. Es ist ihm völlig gleichgültig, ob er als Dominator hier oder dort Einfluss auf die Produktion von Waren nimmt. Dass er gezwungen ist, sein Geld als Effektor zu verdienen, ist ihm egal. Er versucht lediglich, sich so teuer wie möglich zu verkaufen. Diese Regelkreise, in die er involviert ist, unterscheiden ihn doch nur graduell von den Regelkreisen lebender System anderer Art.

Der neue und ganze Mensch verändert seine Existenz in zwei Ebenen, nämlich im Raum und Zeit. Das Individuum an sich ist einerseits ein Speichermedium. Es speichert genetische Daten. Jede Körperzelle speichert diese Daten. Andererseits ist es

Vervielfältigungsapparat für diese Daten. Es vermehrt sich und damit diese genetisch gespeicherten Daten. Der Mensch hat einen zweiten Datenspeicher: sein Hirn. In diesem Organ speichert er nun nicht nur geistige Daten, sondern er tauscht diese mit anderen Menschen aus. Das machen auch lebende Systeme anderer Art, sogenannte Tiere. Das System Mensch hat jedoch Techniken entwickelt, diese Daten über Datenträger mit allen Menschen austauschen zu können: das Telefonsystem, das Internet. Es kann geistige Daten über die ganze Welt verbreiten: das Radio- und Fernsehsystem.

Diese Ausbreitung persönlicher Daten über den Planeten Erde und in den Kosmos hinein und der weltweite Datenaustausch stellt die Überwindung des Raums dar. Der Mensch kann nicht nur mit Menschen kommunizieren, die sich in Hörweite befinden, sondern mit allen Menschen. Diese Überwindung des Raums unterscheidet ihn vom Tier. Aber das ist noch nicht Alles. Das Entscheidende ist die Überwindung des Todes! Richtig: der Mensch überwindet den Tod. Deshalb komme ich darauf am Ende des Kapitels über den Lebenslauf zu sprechen. Er überwindet den Tod. Und das mit einer Technik, die bereits Jahrtausende alt ist.

Der Mensch gibt sich nicht damit zufrieden, Daten in seinen Genen und in seinem Hirn gespeichert zu haben. In diesen beiden natürlichen Datenspeichern. Nein. Der Mensch baut sich künstliche Datenspeicher. Er erfindet Sprachen und Zeichen und speichert diese Zeichen außerhalb seines sterblichen Körpers. Er speichert diese Zeichen in Büchern, auf Disketten, auf Festplatten, auf magnetischen Datenspeichern. Wie auch immer: er speichert diese geistigen Daten inzwischen in Form eines einfachen Codes, der lediglich aus zwei Zeichen, oder Zeichen und Nicht-Zeichen, besteht außerhalb seines materiellen Köpers, hirnextern. Durch diese hirnexterne Datenspeicherung hat der Mensch die Zeit überwunden. Der "Himmel", in dem es nach seinem Tod weiterlebt, befindet sich nicht in einem mystischen Jenseits, sondern in seinen tatsächlich vorhandenen hirnexternen Datenträgern.

Das Individuum stirbt, der Mensch stirbt, das System Mensch stirbt, aber seine geistigen Daten bleiben erhalten. Sie überdauern ihn. Das System Mensch wirkt dadurch in die Zukunft.

Diese Zukunftswirkung unterscheidet das System Mensch von allen anderen lebenden Systemen auf dem Planeten Erde.

Dieser Zukunftswirkung verdanken wir es, dass unser Denken nicht bei Null anfängt, sondern dass wir die Daten des Hermes, des Sokrates, Newtons, Kants und Einsteins besitzen und uns zunutze machen können. Das System Mensch kann die Daten der Menschen früherer Zeiten in seinem Datenverarbeitungsorgan Hirn mit verarbeiten und diese für die Menschen zukünftiger Generationen ergänzen oder umordnen. Das System Mensch kann mit diesen Daten experimentieren, mit ihnen spielen. Und eben nicht nur das. Es kann seine eigenen geistigen Daten mit denen anderer Menschen der Jetztzeit austauschen und seine geistigen Daten hirnextern speichern und damit in die Zukunft wirken. Das ist das eigentliche Wesen des Menschen: die Überwindung des Todes.

Kapitel 5
Die Einordnung des Individuums in Systeme höherer Ordnung

5.1. Das Team

Das System Mensch ist eingebettet in Systeme höhere Ordnung.

Nehmen wir mal den erfolgreichsten Autorennfahrer aller Zeiten. Er treibt einen "Sport", dessen Ziel darin besteht, mit Hilfe eines Autos möglichst schnell im Kreis zu fahren. Gut. Der "Kreis" hat einige Dellen, sogenannten Kurven. Er hat auch Geraden. Aber im Prinzip wird das Auto bei diesem Sport gar nicht als Fortbewegungsmittel gebraucht, da es am Ende wieder da ankommt, wo es losgefahren ist. Aber so ist das Leben.

Der Regelkreis des Fahrers ist jedoch einfach. Der Sollwert besteht darin, von allen Startern als Erster im Ziel anzukommen. Dafür wird das Auto als maschineller (nicht lebender) körperexterner Effektor benutzt. Erreicht der Fahrer den selbst gesetzten Sollwert, als erster im Ziel anzukommen, erhält er nicht nur eine Siegerprämie, sondern auch Anerkennung. Es handelt sich also auch um einen Regelkreis narzisstischer Befriedigung.

Was sagt nun der erfolgreichste Sieger aller Zeiten selbst zu seinem Erfolg? Er betont in jedem Interview, dass nicht er allein so erfolgreich war, sondern das Team. Damit hat er Recht. Es ist tatsächlich das Team von Konstrukteuren, Mechanikern und anderen "Helfern", die alle erforderlich sind. Der Rennfahrer, der Gas gibt und das Auto lenkt, ist ein ausführendes Organ in diesem Team. Er ist ein Effektor. Allerdings ein besonders wichtiger Effektor, weil er am Ende der Kette von Effektoren arbeitet. Der Sollwert "Sieg" ist nicht der Sollwert eines Systems Mensch, sondern eines Teams, eines Systems höherer Ordnung. Dies ist nur ein Beispiel. Man kann es auf viele Bereiche übertragen. Wissenschaftliche Forschungsergebnisse sind beispielsweise heutzutage nur in Teamarbeit möglich. Die Nobelpreiskommission sollte daher umdenken. Sie zeichnet nach wie vor Personen aus.

Aber nicht nur das. Die Systemhöhe nimmt weiter zu.

Das Individuum hat Effektorfunktion in verschiedenen Systemen höherer Ordnung.

Das beginnt mit dem System Familie und endet mit dem System Staat. Selbst darüber gibt es weitere Systeme, das System Menschheit, das System Erde usw. usw..

Das System Mensch trifft jedoch die Entscheidungen. Die Entscheidungen darüber, welche Sollwerte es erreichen will. Es identifiziert sich. Es solidarisiert sich mit Sollwerten. Damit nimmt es an Erfolgen teil. Damit verschafft sich das Individuum narzisstische Befriedigung. Um bei unserem Beispiel zu bleiben: das System Mensch hat die Wahl, sich mit dem Rennfahrer A oder einem anderen Rennfahrer zu identifizieren, oder natürlich mit gar keinem, sondern mit einem Radschnellfahrer. Oder mit "seiner" Fußballmannschaft. Über eine derartige Identifikation macht sich das passiv zuschauende Individuum einen Sollwert zu eigen. Die Beobachtung macht dann natürlich mehr "Spaß", sie ist auf jeden Fall spannender, der Beobachter fiebert mit, er freut sich mit, wenn "sein" Fahrer oder "sein" Team gewinnt. Er erlebt im Falle des Sieges die narzisstische Befriedigung mit. Je größer die Siegchancen sind, desto kleiner ist allerdings die narzisstische Befriedigung. Deshalb identifizieren sich auch viele Individuen mit dem Außenseiter. Gewinnt dieser, ist der narzisstische Gewinn größer, weil die Aussicht auf den Sieg kleiner war.

Der narzisstische Gewinn steigt ebenfalls mit der Ordnungshöhe des Systems höherer Ordnung. Die Identifikation mit dem System Staat und seinen Vertretern, zum Beispiel mit der Fußballnationalmannschaft, bringt natürlich noch mehr narzisstische Befriedigung im Falle eines Sieges, besondern wenn die "eigene" Mannschaft bei einer Weltmeisterschaft siegt.

Worauf ich jedoch immer hinweise, ist die Grundlage dieses Identifizierens mit den Sollwerten von Systemen höherer Ordnung. Der Mensch hat zwar eine Wahl hinsichtlich des Systems, mit dem er sich identifiziert, und die Tendenz geht dahin, dass die Auswahlmöglichkeiten sich immer mehr vergrößern. Aber der Drang nach derartigen Identifizierungen mit Systemen höherer Ordnung ist eine biologisch festgelegte Verhaltensweise. Es handelt sich um ein genetisch gespeichertes Handlungsprogramm.

Der Mechanismus dieses Handlungsprogramms ist ähnlich wie der Mechanismus des Fortpflanzungsregelkreises, des sogenannten "Sexualtriebes". Das Ziel des Triebes ist genetisch festgelegt. Beim Sexualtrieb ist es die geschlechtliche Vereinigung zum Zweck des Kinderkriegens, zum Zweck des Weiterlebens der Gene. Ziel des Sexualtriebs ist also letztlich die Selbsterhaltung der genetisch gespeicherten Daten, die ja in der Kindergeneration weiterleben. Das Mittel, um das Verhalten des Individuums in die richtige Richtung zu steuern, ist der Orgasmus. Für das Wohlverhalten, also für die sexuelle Vereinigung und die Platzierung der Spermien in der Vagina, wird das Individuum mit einem Orgasmus belohnt. Die Erreichung des Sollwertes wird mit dem Orgasmus belohnt. Den Sollwert haben die Gene eingestellt, die Natur. Die Wahl des Sexualpartners überlassen sie dem Individuum. Aber was ist das Ziel des Regelkreises, für dessen Sollwerterreichung die Gene das Individuum mit narzisstische Befriedigung belohnen? Welchen Sollwert hat die Natur da eingestellt? Welches Ziel hat das genetisch gespeicherte Verhaltensprogramm, das den Menschen mit narzisstischer Befriedigung belohnt, wenn er sich mit einem System höherer Ordnung identifiziert? Mit dem Team? Mit dem Staat? Selbstlos ist die Natur nicht. Wenn sie uns Lust oder narzisstische Befriedigung bietet, verfolgt sie damit ein Ziel.

Die Antwort liegt auf der Hand. Wir brauchen nur hinzuschauen.

Da blicken wir am besten auf ein großes System höherer Ordnung, auf das System Staat. Da sehen wir den Sinn dieser Identifizierung am deutlichsten. Der Sinn liegt in der Erfüllung der Pflichten der Gemeinschaft gegenüber. Im Frieden ist das kein Problem. Das System Staat führt jedoch auch Kriege. Da wundert man sich, mit welcher Freude die Individuen reagieren, wenn ein Krieg verkündet wird. Ich beschreibe dies als geistige Klonung (siehe unten), wenn mittels Propaganda und Presse die amorphe Masse einer Bevölkerung "gleichgeschaltet" wird, wenn das Denken, Fühlen und Wollen vereinheitlicht wird. Wenn die Bevölkerung an ein Magnetfeld angeschlossen wird und das Individuum sein persönliches Denken, seine persönlichen Sollwerte gegen das Einheitsdenken und Einheitswollen der Masse eintauscht und die Bevölkerung eines Staates zu einer Einheit verschmilzt, die ein gemeinsames Ziel hat. Im Kriegsfall ist dies die Ausbreitung, die Vergrößerung des Systems Staat auf Kosten eines anderen Systems Staat, oder noch höherer Systeme, wenn Bündnisse mit anderen Staaten eingegangen werden. Was passiert bei einem derartigen Krieg? Die Bevölkerung, die des feindlichen Systems höherer Ordnung, wird dezimiert, aber auch die Bevölkerung des eigenen Systems Staat. Damit werden zunächst auf beiden Seiten genetisch gespeicherte Daten gelöscht. Das Leben geht jedoch weiter und es kommt nach Beendigung des Krieges zu einer Vermischung der genetisch gespeicherten Daten. Besonders im konventionellen Krieg war dies der Fall, speziell in Europa, wo Besatzungstruppen - also männliche Genträger aus verschiedenen Siegerstaaten - ihre genetisch gespeicherten Daten mit den Genen der Verlierer vermischten. Der Krieg hat also zwei Effekte, nämlich die Eliminierung von "Genmaterial" und die Herbeiführung neuer Genkombinationen, eine Genvermischung. Das hört sich natürlich schrecklich nach "Sozialdarwinismus" an, aber der Mensch benutzt gern Schimpfwörter, wenn er verdrängen möchte, wenn er offensichtliche Tatsachen nicht wahrnehmen möchte. Dabei habe ich nicht einmal erwähnt, dass das vernichtete "Genmaterial" das schwächere wäre. Dies wäre nämlich die Anschauung, die man als Sozialdarwinistisch bezeichnen könnte. Sie ist jedoch objektiv falsch. Denn erstens wird die Bevölkerung des Verliererlandes nicht vollständig ausgerottet und zweitens vermehrt sich auch das "Genmaterial" des Verliererstaates durch die sexuelle Vereinigung der Sieger und Verlierer. Kurz gesagt ist jeder Krieg von Nachteil für die Individuen, aber von Vorteil für die Evolution, für die Entwicklung genetisch gespeicherter Daten. Es können neue

Genkombinationen entstehen, die zu einer Evolution beitragen. Gewinner jedes konventionellen Krieges sind also die Gene. Völlig unabhängig davon, welche Begründungen die Kriegsparteien für ihre Aktionen gefunden haben und welche Partei gewinnt. Diese Begründungen - und insbesondere Glaubensfragen, die gern als Heiligsprechung der Massenmorde angeführt werden – sind völlig nebensächlich.

Aus diesem Grund kommt die Philosophie lebender Systeme zu dem Ergebnis, dass es der Natur bei den Regelkreisen, die mit der Belohnung "narzisstische Befriedigung" arbeiten, darum geht, dass die Evolution voranschreitet. Die narzisstischen Befriedigungserlebnisse belohnen Aktionen, die eine Genvermischung und damit eine Weiterentwicklung genetisch gespeicherter Daten zum Ziel haben. Der sexuelle Orgasmus belohnt die Vermehrung genetisch gespeicherter Daten, die narzisstische Befriedigung belohnt solche Handlungen, die grundsätzlich zu einer Vervollkommnung genetisch gespeicherter Daten führen können. Zu derartigen Handlungen gehört die Identifikation mit Sollwerten von Systemen höherer Ordnung, aber auch die Einordnung in derartige Systeme, das Wohlverhalten innerhalb der Systeme höherer Ordnung, die Unterordnung der individuellen Interessen unter die Interessen des Systems höherer Ordnung. Die Einordnung in das "System Familie", in das "System Team", in das "System Staat".

Wenn also staatlich gelenkte Pressepropaganda erfolgreich ist, liegt das daran, dass sie genetisch gespeicherte Verhaltensprogramme des Individuums anspricht. Oder: die Freude über den Sieg unseres Favoriten, über den Sieg unseres Teams, verdanken wir einer natürlichen Verhaltensprogrammierung, nämlich letztlich dem Programm "Identifizierung mit dem System höherer Ordnung", das die – für uns nebensächliche – Sollwerteinstellung "Herstellung neuer Genkombinationen" hat. Der moderne Mensch, das System Mensch, nimmt nun zwar gern die Belohnung in Empfang, weigert sich jedoch mehr und mehr erfolgreich, den von der Natur gewollten Preis zu bezahlen. Statt Kriege zu führen, "erfindet" das System Mensch Autorennen und Fußballspiele, sogar Weltmeisterschaften zur Steigerung seiner Freude. Dies ist der gleiche Trick des

Systems Mensch, den er auch beim Vermehrungsregelkreis der Gene anwendet. Auch hier holt sich das System Mensch die natürliche Belohnung, verschafft sich Orgasmen, ohne den Preis, die Zeugung und Aufzucht neuer Genverbreiter (also der Kinder) zu bezahlen. Die Natur wird durch empfängnisverhütende Maßnahmen, die Antibabypille, ausgetrickst. Das Ziel der Natur, nämlich die Optimierung ihrer genetisch gespeicherten Daten, die Selbstentfaltung der Gene, diese Sollwerteinstellung unserer genetisch gespeicherten Handlungsprogramme, umgehen wir durch Wettkämpfe aller Art, wobei der Erfindungskraft des Menschen keine Grenzen gesetzt sind.

5.2. Die geistige Klonung

Über die mögliche Klonung des menschlichen Individuums regt sich die Mehrheit auf. Alle Menschen gleich! Das ist unethisch, usw. usw..

Ich brauche da nicht in die Einzelheiten zu gehen. Die öffentliche Meinung verdammt das Klonen von Menschen. Dabei würde es sich doch nur um die Erzeugung eines Menschen aus dem kompletten genetischen Material eines Menschen handeln. Der Klon wäre ja nur genetisch, also körperlich, seinem Herkunftsmenschen gleich. Er würde genauso aussehen und die gleichen genetisch gespeicherten Handlungsprogramme haben. Die genetische Übereinstimmung würde 100% betragen, statt wie derzeit 99,9%. Ein winziger Unterschied. Betroffen davon wäre lediglich die Evolution, die nicht voran kommen würde. Und natürlich die Psyche der Menschen. Die Psyche des Menschen ist betroffen vom Klonungsgedanken. Was für eine narzisstische Kränkung, wenn alle Individuen gleich aussähen!

Geistig könnte das Individuum sich nach wie vor eigenständig entwickeln und würde sich mit Sicherheit als Individuum fühlen, wie jeder nicht-geklonte Mensch.

Die Aufregung über die Erzeugung genetisch gleicher Menschen ist natürlich verständlich, weil die Gene das Handeln des Menschen bestimmen und weil die Gene sich entwickeln müssen. Was der

Mensch gut oder schlecht bewertet, wird von den Genen definiert. Dies zeigt sich in der Aufregung über das Klonen.

Seltsam ist jedoch, dass sich niemand darüber aufregt, dass die Menschen geistig geklont werden. Nach der Geburt werden alle Hebel in Bewegung gesetzt, um das Neugeborene "auf Kurs" zu bringen. Er wird im Namen der herrschenden Religion getauft, Wohlverhalten wird belohnt, unerwünschtes Verhalten wird bestraft, in der Schule werden ihm die sogenannten Wahrheiten eingetrichtert. Als Erwachsener muss er sich einordnen, Geld verdienen, eine Familie gründen, Nachkommen großziehen. Der Kreislauf der geistigen Klonung geht in der nächsten Generation weiter. Andersdenkende Menschen werden seit Urzeiten rücksichtslos beseitigt. Befinden sie sich in der Gewalt eines Staates, dessen Grundsätze sie in Frage stellen, werden sie in Irrenanstalten gesteckt oder in Gefängnisse. Befinden sie sich in der Gewalt anderer Staaten und vertreten dort abweichende religiöse Meinungen, werden die dortigen Massen angegriffen und umgebracht, wenn sie sich nicht der die Meinung des Siegers unterwerfen. Das war die Methode Karls des "Großen". Das nannte man Bekehrung, Religionskrieg, Glaubenskrieg. Heute wird die Religion von den entwickelten Staaten als weniger bedeutend betrachtet. Im europäischen 30jährigen Krieg (1618 bis 1648 n.Chr.), der sich im wesentlichen auf "deutschem" Boden abspielte, starben so viele Menschen wegen ihrer religiösen Meinungen, dass die übrig gebliebenen schließlich "einsahen", dass dieses Sterben sinnlos ist. Meine Skepsis gegenüber dem rationalen Urteilen lässt mich an eine andere Erklärung für den Westfälischen Frieden denken: die religiös Handenden hatten sich so gründlich gegenseitig ausgerottet, dass die genetische Grundlage für derartig motivierte Handlungsprogramme eliminiert war. Anders ausgedrückt: der mitteleuropäische Genpool hat eine Erfahrung gespeichert. Immerhin hatte sich die Bevölkerung auf deutschem Boden von 17 Millionen auf 8 Millionen Menschen reduziert.

Zur Begründung von Krieg und Eroberung wurde im letzten Jahrhundert vom System Deutschland dann die Überlegenheit der "Rasse" herangezogen. Also: das System Staat vernichtet die Individuen der umgebenden Länder – und auch die als "minderwertig" identifizierte Bürger seines eigenen Territoriums -, mit der Begründung, dass es sein Recht wäre, das selbst definierte System höherer Ordnung auf Kosten anderer zu vergrößern. Dies war eine bewusste, rücksichtlose und direkte Umsetzung des natürlichen Vergrößerungsstrebens (der Selbstentfaltungsregel) eines Systems höherer Ordnung (oder zweier Systeme, wenn man Japan dazu rechnet), die offen das Recht des Stärkeren als Begründung beanspruchte. Sie endete mit der Vernichtung des eigenen Systems. Die anderen Systeme Staat waren stärker, sie setzten noch brutaler die Massenvernichtung von Zivilisten ein, um ihre Systeme zu entfalten, sie hatten schließlich die Atomwaffe entwickelt, deren Einsatz den Krieg schließlich siegreich beendete. Die Siegermächte reduzierten nicht nur die Einwohnerzahl der Verliererländer erheblich, sondern auch das Territorium Deutschlands wurde um etwa ein Drittel reduziert.

Seitdem wird aus bestimmten Gründen, die ich an anderer Stelle erläutere, auf Massenvernichtung von Menschen verzichtet. Die Sicherung von Energievorräten, die sich in den Territorien anderer Länder befinden, erfolgt in der Gegenwart im wesentlichen durch Wirtschaftsbeziehungen. Für kriegerische Aktionen mit sehr viel geringeren Menschenopfern wird nun die Weiterverbreitung von "Freiheit" als Begründung herangezogen. Menschenopfer sind "Kollateralschäden", die wirtschaftliche Ausbeutung des besetzten Landes dient der Kompensation der finanziellen Verluste. Schließlich kosten die Bomben ein Vermögen und auch die Besatzung des eroberten Landes kostet Geld. Die "Freiheit", die durch den Krieg verbreitet wird, ist im Grunde die Freiheit zum Konsum, die Freiheit, alles kaufen zu können, also eine Abhängigkeit vom Geld. Ob diese "Freiheit" von den Befreiten gewollt wird, danach werden diese nicht gefragt. Sie werden zu dem gezwungen, was die Befreier als "Glück" definieren. Die finanziellen Mittel, um diese Freiheit in Anspruch nehmen zu können, bekommen die Menschen dort natürlich nicht von ihren Befreiern. Der Freiheitsbegriff bleibt einerseits für die arme Bevölkerung abstrakt und es fehlen die gesellschaftlichen Bedingungen für diese Art der Freiheit, nämlich die demokratischen Strukturen, die auf dem oben geschilderten Denken beruhen, das Folge einer Erfahrung ist, nämlich der Erfahrung des 30jährigen Krieges in Europa. Der Erfahrung des Massenleids und der Massentötungen wegen religiöser Meinungsverschiedenheiten. Religion hat in der Bevölkerung der armen Länder immer noch einen Stellenwert, der auch dem europäischen Denken aus der Zeit des sogenannten "Mittelalters" und der Inquisition bekannt ist.

Trotz dieser Überwindung des Einflusses religiöser Vorstellungen in den Staaten des "Abendlandes"[32], hat sich aber die Bereitschaft des Individuums nicht geändert, sich dem Denken der Masse zu unterwerfen. Die geistig geklonten Individuen der reichen Länder definieren "Freiheit" und "Glück" nach ihren heutigen Maßstäben und exportieren diese Ideologie über die Staaten der Erde wie früher religiöse Ideologien. Bisweilen wird diese westliche Ideologie auch mit christlichen Inhalten vermischt, bisweilen auch mit sexistischen Inhalten oder Forderungen der westlichen Emanzipationsbewegung der weiblichen Individuen.

Diese Vereinheitlichung des Denkens von Massen, die mit primitiven Werturteilen von "Gut" und "Böse" hergestellt wird, bezeichnet die Philosophie lebender Systeme als geistige Klonung. Bei dieser geistigen Klonung werden die Werturteile "Gut" und "Böse" als Magneten eingesetzt, die das Denken des Individuums strukturieren.

Dies gilt nicht nur für die westliche entwickelte Welt, sondern auch für die armen Staaten. Das "Böse" ist natürlich immer das Fremde. Für diese Länder nur mit umgekehrten Vorzeichen.

Dieser Klonung des Denkens, der geistigen Klonung, wird das Individuum nach der Geburt ausgesetzt und hat kaum eine Chance, ihr zu entgehen. Sie wird als normal empfunden. In jedem lebenden System höherer Ordnung (Staat oder Nation). Im Friedensfall wird sie gar nicht bemerkt, ist in Normalität versteckt. Im Konfliktfall

---

[32] Oswald Spengler: Der Untergang des Abendlandes. 1923. Beck. München

allerdings strukturiert diese Klonung des Denkens dann die Meinung, die Überzeugungen und die Handlungsbereitschaft der Massen. Diese vorher unbemerkte Klonung des Denkens wird plötzlich zum Kristallisationskern der Kriegsbereitschaft eines Systems Staat. Sie uniformiert das Denken der Masse. Gestern wie heute. Das Individuum regrediert zum Massenmenschen und unterstützt die "Friedens"aktionen des Systems Staat, wie sie neuerdings heißen.

Gestern (bis Mitte des 20. Jahrhunderts) waren es tatsächlich Massenmorde an den zivilen Individuen der bekämpften Staaten und den Soldaten des eigenen Staates, heute hat sich die Freizügigkeit dieses Mordens bereits reduziert. Die Individuen sind inzwischen mehr zu eigenständigen Systemen Mensch geworden, die sich der geistigen Klonung entziehen. Sie stellen Fragen, sind kritischer, erlauben sich, der geklonten Meinung zu widersprechen. Aber öffentliche Medien und Werbung setzen alle Hebel in Bewegung und üben Druck aus, um diese geistige Klonung der Masse zu vollziehen, um das Denken der Masse zu uniformieren.

Die geistige Klonung ist weiterhin Normalität und wird undiskutiert hingenommen, während die genetische Klonung ethisch verdammt wird.

Die Philosophie lebender Systeme bewertet beide Arten der Klonung gleich. Der Fortschritt der Menschheit besteht in der Abschaffung der geistigen Klonung. Für die Menschheit hat die genetische Klonung wenig Bedeutung. Sie könnte sogar aus ethischen Gründen für medizinische Zwecke genutzt werden. Die geistige Klonung der Individuen muss jedoch abgeschafft werden, oder die Menschheit wird sich am Ende selbst eliminieren.

Wie wird die Klonung des Menschen vollzogen, wie wird sie erreicht? Natürlich durch seine typisch menschlichen Fähigkeiten, die ihm von Gott oder von den Genen gegeben wurden.

Es sind das Denken und der Glaube.

Der Effekt dieser beiden sich scheinbar widersprechenden Eigenschaften oder Fähigkeiten ist der gleiche: die Einordnung des Individuums in die Masse.

Nehmen wir das Denken, das logische Urteilen. Was haben wir da nicht alles vernommen: Die Einsicht in Notwendigkeit, die Sachzwänge, die wissenschaftlichen Beweise. Letztlich ist es jedoch die Einsicht in die Vorteile des Aufgehobenseins des Individuums in der Gesellschaft Gleichgesinnter. Oder einfach gesagt: der narzisstische Gewinn.

Alles das dient der Vereinheitlichung des Denkens. Dieses genetisch programmierte Denken will die Unterordnung des Individuums unter den Mehrheitswillen. Die Unterschiede sollen eliminiert werden. Das Individuum wird zum Punkt innerhalb einer Masse. Abweichler werden zu Freiwild abgestempelt. Selbst Philosophen blicken nach hinten statt nach vorn und übertreffen sich in der Verherrlichung der Tradition, der Versteinerung der Vergangenheit, für die sie an Universitäten bezahlt werden. Für Geld und öffentliche Anerkennung. Für die Befriedigung seiner Lüste und die Optimierung seiner Genüsse erfüllt der Mensch die an ihn gestellten Erwartungen der Gemeinschaft.

Selbstverständlich passt sich der denkende Mensch an. Schließlich ist auch ihm sein Überleben und sein Genuss wichtiger als seine abweichenden Denkinhalte.

Oder nehmen wir die Fähigkeit zu glauben.

Auch diese dient der Klonung des Menschen.

Der Glaube an einen Gott, der Glaube an die Wahrheit, der Glaube an eine Idee, der Glaube an die Wissenschaft. Alles Klonungsinstrumente! Anpassungsmittel! Das Individuum soll der Masse unterworfen werden. Es soll sich als Teil der Glaubensgemeinschaft unterordnen. Abweichender Glaube wird verteufelt. Wer Anderes glaubt, wird zum Bösen definiert.

Das Einheitsdenken und der Einheitsglaube sind Klonungsinstrumente, sind Mord am Individuum, Mord am System Mensch. Das System Mensch soll wieder zur Ameise degradiert werden, zum funktionierenden Glied der Gemeinschaft. Es soll seine persönliche Identität vergessen.

Die Individuen ordnen sich ein. Erstens, weil sie überleben wollen und weil sie ihre Ruhe wollen, weil sie Frieden wollen. Da wirken die Regelkreise, die Homöostase herstellen wollen. Zweitens, weil das Individuum natürlich nicht auf Lust verzichten will. Es will seine Vergnügungen auch in Zukunft, seine Freiheiten, seine Bewegungsfreiheit seine Expansionsfreiheit und die Freiheit, neue Genüsse kennenzulernen. Das Individuum will mehr, will wachsen. Das Individuum will Leben und Lust. Es will auch die Belohnungen, die die Wachstumsregelkreise bieten. Dies sind die Regelkreise, die auf Expansion bedacht sind, auf Ausbreitung, Wachstum. Die Selbsterhaltungs- und die Selbstentfaltungsregelkreise, deren Wirken im Individuum Mensch genetisch festgelegt sind, sorgen für die Unterordnung des Individuums unter den Willen der Gemeinschaft, für die Bildung und den Zusammenhalt von lebenden Systemen höherer Ordnung.

Nun gibt es dummer Weise auf dem System Erde nicht nur eine derartige Gemeinschaft der Gleichdenkenden und Gleichglaubenden, sondern es existieren verschiedene Glaubensgemeinschaften und Denkgemeinschaften. Diese Gemeinschaften gehorchen auch den naturgesetzlich vorgegebenen Bewegungsgesetzen lebender Systeme. Sie wollen ebenfalls überleben und sie haben ebenfalls die Tendenz zur Vergrößerung. Nur: die Gesellschaft hat dort andere Inhalte in die genetisch vorgegebenen Denk- und Glaubensstrukturen eingefüllt. Die geistige Klonung erfolgte dort mit anderen Inhalten, anderen Glaubensinhalten und anderen Denkinhalten.

Das führt dann zum Krieg der Systeme höherer Ordnung. Das habe ich gerade beschrieben.

Die Philosophie lebender Systeme unterstützt eine andere Entwicklungsrichtung, die längst begonnen hat: es ist die Entwicklung der Menschen zum System Mensch.

Das System Mensch benötigt keine Systeme Staat oder Systeme Religionsgemeinschaft oder sonstige Systeme höherer Ordnung. Diese sind überflüssig. Staaten, Massenvernichtungswaffen und Kriege behindern die Entwicklung des Menschen zum System Mensch. Das System Mensch benötigt keine Übervermehrung menschlicher Individuen auf dem System Erde und daraus resultierende Konflikte um die begrenzten Nahrungs- und Energiereserven.

Es benötigt zu seiner Entwicklung Frieden. Die Menschheit sollte nicht wie bisher in verschiedene Systeme höherer Ordnung zerschnitten werden, in Staaten, Religionen und Nationen, sondern sie sollte gedacht werden als Summe der auf ihr lebenden Systeme Mensch.

Es würde völlig ausreichen, das friedliche Zusammenleben dieser Systeme Mensch durch regional begrenzte Einheiten zu sichern, die die Einhaltung von Gesetzen garantieren. Die Regelung der Beziehungen dieser Systeme wird wohl noch sehr lange erforderlich sein. Im Grunde wäre auch diese überflüssig, wenn der kategorische Imperativ Kants von jedem System Mensch eingehalten werden würde. Die materiellen, genetisch determinierten Selbstentfaltungskräfte der Individuen führen natürlich zu Konflikten, die weiterhin eine Ordnungsmacht, eine Polizeigewalt und eine Justiz erforderlich machen. Die Organisationsform des Staates mit außenpolitischen Machtbefugnissen ist allerdings gänzlich überflüssig. Und mit ihr alle öffentlichen Einrichtungen zur geistigen Klonung. Das System Mensch kann nämlich auch ohne Vorschriften eines Systems höherer Ordnung denken, forschen, Sinn finden und eine Beziehung zu dem aufnehmen, was man als Gott bezeichnen kann.

Das Internet ermöglicht inzwischen eine globale Kontaktaufnahme der Individuen, einen Gedankenaustausch mit allen lebenden Systemen Mensch auf dem Planeten Erde und eine freie Wahl der Lerninhalte. Schule wird nur noch benötigt zur wertfreien Erlernung von Sprache, Schrift und Mathematik. Die Vermittlung von Wertinhalten sollte durch das Erlernen von Erkenntnistechniken ersetzt werden. Das Individuum muss lernen, wie es versteckte Werturteile in scheinbar sachlichen, wertfreien und neutralen Aussagen erkennt. Und es muss Verhalten lernen: Sozialverhalten, Anstand, Ehrlichkeit, Hilfsbereitschaft usw.. Da bestehen Defizite. Dazu werden Schulen benötigt.

5.3. Was hat den Menschen zum System Mensch gemacht?

Die Philosophie lebender Systeme verwirft die bisherige Grenzziehung zwischen dem Menschen und seiner Umwelt. Sie spricht vom System Mensch und ersetzt damit den alten Begriff des Individuums. Diese andere Grenzziehung zwischen dem Menschen und seiner Umwelt ist jedoch nicht willkürlich, sondern sie beschreibt die tatsächlichen Verhältnisse adäquater als das traditionelle Denken. Die Realität hat sich verändert und macht eine Anpassung des Denkens erforderlich.

Die Beziehungen der Menschen sind tatsächlich Dominator-Effektorbeziehungen.

Ursprünglich ist das Individuum, ob Amöbe, Akazie, Ameise oder Mensch, Effektor seiner Gene. Die genetisch gespeicherten Daten legen Kopien an und benötigen die Individuen, um sich zu vervielfältigen. Schon hier wird auch das Abhängigkeitsverhältnis deutlich. Der Steuerer ist von seinem Effektor abhängig, ohne diesen kann er nicht handeln.

Der Mensch hat inzwischen geistige Fähigkeiten entwickelt und kann das, was man "kommunizieren" nennt. Bereits diese Fähigkeit versetzt ihn in die Lage, das Verhalten anderer Menschen zu steuern, zu "manipulieren". Mit Hilfe seiner geistigen Fähigkeiten manipuliert er jedoch in erster Linie die ihn umgebende Natur, baut sich körperexterne Effektoren, die er selbst steuern kann. Bereits durch den Einsatz von Werkzeugen und mechanischen Hilfsmitteln ist er daher zu einem System Mensch geworden, ohne dies so zu nennen. Die entscheidende Wende vom Menschen zum System Mensch kam jedoch durch das Geld. Erst das Geld versetzt den Menschen in die Lage, sich seine Mitmenschen zu Effektoren zu machen. Indem ich im Supermarkt eine Flasche Wein erwerbe, mache ich den Winzer, seine Mitarbeiter, seine Gerätschaften und alle am Transport der Weinflasche vom Erzeugerstandort in den Supermarkt beteiligten Menschen und Maschinen zu meinen Effektoren. Ich entscheide, wessen Arbeitskraft und wessen Ideen, die in den Herstellungsverfahren und Transportmitteln stecken, ich mir durch den Kauf aneigne.

Diese Herrscherfunktion macht das Einkaufen zu einer der beliebtesten Tätigkeiten des Menschen. Vor dem Geldausgeben sollte eigentlich das Geldverdienen stehen. In der Regel verdient der Mensch sein Geld durch Effektorentätigkeit. Also dadurch, dass er als Effektor für andere handelt, zum Beispiel etwas herstellt, was seine Mitmenschen benötigen, oder eine Dienstleistung erbringt. Dieser Wechsel von Herrschertätigkeit und Effektorentätigkeit wird durch das Geld vermittelt. Dieses "Zahlungsmittel" hat den wesentlichen Anteil bei dem Übergang vom Steinzeitmenschen, dessen Lebensinhalt in der Nahrungsbeschaffung und der Fortpflanzung lag, zum modernen Menschen, dem System Mensch. Das Geld hat eine Metamorphose des Menschen bewirkt.

Die Metamorphose zu einem Menschen, der nicht nur aus seinem Körper und seinem Geist besteht, sondern auch aus seinen materiellen Gütern, seinen materiellen Hilfsmitteln, die ihm das Wohnen und Fortbewegen angenehm machen, seine Fähigkeiten durch den Einsatz körperexterner Effektoren erweitern. Der moderne Mensch benötigt nicht nur den Sauerstoff zu seiner Energiegewinnung, sondern er benötigt eine enorme Menge elektrischer Energie aus verschiedenen Quellen. Und um sich diese Energie verfügbar zu machen benötigt er Geld.

Der Sauerstoffverbrauch der Menschen unterscheidet sich nur unwesentlich. Das Problem ist, dass sich der Energieverbrauch der Menschen auf der Erde sehr unterscheidet.

Die Größe eines Systems Mensch bestimmt sich nicht nur an seiner Körpergröße und an seinem Sauerstoffbedarf, sondern wesentlich an seinem Energiebedarf und an seinem Geldverbrauch. Deshalb lösen sich auch familiäre Verbundenheiten auf, die durch die Effektorentätigkeit der Familienmitglieder füreinander gekennzeichnet sind. Das Geld und die extrakorporalen Effektoren ersetzen die ehemalige Großfamilie. Nicht mehr die Zahl der Kinder, besonders der Söhne, entscheidet über das zukünftige Wohlergehen, sondern die Verdienstmöglichkeiten und die damit verbundene Verfügungsgewalt über körperexterne nichtlebende und lebende Effektoren.

Diese entscheidende Wandlung des modernen Menschen zum System Mensch und das damit verbundene andere Handeln und Denken führt zu Spannungen zwischen den Industrienationen und den Nationen der dritten Welt auf unserem Planeten.

Die Entwicklung zum System Mensch verläuft unterschiedlich schnell, so dass geradezu eine globale Trennung erfolgt zwischen den Systemen Mensch der Industrienationen und den Menschen alter Verhaltens- und Denkmuster der dritten Welt.

Der Philosoph Karl Marx meinte, dass die Warenproduktion bzw. der Privatbesitz an Produktionsmitteln und die private Aneignung des Mehrwerts zu einer Selbstentfremdung des Menschen führen. Die Philosophie lebender Systeme sieht dies anders. Die Entwicklung hat gezeigt, dass sich der Mensch durch die Industrieproduktion neue Entfaltungsmöglichkeiten geschaffen hat. Selbst der einfache moderne Mensch hat in den Industrienationen die Möglichkeit, sich zur Ergänzung seiner Fortbewegungsmöglichkeiten ein Auto oder eine Fahrkarte für Nahverkehrsmittel zu kaufen, sich im Reisebüro Flügel zu mieten und sich Apparate zu kaufen, mit dessen Hilfe er Daten mit Mitmenschen auf dem Planeten Erde austauschen kann, nämlich ein Handy oder einen Computer mit Internetanschluss. Dies ist keine Selbstentfremdung, sondern eine Selbstentfaltung. Diesen neuen Entfaltungsmöglichkeiten hinkt jedoch sein Verhalten und sein Denken hinterher. Das Verhalten des Menschen wird weitgehend noch von genetisch gespeicherten Handlungsprogrammen der Suche nach sexueller Befriedigung, der Stillung seines Hungers und Durstes und der Suche nach Erfolg und Anerkennung gesteuert. Diesem Verhalten entspricht auch sein steinzeitliches Denken, dass die Ausbreitung des eigenen Stammes, Volkes oder Staates zum Ziel hat und die Ausrottung andersartiger Mitmenschen mit dem Willen eines Gottes und dem eigenen richtigen Glauben begründet. Die Aufklärung, die vor gut 200 Jahren in Europa begonnen hat, ist noch lange nicht beendet. Es besteht sogar weiterhin die Gefahr, dass die Menschheit von sogenannten Gläubigen, denen die Ausbreitung von Märchen wichtiger ist als ihr Leben, ausgerottet wird. Bei steinzeitlich lebenden Menschen ist dieses Denken durch ihre ökonomischen Verhältnisse erklärlich.

Traurig ist jedoch, das auch in den Industrienationen, und das nicht nur in untergeordneter Funktion, sondern in höchsten Ämtern, Menschen an einem derartigen steinzeitlichen Denken festhalten.

Ich habe bisher so getan, als ob jedes menschliche Individuum ein System Mensch wäre. Theoretisch ist das auch so, aber praktisch gibt es da wesentliche Unterschiede. Schon mehrfach habe ich daher vom modernen Menschen der technisierten Welt usw. gesprochen. Oder vom Ziel des neuen und ganzen Menschen. Es stellt sich die Frage, was eigentlich der wesentliche Punkt dieses modernen Menschen ist. Die Eigenschaft, ein "System" zu sein, ist es nicht.

Das wesentliche Kriterium, das den Menschen zu einem modernen Menschen macht, ist sein Verhältnis zu den Systemen höherer Ordnung. Zum System Staat. Es ist die Frage, wie das System Mensch dieses Verhältnis gestaltet.

Das alte System Mensch ist der Knecht seiner Systeme höherer Ordnung. Es fühlt sich als Teil dieses höheren Systems, dem es sich unterordnet und dem es sich opfert. Diese Unterordnung entspricht auch seiner ursprünglichen Natur, seinem ursprünglichen Wesen.

Der Mensch ist als ein Nichts geboren und stirbt als ein Nichts.

Er ist der Diener seiner Gene, eine sich selbst kopierende Diskette, wie ich einmal formuliert habe. Mit seiner Fortpflanzung hat er seine Aufgabe, die ihm "Gott" zugedacht hat, erledigt. Ansonsten kann er sich noch mit irgendeiner Idee oder irgendeiner Religion identifizieren und sich für diese Idee Soldat, oder wie immer diese Funktion genannt wird, opfern.

Der Opfertod für das System höherer Ordnung gibt dem Leben und dem Tod einen Sinn. Dies ist die Lebensphilosophie des alten Systems Mensch. In dieser Philosophie des Menschen bzw. des alten Systems Mensch ist der Tod das Ziel des Lebens. Das Jenseits ist das eigentliche Ziel und nicht der vorübergehende Zustand des Lebens. Deshalb hat das alte System Mensch kein eigentliches Interesse daran, seine Umwelt zu erhalten, es hat kein Interesse, im Einklang mit der Natur zu leben, es hat kein Interesse an der

Erhaltung der Menschheit. Im Gegenteil: da dieser Mensch für das Jenseits lebt, ist der absehbare Untergang der Menschheit ihm gleichgültig.

Anders ist es beim modernen System Mensch, bei dem Menschen, der das Selbstbild eines Systems hat und nicht das Selbstbild eines bedeutungslosen Rädchens im System höherer Ordnung.

Der selbstbewusste Mensch, das sich selbst als System bewusste System Mensch, hat eine andere Auffassung vom Leben und vom Tod. Für den selbstbewussten unabhängig denkenden Menschen ist das Leben kein Langstreckenlauf (oder Kurzstreckenlauf) mit einem Start und einem Ziel, das man möglichst als erster erreicht, sondern eine Bergwanderung, bei der die Lebensmitte auf dem Berggipfel genossen wird und der Aufstieg und Abstieg beschwerlich ist, besonders natürlich er Abstieg, da die Aussicht immer schlechter wird.

Der moderne Mensch sieht den Sinn des Lebens im Leben und nicht im Tod.

Deshalb opfert sich der moderne Mensch auch nicht für irgendein System höherer Ordnung.

Der moderne Mensch ist daher als Soldat völlig ungeeignet. Er will sich nicht für sein System höherer Ordnung ermorden lassen und will auch nicht für sein System höherer Ordnung andere Menschen ermorden. Der moderne Mensch ist kein Selbstmörder und kein Mörder. Deshalb hat er eine kritische Distanz zu dem System höherer Ordnung, in dem er lebt, und zu den Ideologien und Religionen, die da vertreten werden. Der moderne Mensch ist ungläubig und weiß, dass der Sinn eines Glaubens darin besteht, das schlechte Gewissen bei der Begehung von Morden im Auftrag des Staates oder der Religion zu besänftigen. Er widersetzt sich der Klonung seines Denkens und Glaubens.

Das Umdenken zum bewussten System Mensch hat begonnen. Gott kann noch warten. Das Diesseits genießen wird modern, "Wellness" hat Vorrang. Der Mensch wird zum modernen System Mensch. Das hat jedoch einen Abfallberg zur Folge.

Notwendig ist deshalb Bescheidenheit. Nicht ständiges materielles Wachstum. Sondern Selbstbeschränkung. Das System Mensch kann nur überleben mit Selbstbeschränkung.

Es muss sich selbst Grenzen setzen. Vor allem materielle Grenzen. Dafür ist Voraussetzung, dass es sich der Zusammenhänge zwischen seinem Handeln als Effektor (Produzenten) und Dominator (Konsumenten) in einer Person und seiner Verantwortung als Verbraucher bewusst wird.

Der religiöse Glaube als Motor der Selbstvernichtung der Menschheit muss ersetzt werden durch das Wissen der Individuen um die Notwendigkeit ihrer Begrenzung. Die Menschheit muss sich begrenzen. Der Mensch muss sich begrenzen. Das Wachstum des Systems Menschheit und des Systems Mensch wird nicht von außen begrenzt.

Entweder begrenzt sich das System Mensch selbst oder das System Erde wird ohne Menschheit weiterleben. Der Erde ist es egal.

5.4. Der Tentakelmensch

Die konservative Vorstellung, die der Mensch von sich hat, das Selbstbild als organisierter beweglicher Materieklumpen mit Extremitäten für die Fortbewegung und zum Arbeiten sowie einem Kopf zum Datensammeln und –verarbeiten spiegelt nicht mehr die Realität des modernen Menschen. Selbst die Vorstellung, dass mein Körper mein alleiniges Eigentum ist, ist erneuerungsbedürftig.

Mein Körper ist aus der Sicht vieler Mikroben ein besonders geeigneter Lebensraum, mein Darm wird von unzähligen einzelligen Lebewesen bewohnt, dient diesen als idealer Wohnort. Darauf hat Hoimar von Ditfurth hingewesen[33]. Er ist aber auch Effektor für meine Mitmenschen. Das ist eine Kernaussage der Philosophie lebender Systeme. Darüber hinaus hat er noch diverse andere

---

[33] Hoimar von Ditfurth: Der Geist fiel nicht vom Himmel. Die Evolution unseres Bewusstseins. dtv-Sachbuch. Hamburg. 1980. ISBN 3-423-01587-X

Funktionen. Das aber nur nebenbei zur Verdeutlichung, dass mein Körper viel mehr ist als mein Körper. Andererseits bin ich eben nicht nur dieser bewegliche Materieklumpen, sondern ICH rage weit über meine eigene Körperlichkeit hinaus. Hier verwende ich einen ICH-Begriff, der weit über das hinausgeht, was die Psychoanalyse meint, wenn sie von Ich als psychischer Instanz spricht. Sicher hat auch Fichte nicht an dieses ICH gedacht, als er seine Wissenschaftslehre[34] entwickelte. Er konnte dieses ICH in seinen Ausmaßen noch gar nicht denken, könnte jedoch dieses ICH gemeint haben. Dieses ICH, das die Wurzeln seiner Handlungsprogramme in der Vergangenheit hat. Dessen genetische Wurzeln nämlich zurückverfolgt werden können bis zur Entstehung lebender Systeme. Dieses ICH, das seine Tentakeln über die ganze Welt erstreckt. Mit Hilfe dieser Tentakeln, die Geld genannt werden, greift es im Supermarkt nach der Arbeitskraft des Bananenpflückers in Südamerika oder eignet sich die Ideen der Programmierer in Japan oder Indien an, wenn es einen neuen Rechner erwirbt. Dieses ICH, das selbst entscheidet, was zu ihm gehört, was es sich aneignet, und was Nicht-ICH ist. Das sich selbst definierende ICH. Das ICH, das die Welt in ICH und Nicht-ICH teilt. Das ICH, das seine offenen Grenzen selbst definiert.

Dieses ICH der Philosophie lebender Systeme ähnelt eher einem Baum als dem vermehrungsfähiger Roboter des traditionellen Denkens. Einem Baum mit Wurzeln, die in die Vergangenheit reichen und Ästen, die sich wie Tentakeln über das gesamte System Erde erstrecken und überall Beziehungen knüpfen. Es ähnelt eher einer Nervenzelle mit Neurit und Dendriten und Tausenden von Synapsen.

Dieses ICH nenne ich das System Mensch. Vielleicht ein schlechter Name. Ich bin mit ihm nicht glücklich. Möge mir oder jemand anderem irgendwann ein besserer Begriff dafür einfallen.

---

[34] Johann Gottlieb Fichte (1988): Grundlage der gesamten Wissenschaftslehre. (ursprünglich 1794). Felix Meiner Verlag. Hamburg. ISBN 3-7873-0787-7

5.5. Die Verantwortung des Systems Mensch

Die Philosophie lebender Systeme kann nur Probleme definieren und Anregungen geben. Sie kann Probleme nicht lösen.

Der Mensch mit seinen Organen ist ein Produkt der Evolution. Seine Organe befähigen ihn, innerhalb eines gewissen Zeitrahmens zu überleben. Mit Hilfe seines Hirns und seiner Denkfähigkeit hat der Mensch dieses Ziel optimal erreicht, das Problem bestens gelöst. Die Frage, zu der die Evolution ihre Antworten gefunden hat, bestand darin, das Überleben eines lebenden Systems bis zu seiner Vermehrung und Aufzucht seiner Nachfolgegeneration optimal zu sichern. Der Mensch stellt die bisher beste Lösung dieses Problems dar. Er hat sich sogar Organe geschaffen, die nicht fest mit seinem Körper verbunden sind. Er hat sogar das Geld erfunden, mit dessen Hilfe er sich weit entfernt lebende Effektoren zunutze machen kann. Er sichert mit seinen Hilfsmitteln, mit Hilfe seiner lebenden und maschinellen körperexternen Effektoren, nicht nur seine Existenz, sondern verschafft sich neue Genuss- und neue Selbstentfaltungsmöglichkeiten. Er baut das System Erde aktiv um, verändert seine materielle Struktur. Der Mensch muss sich um seine Selbsterhaltung keine Sorgen mehr machen, sondern nur noch um die Verbesserung seiner Selbstentfaltungsmöglichkeiten.

Ein Problem ergibt sich jedoch dadurch, dass sein Verhalten in einem entscheidenden Punkt von genetisch gespeicherten Handlungsprogrammen gesteuert wird, die sozusagen nichts davon wissen, dass die Selbsterhaltung des Menschen gar nicht mehr durch widrige Umwelteinflüsse bedroht ist. Der Mensch setzt entsprechend seiner Verhaltensprogrammierung weiterhin alles daran, sich zu vergrößern und auszubreiten. Dabei verbraucht er Unmengen von Energien und produziert Unmengen von Abfall. Die Verhaltensprogrammierung, die ursprünglich das Überleben zum Ziel hatte, führt inzwischen dazu, dass das Überleben der Menschheit bedroht ist. Diese Bedrohung kann der Mensch der Gegenwart nicht erkennen, weil sein persönliches Überleben nicht durch die selbst herbeigeführten Umweltveränderungen bedroht ist. Oder genauer gesagt: er kann sie rational erkennen, aber er kann sein

Handeln nicht dementsprechend steuern. Die Bedrohung betrifft nicht das jetzt lebende Individuum. Eine biologisch-genetisch bedingte Verhaltensänderung wäre erst von der letzten lebenden Generation der Menschheit zu erwarten, deren Leben von unverträglichen Umweltveränderungen konkret verkürzt wird. Dann wird es vermutlich zu spät sein, so dass die Menschheit in ihrer derzeitigen Form ausstirbt.

Wollten die jetzt lebenden Menschen dies verhindern, müssten sie ihr Verhalten ändern, ihren Konsum reduzieren, die Menschenzahl auf dem System Erde verringern. Sie dürften sich nicht vermehren und müssten ihren Energieverbrauch verringern. Kurz gesagt:

Sie müssten ein widernatürliches Verhalten zeigen.

Die gedankenlose Hingabe an ihre natürlichen Verhaltensprogramme, die von der Werbung unterstützt wird und die ständiges Wachstum der Industrieproduktion fördert, führt zu einer ständigen Verschärfung der Probleme, die das Überleben der Menschheit bedrohen. Oder anders formuliert:

Das genetisch programmierte Wachstumsverhalten der Menschen führt gesetzmäßig zum Untergang der Menschheit.

Oder andersherum: der Mensch sollte nicht abwarten, sondern er sollte seine geistigen Fähigkeiten dazu nutzen, sich entgegen seinen genetisch gespeicherten Handlungsprogrammen zu verhalten. Er sollte seine Lernfähigkeit einsetzen, um sich zu verkleinern, weniger Energie zu verbrauchen, weniger zu konsumieren und sich weniger zu vermehren.

Die von der Philosophie lebender Systeme vorgeschlagene neue Schnittführung zwischen Mensch und Umwelt verändert das gesellschaftliche Sein des Menschen und damit auch sein Bewusstsein[35]. Dem modernen Menschen, der Geld oder eine Kreditkarte in der Hand hat und einkauft, also dem Konsumenten, dem Verbraucher, sollte bewusst sein, dass er mit seiner Kaufentscheidung auch Entscheidungen darüber trifft, wen er wo als Effektor bezahlt. Es ist ein Unterschied, ob die Banane aus einem israelischen Gewächs-

---

[35] In Anlehnung an die marxistische Auffassung

haus oder aus einer argentinischen Plantage kommt, oder ob sein Hemd in Polen oder in Taiwan zusammengenäht wurde, oder sein Computer oder sein Auto in diesem oder jenem Land produziert wurde. Er kann mit seiner Kaufentscheidung die Produzenten in Chile oder in China unterstützen, er kann mit dazu beitragen, Arbeitsplätze in Afrika einzurichten oder in Asien zu vernichten. Das Problem dabei ist die Begrenzung seiner Geldmenge, die ihn zwingt, das billigste Angebot auszuwählen, oder vielleicht eine bessere Qualität, die länger hält auszusuchen. Dieses Thema könnte aus wirtschaftswissenschaftlicher Sicht vertieft werden, was ich nicht leisten kann. Es kommt mir auf das Bewusstsein des Individuums an. Bisher hat der einkaufende Mensch lediglich das Gefühl und das "Bewusstsein", es sei Opfer der Werbebranche, die ihm das Geld aus der Tasche ziehen will. Es informiert sich deshalb gar nicht über die Herkunft der Produkte, die es erwirbt. Da ihm nicht klar ist, dass es selbst derartige Entscheidungen trifft, macht es für die Entscheidung, ob eine Produktionsstätte im Land A geschlossen und im Land B errichtet wird, einen ominösen Betriebsleiter, eine Firma oder einen Konzern verantwortlich, oder die Steuergesetze oder die Lohnpolitik eines Staates. Karl Marx und Friedrich Engels haben daraus eine Philosophie entwickelt und die Menschheit in Ausbeuter und Unterdrückte aufgeteilt. Ausbeuter sind in dieser Auffassung die Unternehmer, die Eigentümer der Produktionsmittel sind und die Ausgebeuteten sind die lohnabhängigen Arbeiter, deren Löhne möglichst niedrig gehalten werden. Diese Philosophie trennte die Menschen in die Bösen und die Guten. Sie sah die Lösung des Problems in der Verstaatlichung der Produktionsmittel. Eine Methode, die gescheitert ist. Sie hat zeitweilig große Bevölkerungsteile, nämlich Arme und Intellektuelle, angesprochen, weil sie sozusagen den "Vorteil" hat, gute und schlechte Menschen zwei unterschiedlichen Klassen zuzuordnen. Der einzelne Mensch, der sein Geld als Effektor verdient, konnte die Schuld für die Bedrohung seines Arbeitsplatzes, gegebenenfalls für seine Arbeitslosigkeit, auf einen "bösen" Mitmenschen projizieren, nämlich auf den Unternehmer, der den Lohn drücken will, um konkurrenzfähig zu bleiben, oder auf den Firmenchef, der seine Fabrik schließt und in Zukunft in einem anderen Staat produziert. Diese Schuldprojektion befreit ihn selbst vor Schuldgefühlen, die er haben könnte, wenn ihm bewusst wäre, dass er selbst derjenige ist, der mit seiner Kaufentscheidung die Löhne der Arbeiter drückt oder Arbeitsplätze in Billiglohnländern entstehen lässt.

Das System Mensch sollte sich bewusst werden, dass es Dominator und Effektor in einer Person ist und dass es in seiner Dominatorfunktion als Käufer Entscheidungen von erheblicher Tragweite trifft. Als Verbraucher trifft es Entscheidungen darüber, wie viel Energie es verbraucht, inzwischen auch darüber, wie diese Energie produziert wird. Mit der Wahl eines Produkts trifft es auch Entscheidungen darüber, welcher Abfall produziert wird. Auch das ist dem Menschen des herkömmlichen Weltbildes nicht klar. Das System Mensch trifft aber grundsätzlich bei seiner sexuellen Betätigung bereits eine Entscheidung darüber, ob es mit dieser Befriedigung sexueller Lust neue Verbraucher und damit Abfallproduzenten und natürlich auch Effektoren in einer Person schafft, oder ob es ihm um die reine Lustbefriedigung geht. Falls es den in diesem Fall erforderlichen Einsatz empfängnisverhütender Maßnahmen vergisst, ist selbst das kein Problem mehr, da ihm die moderne Gesellschaft chemische und auch chirurgische Mittel zur Verfügung stellt, den Nachwuchs noch vor dem Verlassen des mütterlichen Körpers zu beseitigen. Auch dies ist dem "alten" Menschen nicht in dieser Deutlichkeit bewusst. Er hält Kinder für eine Begleiterscheinung der Sexualbetätigung oder je nach Glauben auch für den Sinn des Geschlechtsverkehrs, statt sich klar zu machen, dass die Zeugung und Aufzucht von Kindern ein Faktor ist, der die Abfallproduktion auf unserem Planeten vergrößert und damit – ebenso wie die Steigerung der Warenproduktion – die ökologischen Probleme verschärft.

Der Übergang vom herkömmlich handelnden und denkenden Menschen zum neuen Menschen, zum "System Mensch", ist daher auch verbunden mit einer Bewusstwerdung von Verantwortung. Welche Entscheidung das Individuum trifft, bleibt ihm überlassen. Aber ihm sollte die Tragweite seiner Entscheidung bewusst sein.

Die Philosophie lebender Systeme kann selbstverständlich auch keine objektiv bestehenden Konflikte beseitigen. Sie führt jedoch mit ihrer Einführung des Begriffs "System Mensch" zu einer Neubewertung von Interessengegensätzen und globalen Konflikten. Sie kann Verdrängungen[36] beseitigen und damit Konflikte genauer benennen. Dies ist die Voraussetzung für deren effektivere Lösung ohne Terror und Krieg.

---

[36] ein Begriff der Psychoanalyse, der eine Methode bezeichnet, Konflikte von ihrer Bewusstwerdung fernzuhalten

Epilog

Oswald Spengler schreibt, der Denker erfinde nicht eine neue Idee, sondern er entdecke lediglich das Bild seiner Welt, das bereits seit Geburt in ihm vorhanden sei. Seine Philosophie sei er selbst noch einmal, sein in Worte gefasstes Wesen, "der Sinn seiner Persönlichkeit als Lehre geformt, ..."[37]. Da hat er Recht. Ich formuliere das entsprechend den aktuellen wissenschaftlichen Erkenntnissen nur anders. Spengler wusste nichts von der Genetik. Er wusste nicht, das jedes lebende Wesen einen Bauplan und Verhaltensplan hat, der in jedem seiner Zellkerne als genetischer Code gespeichert ist.

Dieser genetische Code ist das Abbild der nichtlebenden Systeme. Das negative Abbild der materiellen Welt mit ihren physikalischen Bewegungsgesetzen. Das lebende System "Individuum" ist ein Buch. Sein genetischer Code ist die Schriftsprache, die sich aus der Auseinandersetzung des Lebens mit den Kräften des Nichtlebens seit Jahrmillionen entwickelt hat. Der genetische Code ist der Text, der uns sagen kann, nach welchen Regeln die Welt funktioniert. Er ist das von den Veränderungen der materiellen Umwelt in Form gegossene Negativbild der Welt, die "lebende" Ergänzung der Veränderungen des "Nichtlebens". Dieser Text offenbart sich täglich im Verhalten jedes lebenden Systems. Deshalb bin ich für mich das beste Studienobjekt zum "Lesen" dieses Textes, so wie auch jeder Leser für sich. Jedes Individuum, jedes "System Mensch" kann den Inhalt seines genetisch geschriebenen Textes täglich durch sein Fühlen und Wünschen erfahren. Dabei wünsche ich viel Spaß.

Rudi Zimmerman

---

[37] Spengler, Oswald (1922): Der Untergang des Abendlandes. Vorwort zur 33.-47. Auflage. Beck. München. -08223/0-